近思録

全本全注全译

〔南宋〕朱熹 吕祖谦 撰
中华文化讲堂 注译
李秀桂 修订

国际出版社

图书在版编目(CIP)数据

近思录 / (南宋) 朱熹, (南宋) 吕祖谦撰；中华文化讲堂注译. -- 北京：团结出版社，2016.11
（谦德国学文库）
ISBN 978-7-5126-4607-0

Ⅰ.①近… Ⅱ.①朱…②吕…③中… Ⅲ.①理学—中国—南宋②《近思录》—注释③《近思录》—译文 Ⅳ.①B244.7

中国版本图书馆CIP数据核字(2016)第266644号

出版：团结出版社
　　（北京市东城区东皇城根南街84号　邮编：100006）
电话：(010) 65228880　　65244790　（传真）
网址：www.tjpress.com
Email：65244790@163.com
经销：全国新华书店
印刷：北京天宇万达印刷有限公司

开本：148×210　1/32
印张：12.75
字数：320千字
版次：2017年6月　第1版
印次：2022年2月　第4次印刷

书号：978-7-5126-4607-0
定价：58.00元

《谦德国学文库》出版说明

　　人类进入二十一世纪以来,经济与科技超速发展,人们在体验经济繁荣和科技成果的同时,欲望的膨胀和内心的焦虑也日益放大。如何在物质繁荣的时代,让我们获得内心的满足和安详,从经典中获取智慧和慰藉,或许是我们不二的选择。

　　之所以要读经典,根本在于,我们应当更好地认识我们自己从何而来,去往何处。一个人如此,一个民族亦如此。一个爱读经典的人,其内心世界必定是丰富深邃的。而一个被经典浸润的民族,必定是一个思想丰赡、文化深厚的民族。因为,文化是民族之灵魂,一个民族如果不能认识其民族发展的精神源泉,必定就会失去其未来的生机。而一个民族的精神源泉,就保藏在经典之中。

　　今日,我们提倡复兴中华优秀传统文化,当自提倡重读经典始。然而,读经典之目的,绝不仅在徒增知识而已,应是古人所说的"变化气质",进一步,是要引领我们进德修业。《易》曰:"君子以多识前言往行,以畜其德。"实乃读经典之要旨所在。

基于此理念，我们决定出版此套《谦德国学文库》，"谦德"，即本《周易》谦卦之精神。正如谦卦初六爻所言："谦谦君子，用涉大川"，我们期冀以谦虚恭敬之心，用今注今译的方式，让古圣先贤的教诲能够普及到每一个人。引导有心的读者，透过扫除古老经典的文字障碍，从而进入经典的智慧之海。

作为一套普及型的国学丛书，我们选择经典，不仅广泛选录以儒家文化为主的经、史、子、集，也将视野开拓到释、道的各种经典。一些大家所熟知的经典，基本全部收录。同时，有一些不太为人熟知，但有当代价值的经典，我们也选择性收录。整个丛书几乎囊括中国历史上哲学、史学、文学、宗教、科学、艺术等各领域的基本经典。

在注译工作方面，版本上我们主要以主流学界公认的权威版本为底本，在此基础上参考古今学者的研究成果，使整套丛书的注译既能博采众长而又独具一格。今文白话不求字字对应，只在保证文意准确的基础上进行了梳理，使译文更加通俗晓畅，更能贴合现代读者的阅读习惯。

古籍的注译，固然是现代读者进入经典的一条方便门径，然而这也仅仅是阅读经典的一个开端。要真正领悟经典的微言大义，我们提倡最好还是研读原本，因为再完美的白话语译，也不可能完全表达出文言经典的原有内涵，而这也正是中国经典的魅力所在吧。我们所做的工作，不过是打开阅读经典的一扇门而已。期望藉由此门，让更多读者能够领略经典的风采，走上领悟古人思想之路。进而在生活中体证，方能直趋圣贤之境,真得圣贤典籍之大用。

经典,是古圣先贤留给我们的恩泽与财富,是前辈先人的智慧精华。今日我们在享用这一份恩泽与财富时,更应对古人心存无尽的崇敬与感恩。我们虽恭敬从事,求备求全,然因学养所限、才力不及,舛误难免,恳请先贤原谅,读者海涵。期望这一套国学经典文库,能够为更多人打开博大精深之中华文化的大门。同时也期望得到各界人士的襄助和博雅君子的指正,让我们的工作能够做得更好!

团结出版社
2017年1月

前 言

《近思录》是一部全面展现宋代理学思想的代表性著作,由朱熹和吕祖谦编纂,收录了周敦颐、程颢、程颐、张载四位理学家语录六百二十二条,分十四卷,对宋以后的社会思潮和主流文化影响极大。南宋叶采称之:"是则我宋之一经,将于四子并列,诏后学而垂无穷也。"清代江永言其:"凡义理根源,圣学体用,皆在此编。"近代国学泰斗钱穆也说:"后人治宋代理学,无不首读《近思录》。"可见,《近思录》既是古代文人士子奉为圭臬的经典名作,也是今天我们研究理学的重要文献和资料。

宋孝宗淳熙二年(1175年)五月,吕祖谦从浙江金华来到福建建阳拜访朱熹,在朱熹的寒泉精舍作了短暂停留。两人平日除了讲经论学,还互相切磋诸子之学。他们在研读了"四君子之全书"之后,深为其浩瀚精深的学问造诣所折服,因此计划撷取其中精要编定成书,作为初学者入门的参考书。此后,朱、吕二人又进行了第二次会晤,还有多封书信往来讨论,花费了三年多的时间,最终完成了本书的编定。

"近思"二字,取自《论语·子张》"博学而笃志,切问而近思",意谓本书与儒者正心诚意、格物致知的修学功夫密切相关,而且也囊括了儒家从普通人到圣贤人、从洒扫应对的"小学"到修己治人的"大学"的整个人格养成阶段,可以说是一部内容全面、层次分明、步骤清晰的系统性儒学修养全书。正如朱熹所言:"四子,六经之阶梯;《近思录》,四子之阶梯",可谓言之凿凿。

为了让读者对本书有进一步认识,接下来对本书的两位编者及其生活背景、主要思想等作一简单介绍。

朱熹(1130年~1200年),字元晦,又字仲晦,号晦庵,谥"文",世称朱文公,祖籍徽州府婺源县(今江西婺源),出生于南剑州尤溪(今福建尤溪),是宋代著名的思想家、哲学家、教育家,儒家"理学"的代表人物和集大成者。他是"二程"(程颢、程颐)的三传弟子李侗的学生,因长期在崇安、建阳等地讲学,其创立的学派史称"闽学",并与周敦颐的"濂学"、二程兄弟的"洛学"、张载的"关学",共同构筑了宋代理学的理论体系。朱熹和"二程"的"程朱学派"对元、明、清三朝影响极大,成为三朝的官学,朱熹所作的《四书章句集注》更是成为三朝钦定的教科书和科举考试的标准。朱熹因此被后世文人儒士尊称为"朱子",且成为唯一非孔子亲传弟子而享祀孔庙,位列大成殿十二哲的人。

吕祖谦(1137年~1181年),字伯恭,号东莱,世称"东莱先生",谥成,后改谥忠亮。婺州(今浙江金华)人,南宋著名理学家,与福建朱熹、湖南张栻齐名,时称"东南三贤"。他所创立的"婺学",不仅是当时最具影响力的学派之一,也在理学发展史上占有重要地位。他的著作包括《东莱集》《历代制度详说》《东莱博议》等。

实际上,在《近思录》的编定过程中,朱熹起主要作用,吕祖谦仅起辅助作用,这也是后来《近思录》诸家注解大都隐去吕祖谦之名的原因。《四库全书总目提要》中解释说:"讲学家力争门户,务黜众说而守一尊,遂没祖谦之名。但云朱子《近思录》,非其实也。"今以尊重史实及作者的态度,特标明此点。

这本书就体裁而言属于语录体著作,宋代理学家认为文章害道,于是弃绝辞章,仅以语录传道。语录大多是根据所提的问题而作的具体回答,或是对某种事件、现象有感而发的分析讨论,所以内容往往有很强的情境性、具体性和指向性,而难以形成一个完整严密的逻辑结构。然而本书各章的设计和编排,则巧妙地避开了这个缺陷,成为少有的集思想性、全面性和逻辑性于一体的语录体著作。

卷一"道体"介绍的是理学"形而上"的世界观和本体论,属于"体"的部分。本卷提出了太极、道、理、气、性、命等理学基本范畴,探讨了宇宙生成、万物运行的基本原理和规律,也强调了"仁"和"中"的重要性,可以说为以后各卷提供了哲学依据和理论根基。

而从卷二开始,就进入了理学"形而下"的方法论,属于"用"的部分。其中卷二"为学大要"是理学家关于治学、修养德行理念的纲领性阐述，为其后各章起到提纲挈领的作用。如果以《大学》"八目"大致划分，卷三"格物穷理"属格物、致知，卷四"存养"属诚意、正心，卷五"改过迁善，克己复礼"属修身，卷六"齐家之道"属齐家，卷七"出处进退辞受之义"和卷八"治国平天下之道"属治国、平天下。

卷九至卷十四，是这八个方面以外的补充部分，着重介绍了理学中偏社会性的内容。卷九"制度"涉及了以儒家宗庙礼乐制度为核心的各种制度，包括文化宣传制度、选拔人才制度、学校教育制度、丧葬祭祀制度、征兵用兵制度、田地居住制度等，比较全面地反映了理学家理想中的社会制度和治国方针。卷十"处事之方"则以周公、二程、胡瑗、韩维等人的言行事迹和治学精神为典范，向初学者演示"立身行道之方"。卷十一将"教学之道"单独列出，则体现了儒家对于教育事业的重视。卷十二"改过及人心疵病"再次强调了"改过迁善"在治学中的关键性，警戒学人存心立意应反复检点自身，不可懈怠。卷十三"异端之学"驳斥了以佛、道为主的诸子百家的学说，借以维护儒家正统、圣学清流。卷十四"圣贤气象"则是全书的最后总结和展望，不仅展现了理学家追慕和向往的理想人格，也表露出编者希望读者在学习完本书后所取得的成果和达到的境界，劝喻策进之心，溢于言表。

《近思录》历来的刻本、注家、续书极多，也从侧面反映了本书影响的深远。比较著名的注本有南宋叶采的《近思录集解》、清代江永的《近思录集解》、清代茅星来《近思录集注》、清代张伯行《近思录集解》等，其中影响最大的是江永集解本。此本注解精准了当，编次恢复原貌，且不蔓不枝、简明易读，因此成为最为流行的《近思录》注本。本书的整理，也是以江永集解本为底本，同时参考了其他注本。注释不做过度的训诂考究，翻译也非精确的字句对应，力求在尊重文本的基础上，以简洁晓畅的语言让今天的读者领会本书大义。

此本语录共有六百二十三条，多出的一条为第五卷最后一条，是前人录自杨伯岩本，今予补入。此外，卷六第十三条原为"饿死事极小，失节事极大"一条，因其与当今主流价值观念有所冲突，今从张伯行本将其删去，替换为"今人多不知兄弟之爱"一条。

需要特别说明的是，以传统儒学为根基的理学，在"心性"、"性理"以及实际做工夫修养的理论方面，借鉴吸收了大量佛、道两家的学说和思想，形成了独具一格的理学"内圣外王"、"变化气质"之说。然而第十三卷"异端之学"则对佛、道为代表的诸子学说持完全否定态度，认为"其言有合处，则吾道固已有；有不合处，固所不取"，未免有失公允。希望读者在阅读本书的过程中，也能秉持"取其精华，去其糟粕"的精神，以独立的思考和判断能力批判地继承和扬弃，最终对自己当前学习、工作、生活中处事、待人、接物的方方面面有良好的启迪和引导。

本书的整理虽然力求万无一失，然而有不足之处在所难免。如果您在阅读中发现了谬误或不当之处，恳请指正。

目 录

卷一 道 体……………………………………1
卷二 为学大要…………………………………31
卷三 格物穷理…………………………………94
卷四 存 养……………………………………141
卷五 改过迁善 克己复礼………………………177
卷六 齐家之道…………………………………201
卷七 出处进退辞受之义…………………………217
卷八 治国平天下之道……………………………243
卷九 制 度……………………………………265
卷十 处事之方…………………………………290
卷十一 教学之道…………………………………328
卷十二 改过及人心疵病……………………………342

卷十三 异端之学……………………………………358

卷十四 圣贤气象……………………………………371

卷一 道 体

1.濂溪先生①曰：无极②而太极。太极动而生阳，动极而静；静而生阴，静极复动。一动一静，互为其根；分阴分阳，两仪立焉。阳变阴合，而生水、火、木、金、土；五气③顺布，四时行焉。五行，一阴阳也；阴阳，一太极也；太极，本无极也。五行之生也，各一④其性。无极之真，二五⑤之精，妙合而凝。"乾道成男，坤道成女"，二气交感，化生万物。万物生生，而变化无穷焉；惟人也，得其秀而最灵。形既生矣，神发知⑥矣，五性感动⑦而善恶分、万事出矣。圣人定之以中正仁义（圣人之道，仁义中正而已矣），而主静（无欲，故静），立人极焉。故圣人与天地合其德，日月合其明，四时合其序，鬼神合其吉凶。君子修之吉，小人悖之凶。故曰："立天之道，曰阴与阳；立地之道，曰柔与刚；立人之道，曰仁与义。"又曰："原始反⑧终，故知死生之说。"大哉《易》也，斯其至矣！

——周敦颐《太极图说》

【注释】①濂溪先生：即周敦颐，字茂叔，理学创始人之一。②无极：

周子认为是形成宇宙万物的本原,以其无形无象,无声无色,无始无终,无可指名,故曰无极。③五气:五行之气。④一:归一、归本之义。⑤二五:二气和五行,即阴阳和金木水火土。⑥知:智。⑦感动:感外物而动。⑧反:反观。

【译文】周敦颐先生说:无极而太极。太极动而生阳,动到极处又归于静;静而生阴,静到极处又归于动。一动一静,互为根基。太极有阴阳之分,就是所谓"两仪"。阳变而阴与之相合,就产生水、火、木、金、土五行。五行之气顺畅流布,推动了春、夏、秋、冬四季的运行。五行归于阴阳,阴阳归于太极,太极则以无极为本。五行的生成,各归其秉性。无极之本真,阴阳五行之精微,神妙和合而凝聚为物。象征天的乾道化而成男,象征地的坤道化而成女,阴阳二气交互感应,变化而生天下万物。万物生生不息而变化无穷,其中只有人类,得天地造化之秀而为万物之灵。人的形体既已生成,神识生发出智慧,仁义礼智信感发显现,因而有了善恶之分和万事之繁。圣人所定的为人处世之原则是中正仁义(本注:圣人之道,只是中正仁义而已),而心定于静(本注:没有欲念,因此得静),这就是人立身行道之高准则。因此,圣人之道,与天地之德能相合,与日月之光明相合,与四季之时序相合,与鬼神垂示吉凶祸福相合。君子依循此道修养,因此得吉祥;小人悖逆此道而行,因此获凶厄。所以《周易》上说:"建立天道的准则,是阴和阳;建立地的准则,是柔和刚;树立人的准则,是仁和义。"又说:"追溯万物之起始、反观万物之终结,就可以明晓生死的道理。"《周易》真是伟大,其中所说的道理已经到了巅峰了!

2.诚①，无为；几②，善恶。德：爱曰仁，宜曰义，理曰礼，通曰智，守曰信。性焉、安焉之谓圣，复焉、执焉之谓贤。发微不可见、充周不可穷之谓神。

——周敦颐《通书·诚几德》

【注释】①诚：实理也。②几：动之微。

【译文】诚到极点，就是寂静不动的境界；一个人有了细微的念头，善恶就出现了。德的体有五用：爱人叫做仁，凡事合宜叫做义，符合常理叫做礼，通达无碍叫做智，守持信义叫做信。安于本性天生而诚的叫做圣人，恢复诚的本性能够守持不失的叫做贤人。诚的意念在细微之处，不容易觉察；扩而充之周遍而不可穷尽叫做神。

3.伊川先生①曰：喜怒哀乐之未发，谓之中。中也者，言寂然不动者也，故曰天下之大本。发而皆中节②，谓之和。和也者，言感而遂通者也，故曰天下之达道③。

——《二程文集》卷九《答吕大临论中书》

【注释】①伊川先生：程颐，字正叔，世称伊川先生，北宋理学家和教育家。②中节：合乎礼仪法度。③达道：通达无碍之道。

【译文】程颐先生说：喜怒哀乐种种情绪还没有发作，称为"中"。中，就是清净寂定、如如不动，所以说它是天下万事万物的大根大本。情绪已经发作却都能合乎中道法度，称作"和"。和，就是有感则应、即能通达，所以说它是天下通行不变的准则。

4.心一也，有指体①而言者（寂然不动是也），有指用而言者（感而遂通天下之故是也），惟观其所见②何如耳。

——《二程文集》卷九《答吕大临论中书》

【注释】①体：体、用是中国哲学的一对范畴，指本体和作用。②见：同现，表现、显现。

【译文】心之一字，有从本体而言的（即是本体寂定不动），有从作用而论的（就是感物而动则能贯通天下的缘故），只有通过观察其外在显现出来的情况才能加以辨别。

5.乾，天也。天者，乾之形体；乾者，天之性情。乾，健也，健而无息①之谓乾。夫天，专言之，则道也，天且弗②违是也；分而言之，则以形体谓之天，以主宰谓之帝③，以功用谓之鬼，以妙用谓之神，以性情谓之乾。

——《程氏易传·乾传》

【注释】①息：停止。②弗：不。③帝：中国上古观念中所称宇宙之创造者和主宰者。

【译文】乾，代表天。天，是乾的形态体征；乾，是天的秉性气质。乾，是健，刚健不息就称作乾。对于天，专门而言，就是大道自然，连天尚且不能违背；分而论之，那么就以道之形态体征称为天，以其主宰之元称为帝,以其造物功用称为鬼,以其妙用无穷称为神,以其秉性气质称为乾。

6.四德①之元,犹五常②之仁。偏言则一事,专言则包四者。

——《程氏易传·乾传》

【注释】①四德:指《周易》乾卦元、亨、利、贞四德。②:五常:仁、义、礼、智、信。

【译文】《周易》乾卦元、亨、利、贞四德中的元,就好像仁、义、礼、智、信五常中的仁一样。偏指一义它只是四德中的一德,专门而论就包含了整个四德。

7.天所赋①为命,物所受为性②。

——《程氏易传·乾传》

【注释】①赋:给予,特指生成的资质。②性:性情,禀性。

【译文】天道所赋予的称作性命,万物各自领受的称作秉性。

8.鬼神者,造化①之迹②也。

——《程氏易传·乾传》

【注释】①造化:指自然化育万物之功能。②迹:踪迹,迹象,这里指自然化育万物的过程是可见的、有迹可循的。

【译文】鬼神,是天地造化功能的迹象。

9.《剥》①之为卦,诸阳消剥已尽,独有上九②一爻③尚存,如硕大之果不见食,将有复生之理。上九亦变,则纯阴矣,然阳无可尽之理,变于上则生于下,无间④可容息也。圣人发明⑤此理,以见⑥阳与君子之道不可亡也。或曰:"剥尽则为纯坤,岂复有阳乎?"曰:"以卦配月,则坤当十月。以气消息⑦言,则阳剥为坤,阳来为复,阳未尝尽也。剥尽于上,则复生于下矣。故十月谓之阳月,恐疑其无阳也。阴亦然,圣人不言耳。"

——《程氏易传·剥传》

【注释】①剥:《周易》第二十三卦。坤下艮上,五阴一阳,有阴气浸长、阳气被削剥殆尽之象。②上九:"上"表示序列,指卦最上边的一爻。"九"表示属性,指阳爻。③爻:组成八卦中每一卦的长短横道。④间:一段时间内,形容时间极短。⑤发明:创造性地阐发前人未发之理。⑥见:同现,显示,体现。⑦消息:消,指消散、衰落。息,指生发、滋生。消息,代表万物生命之荣枯兴衰的循环运动过程。

【译文】《周易》中剥卦的卦象,初爻到第五爻都是阴,所有的阳消蚀剥落已尽,只有最上一爻是阳,就好像一个硕大的果实没有被人食用,就有落地为种、重新生发的可能性。如果最上一爻一变阴,整个卦就变成纯阴了。然而阳是没有消失殆尽的道理的,最上一爻转为阴,最下一爻就会转为阳,这种循环变化是片刻不停的。圣人阐发清楚这个道理,就是为了体现阳和君子之道是不可以消亡的。有人说:"剥卦最上一爻一变,就变成纯阴的坤卦了,哪里还有阳呢?"回答:"如果拿卦与月份相配,那么坤卦应当配十月。以推动万物生命荣枯兴衰的气的循环过程来讲,剥卦最上一阳爻转阴就变为坤卦,坤卦最初一爻转阳就变为复卦,阳并没有消尽。阳在最上爻被剥落殆尽了,却又出现在最下一爻。所以把十月称作阳月,恐怕就是忧疑本月无阳的缘故。阴也是一样的道理,只是圣人没有说罢了。

10.一阳复①于下,乃天地生物之心也。先儒皆以静为见天地之心,盖不知动之端②乃天地之心也。非知道③者,孰能识之?

——《程氏易传·复传》

【注释】①复:《周易》第二十四卦。此卦最下一爻为阳,故云"一阳复于下"。②端:事物的一头或一方,引申为开始。③知道:知,知道,通晓。道,大道,指宇宙自然的根本法则。

【译文】一阳又返归于最下一爻,就是天地化育万物之心。前代的儒者都通过静来体悟天地之心,大概是不知道一阳初动就是天地之心。不是通晓大道之人,谁能明白这个道理?

11.仁者,天下之公①,善之本也。

——《程氏易传·复传》

【注释】①公:共同的,公认的,这里指应共同遵循的准则。

【译文】仁,是天下人皆应遵从的道义法则,也是各种善心善行的根本。

12.有感必有应。凡有动皆为感,感则必有应,所应复为感,所感复有应,所以不已也。感通^①之理,知道者默而观之可也。

——《程氏易传·咸传》

【注释】①感通:以至诚通达而获得回应。

【译文】有交感必有回应。凡有所动都是交感,有交感就必有回应,所回应的又转为交感,所交感的又有回应,所以循环不已。以至诚通达而获得感应的道理,明晓大道的人静默观察就可以了。

13.天下之理,终而复始,所以恒而不穷。恒非一定之谓也,一定则不能恒矣。惟随时变易^①,乃常道也。天地常久之道,天下常久之理,非知道者,孰能识之?

——《程氏易传·恒传》

【注释】①易:改变。

【译文】天下万物变化运行之理,是终结了又复归起始,所以宇宙万物恒久保持而生生无穷。恒久保持不是说固定不变,固定不变就不能恒久保持了。只有随顺时序改变迁转,才符合自然长久之道。天地长久之法则、天下长久之道理,不是明晓大道之人,有谁能明白呢?

14.人性本善,有不可革①者。何也?曰:语其性,则皆善也;语其才,则有下愚之不移。所谓下愚,有二焉:自暴也,自弃也。人苟以善自治,则无不可移②者,虽昏愚之至,皆可渐磨而进。惟自暴者拒之以不信,自弃者绝之以不为,虽圣人与居,不能化③而入也,仲尼之所谓下愚也。然天下自弃自暴者,非必皆昏愚也,往往强戾而才力有过人者,商辛④是也。圣人以其自绝于善,谓之下愚,然考⑤其归,则诚愚也。既曰下愚,其能革面⑥何也?曰:心虽绝于善道,其畏威而寡罪,则与人同也。惟其有与人同,所以知其非性之罪也。

——《程氏易传·革传》

【注释】①革:改变,去除。②移:改变,这里指迁善。③化:化导。④商辛:即商纣王,名受,号帝辛。⑤考:追溯,推究。⑥革面:改变面貌,比喻改过迁善。

【译文】人性本善,有不可变易之理。是什么呢?回答:说到人的本性,就全都是善的;说到人的能力,就有如下愚之人难以转化一般。所谓下愚之人有两种:一种是自我戕害的自暴之人,一种是自我弃绝的自弃之人。人如果能以善自我修养,就没有不可转化的习气,即便是昏昧愚痴到极点的人,也可以渐渐磨砺进步。只有自暴者拒绝听从这个道理而无法生信,自弃者拒绝落实这个道理而无有作为,即便是圣人与他们一起居住,也不能劝化引导他们入于此道,这就是孔子所说的下愚之人。然而天下自暴自弃的人,不一定都是昏昧愚痴的,这其中往往有刚强勇戾而才华过人的,比如商纣王。

圣人因为他们自我隔绝于善的修养,而把他们称作下愚之人,然而推究他们的归宿去向,也确实是愚痴蒙昧啊!既然说是下愚之人,为什么又能改过迁善呢?回答:下愚之人,心虽然隔绝于善道,他们因为畏惧威势而避免犯罪的倾向,却与他人相同。就是因为他们和别人有共同之处,所以知道他们的错误并非是本性的罪过啊!

15.在物为理①,处物为义②。

——《程氏易传·艮传》

【注释】①理:指普遍存在于万事万物的客观规律。②义:宜也,万事万物处之得宜为义。

【译文】普遍存在于宇宙万事万物的内在客观规律称作"理",使万事万物处之得宜为义。

16.动静无端①,阴阳无始。非知道者,孰能识之?

——《程氏经说·易说》

【注释】①端:开端,起始。

【译文】动和静没有开端,阴和阳没有起始。不是通晓大道之人,谁能明白这个道理?

17.仁者,天下之正理,失正理则无序①而不和。

——《程氏经说·论语解》

【注释】①序：次第，秩序。

【译文】仁，是天下通行的中正无偏的道义准则，如果没有这个中正无偏的道义准则，万事万物就会失去正常的运行秩序而不能和谐。

18.明道先生①曰：天地生物，各无不足之理。常思天下君臣父子、兄弟夫妇，有多少不尽分②处。

——《二程遗书》卷一

【注释】①明道先生：程颢，字伯淳，学者称明道先生，北宋教育家、诗人、理学的奠基者之一。②分：各人名位、职责、权利的限度。

【译文】程颢先生说：天地参赞化育万物，万物各有其资质禀赋，没有不足的道理。为人应常常反思君臣、父子、兄弟、夫妇之间，有多少本分是自己还没有尽到的。

19."忠信所以进①德"，"终日乾乾②"。君子当终日"对越③在天"也，盖"上天之载③，无声无臭④"。其体则谓之易，其理则谓之道，其用则谓之神，其命于人则谓之性。率性⑤则谓之道，修道则谓之教。孟子去其中又发挥⑥出浩然之气，可谓尽矣。故说神"如在其上，如在其左右"。大小大事而只曰"诚⑦之不可掩如此夫。"彻⑧上彻下，不过如此。"形而上为道，形而下为器⑨"，须著⑩如此说。器亦道，道亦器。但得道在，不系今与后、己与人。

——《二程遗书》卷一

【注释】①进：使……进步、长进。②乾乾：自强不息貌。③对越：犹对扬，答谢颂扬之意。③载：指天地化育万物之事。④臭：气味。⑤率性：率，遵循。性，本性，天性。⑥发挥：阐发分析。⑦诚：真实之事。⑧彻：通，透。⑨器：这里指物质世界。

【译文】《周易·乾》上说："忠贞守信才能使自己的道德修养进步，君子应当从朝至暮自强不息。"君子应尽日都对天道怀有敬畏，因为上天承载化育万物，无声无味，默默涵养。它的本体称作"易"，它的性理称作"道"，它的妙用称作"神"，它的气命在人则称作"性"。随顺原本天性就叫"道"，依道修习涵养就叫"教"。孟子入于此理之中而又阐发了"浩然之气"的道理，可以说穷尽了此理。所以说"真神如在人上，如在人左右，触目皆是，可敬可畏"。重大之事，却只说"凡所真实就不可掩盖，就是如此啊！"上下之理，贯通一气，不过如此。"超乎形与象、经验界或本体界之物称之为道，有形具象的物理界或现象界事物称之为器"，在理论上应当是这样的观点。然而器也是道，道也是器。只要道存在，就不会局限在现在和未来、自己与他人的范畴中了。

20.医书言手足痿痹①为不仁，此言最善名状②。仁者，以天地万物为一体，莫非己也。认得为己，何所不至？若不有诸己，自不与己相干。如手足不仁，气已不贯，皆不属己。故博施③济众，乃圣之功用。仁至难言，故止曰"己欲立而立人，己欲达而达人。能近取譬，可谓仁之方④已。"欲令如是观仁，可以得仁之体。

——《二程遗书》卷二上

【注释】①痿痹：肢体萎缩麻痹而不能活动之病。②名状：以言语来形容事物。③博施：博，广泛。施，布施，恩惠。④方：原理、道法。

【译文】医书上说，手脚萎缩麻痹而不能动的病因是不仁，这最好地形容了这种情况。仁，是把自己与天地万物看作一体，万事万物无非自己。认识清楚一切皆是自己，自己就与万物周遍于一切处所，有什么地方是不能到达的呢？如果不能体会万物皆与自己同在，万物自然不与自己相干。比如手脚萎缩麻痹的病症，是因为气机已经无法贯通，就都是不属于自己的了。所以广泛地恩惠利益天下苍生，这是圣人的功德体用。仁，是极难阐释透彻的，所以孔子只说"自己要能懂得为人处世之道，而后要帮助他人懂得；自己要能修养到达圣贤境界，也要帮助他人同样到达。自己能够以己作比，推己及人，可以说是仁的方法准则了。"要让人们这样观察探究"仁"的义理，就可以体悟到"仁"的本体了。

21."生之谓性"。性即气，气即性，生之谓也。人生气禀，理有善恶。然不是性中元有此两物相对而生也。有自幼而善，有自幼而恶（本注：后稷①之克岐克嶷②，子越椒③始生，人知其必灭若敖氏④之类），是气禀有然也。善固性也，然恶亦不可不谓之性也。盖"生之谓性"、"人生而静"，以上不容⑤说。才说性时，便已不是性也。凡说人性，只是说"继之者善也"，孟子言性善是也。夫所谓"继之者善也"者，犹水流而就下也。皆水也，有流而至海，终无所污，此何烦⑥人力之为也？有流而未远，固已渐浊;有出而甚远,方有所浊。有浊之多者,有浊之少者。清浊虽不同,然不可以浊者不为水也。如此,则人不可以不加澄治⑦之功。故用力敏勇则疾清,用力缓怠则迟清。及其清也,则却只是元初水也。不是将清来换却浊,亦不是取出浊来置在一隅也。水之清,则性善之谓也。故不是善与恶在性中为两物相对,各自出来。此理,天命也。顺而循之,则道也。循此而修之,各得其分,则教也。自天命以至于教,我无加损⑧焉,此"舜有天下而不与焉"者也。

——《二程遗书》卷一

【注释】①后稷:姬姓,名弃,黄帝玄孙,帝喾嫡长子,尧舜时期掌管农业之官,周朝始祖。②克岐克嶷:指孩童年幼而颖悟灵慧。岐,通"企",跂起脚跟。嶷,幼小聪慧。③子越椒:斗椒,春秋时楚国令尹,字伯棼,一字子越,后世多称为斗越椒。④若敖氏:活跃于春秋时期楚国的芈姓家族,祖先为楚国国君熊仪,内部又分鬬氏和成氏两个支系。⑤容:应当。⑥烦:劳烦,烦扰。⑦澄治:使水澄清,这里指人澄心静虑的修养功夫。⑧损:减少。

【译文】告子说"天生的禀赋叫做本性",本性就是元气,元气就是本性,这是就天生而言。人的生命禀受先天元气,依天理变化而有后天善恶之分。然而不是说本性中原本就有善恶两种属性互相对立而出现。人有从幼年就善的,也有从幼年就恶的(后稷幼年就聪颖灵悟,而鬬越椒刚刚出生之时,就有人知道他将来必定会使若敖氏家族灭亡),这是生命禀受先天之气而有的差别。善原本就是人的本性,然而恶也不可不说是人的本性。一般人说到本性,只是说"先天之性相继即为善",这是孟子谈"性善"的观点。所谓的"先天之性相继即为善",就好像水从高处流往低处去一样。都是水,有的一路流到海洋,最终没有一点染污,这还要劳烦人力使水澄清么?有的还没有流到远处,就已经渐渐变得浑浊;有的流到很远的地方,才开始变得有些浑浊。有浑浊程度较重的,有浑浊程度较轻的。水之清浊虽然不同,但不可以把浑浊的水不称作水。与水的道理类似,人也不可不加入澄心静虑的自我修养功夫。所以如果用功快速果敢,水很快就会变清;如果用功迟缓懈怠,水很久才会变清。等到水清的时候,它也只是原本的水的样子啊!并不是用清水换去了浊水,也不是将水浑浊的元素提取出来放在一角。水的清澈,就好比人性本来是善一样。所以不是说善和恶在本性中就是两种属性互相对立、各自显现。这个道理,就是"命"。随顺依循这个原理,就是"道"。依照这个原理准则修养完善,各人在其本分各有所得,就是"教"。从"天命"一直到"教",这些道理我没有增添也没有减少什么,这就与"舜拥有天下而没有干预什么"是类似的吧!

22. 观天地生物①气象②。

——《二程遗书》卷六

【注释】①生物:生成化育万物。②气象:气势景象。
【译文】观察天地生成化育万物的气势景况。

23.万物之生意①最可观②,此"元者善之长也"。斯可谓仁也。

——《二程遗书》卷十一

【注释】①生意:生命力,生长发育的活力。②可观:值得欣赏。

【译文】万物生长发育的生命力最值得欣赏,这就是《周易》中所说的"元,是诸善的首领"。这也可以用来类比作为仁、义、礼、智四善之首的"仁"了。

24.满腔子①是恻隐②之心。

——《二程遗书》卷三

【注释】①满腔子:犹"满腔",指充盈周遍整个身心。腔,躯壳。②恻隐:同情、不忍。

【译文】满腔都是恻隐之心。

25.天地万物之理无独,必有对,皆自然而然,非有安排也。每中夜①以思,不知手之舞之、足之蹈之也。

——《二程遗书》卷十一

【注释】①中夜:半夜。

【译文】天地万物之理,没有单一的,而必定有相对的,这都是自然而然的,没有预先的设定安排。每到半夜思考这个道理,自己都情不自禁地手舞足蹈。

26.中者,天下之大本,天地之间亭亭当当①、直上直下之正理。出则不是。惟"敬而无失②"最尽。

——《二程遗书》卷十一

【注释】①亭亭当当:妥当合宜、无偏无倚之义。②失:此指丧失、间断。

【译文】"中",是天下万事万物的大根大本,是天地之间中正无偏、上下一贯的真正之理。出于"中"的准则就不对了。这个道理,只有"保持诚敬而不间断"这句话说尽了。

27.伊川先生曰:公则一,私则万殊②。人心不同如面,只是私心。

——《二程遗书》卷十五

【注释】①一:相同,一样,指一视同仁。②殊:差别,不同。

【译文】程颐先生说:为公,就会一视同仁;为私,就会千差万别。一般人的内心与外表各个不同,原因只是各怀私心。

28.凡物有本末①,不可分本末为两段事。洒扫应对②是其然,必有所以然。

——《二程遗书》卷十五

【注释】①本末:本,根本。末,细节。②洒扫应对:洒水扫地,酬答宾客,为儒家童蒙教育基本内容之一。

【译文】但凡事物，都有其根本与枝节，不可将根本与枝节截然划分为两个概念。如童子洒水扫地、接应宾客是结果（末），背后一定有它的原因道理（本）。

29.杨子①拔一毛不为，墨子②又摩顶放踵③为之，此皆是不得中。至如子莫④执中，欲执此二者之中，不知怎么执得？识得，则事事物物上，皆天然有个中在那上，不待人安排也。安排著，则不中矣。

——《二程遗书》卷十七

【注释】①杨子：本名杨朱，字子居，魏国人，战国初期著名的思想家、哲学家，道家杨朱学派的创始人。②墨子：名翟，战国初期宋国人，著名的思想家、教育家、科学家、军事家，墨家学派的创始人。③摩顶放踵：从头顶到脚跟都磨伤，形容舍身救世，不辞劳苦。④子莫：战国时鲁国贤人，其事迹已不可考。

【译文】杨朱主张贵己，即使拔一根毫毛而有利于天下，都不肯做；墨子主张兼爱，即便是从头顶到脚跟都磨伤，只要是对天下有利，他都愿为。这都是不得中道。至于子莫，则主张中道，它想要在贵己与利人之间保持中道，不知怎么样才能保持呢？如果识得了中道，那么事事物物之上，都自然贯穿着中道的义理，不需要等别人来设定安排。一有人为的设定安排，就已经偏离中道了。

30.问：时中①如何？曰：中字最难识，须是默识心通。且试言：一厅，则中央为中。一家，则厅中非中，而堂为中。言一国，则堂非中，而国之中为中。推此类可见矣。如"三过其门不入"，在禹稷②之世为中，若"居陋巷"，则非中也。"居陋巷"在颜子③之时为中，若"三过其门不入"，则非也。

——《二程遗书》卷十八

【注释】①时中：立身行事，合乎时宜，无过与不及。②禹稷：大禹和后稷。③颜子：颜回，字子渊，春秋末期鲁国人，是孔子最得意的门生。

【译文】问：立身行事无过无不及、守持中道是怎样的呢？程颐先生答："中"字最难体会，一定要暗暗识记在心，用真心才能通达明了。暂且试着这样来说：一间厅房，则以它的中央作为"中"；一户家庭，那么厅房中央就不是"中"了，而是以堂屋作为它的"中"；说到一个国家，那么堂屋就不是"中"了，而把一国中央作为其"中"。以此类推，就可以知道了。比如"三过家门而不入"，在大禹后稷的时代是中道，而像"居住在狭仄破陋的巷子"，就不是中道了。"居住在狭仄破陋的巷子"在颜回的时代为中道，而像"三过家门而不入"，就不是中道了。

31.无妄①之谓诚，不欺②其次矣。（本注：李邦直云："不欺之谓诚"，便以不欺为诚。徐仲车云："不息③之谓诚"。《中庸》言"至诚无息"，非以无息解诚也。或以问先生，先生曰云云。）

——《二程遗书》卷六

【注释】①妄：妄念，妄想。②欺：欺诳，欺骗。③息：停止。

【译文】没有妄念杂虑才叫诚，其次才是真实而不欺诳。（李邦直说："真实无欺叫做诚"，就是以不欺诳为诚。徐仲车说："无止无息叫做诚。"《中庸》说"诚到极点就没有止息"，不是以无止息来解释"诚"字。有人拿这个问题问程颐先生，先生说了这两句话。）

32.冲漠无朕①，万象森然②已具。未应③不是先，已应不是后。如百尺之木，自根本至枝叶，皆是一贯。不可道上面一段事④无形无兆，却待人旋④安排，引入来教入途辙⑤。既是途辙，却只是一个途辙。

——《二程遗书》卷十五

【注释】①冲漠无朕：出自《庄子·应帝王》。冲漠，虚寂恬静。无朕，没有迹象或先兆。②森然：众多、繁盛之貌。③应：反应，感应。④上面一段事：指宇宙万有形而上的根本道体。④旋：来往，周旋。⑤途辙：路上之车迹，比喻行事所遵循的途径或方向。

【译文】宇宙之初，虚寂恬静，无形无迹，而森罗万象已经具备了。万象还未从宇宙本体中显现之时，不是先；万象已经从宇宙本体中显现出来，不是后。就好像百尺的树木，从树根到枝叶，都是作为一个整体一贯相承的。不可以说宇宙形而上的道体无形象、无征兆，却要等待外界之力来周旋安排，引导人沿着前面的车迹而行。既然是前车之迹，也不过只是一个路子罢了。

33.近①取诸身,百理皆具。屈伸②往来之义,只于鼻息③之间见之。屈伸往来只是理,不必将既屈之气,复为方伸之气。生生之理,自然不息。如《复卦》言"七日来复",其间元不断续,阳已复生。"物极必返",其理须如此。有生便有死,有始便有终。

——《二程遗书》卷十五

【注释】①近:就近。②屈伸:弯曲与伸直。③息:气息。

【译文】通过自己身边的事物,就可以了解百千的道理。屈与伸、来与往的义理,只从鼻端呼吸之间就可以明白了。屈伸、往来只是义理,不必要将已经"屈"往的气息,又当作刚刚"伸"来的气息。万物代代生发孳息,自然没有止息的道理。比如《周易·复卦》说"七天一阳复生",这中间元气相续不断,阳才会再次生出。物极必反,这个道理应当是这样。有生就有死,有始就有终。

34.明道先生曰:天地之间只有一个感与应而已,更有甚事?

——《二程遗书》卷十五

【注释】①甚:什么。

【译文】程颢先生说:天地之间,只有一个感和应而已,还有什么事呢?

35.问仁。伊川先生曰：此在诸公自思之。将圣贤所言仁处类聚①观之，体认②出来。孟子曰："恻隐之心，仁也。"后人遂以爱为仁。爱自是情，仁自是性，岂可专以爱为仁？孟子言："恻隐之心，仁之端也。"既曰仁之端，则不可便谓之仁。退之③言："博爱之谓仁。"非也。仁者固博爱，然便以博爱为仁则不可。

——《二程遗书》卷十八

【注释】①类聚：汇集归类。②体认：体察认知。③退之：韩愈，字退之，世称"韩昌黎"，唐代杰出文学家、哲学家、政治家。

【译文】有人问"仁"的义涵，程颐先生说：这个道理，应由各位自心中思量，将圣贤所说"仁"的地方汇集归类、对比研究，然后体察认知其理。孟子说"恻隐之心就是仁"，后来学人就把爱当作仁。爱本身是情感，仁本身是自性，怎么可以专把爱作为仁？孟子说："恻隐之心，是仁的起始。"既然说了是仁的起始，就不可以把它就说成仁。韩愈说："博爱就叫仁"，不是这样的。仁者固然博爱，然而就把博爱当作仁是不可以的。

36.问：仁与心何异？曰：心譬如谷种，生之性①便是仁。阳气发处，乃情②也。

——《二程遗书》卷十八

【注释】①性：属性，性质。②情：性情。

【译文】问:仁和心有什么区别?程颐先生答:心好像谷物的种子,而使能其生发的生命力就是仁。阳气发动之处,就是性情了。

37.义训①宜,礼训别,智训知,仁当何训?说者谓训觉②、训人,皆非也。当合③孔孟言仁处,大概④研穷⑤之,二三岁得之未晚也。

——《二程遗书》卷二十四

【注释】①训:解释,说明。②觉:觉知,觉悟。③合:结合,参合。④大概:大体,大致。⑤穷:尽。

【译文】"义"解释为行为合宜,"礼"解释为本分各别,"智"解释为通达明了,"仁"解释为什么呢?有人说解释为觉、解释为人,这都不对。应当参合孔孟讲"仁"的地方,把握梗概,精研细究,穷尽其理,这样两三年能体会到这个道理也不算晚。

38.性即理也。天下之理,原①其所自②,未有不善。喜怒哀乐未发,何尝不善?发而中节,则无往③而不善。发不中节,然后为不善。故凡言善恶,皆先善而后恶。言吉凶,皆先吉而后凶。言是非,皆先是而后非。(《易传》曰:"成而后有败,败非先成者也。得而后有失,非得何以有失也?")

——《二程遗书》卷二十二上

【注释】①原:推究,追溯。②自:源头,起点。③无往:犹言无论到哪里,没有。

【译文】本性就是理体。天下万事万物的道理,推究它们的源头,没有不善的。喜怒哀乐种种情绪还没有发作之时,何尝有不善?待情绪发作而能够合乎中正之礼仪法度,就没有什么不善的。情绪发作而没有守持中正之道,这之后就会做不善之事。所以凡是说善恶,都是先有善而后有恶;说吉凶,都是先有吉而后有凶;说是非,都是先有是而后有非。(《易传》说:"成功而后有失败,失败不是在成功之前。得到而后有失去,不是得到哪里会有失去呢?")

39.问:心有善恶否?曰:在天为命,在义①为理,在人为性,主于身为心,其实一也。心本善,发于思虑则有善有不善。若既发,则可谓之情,不可谓之心。譬如水,只可谓之水。至如流而为派②,或行于东或行于西,却谓之流也。

——《二程遗书》卷十八

【注释】①义:指合宜的道德、行为、道理。②派:水的支流。

【译文】问:心有善恶吗?程颐先生答:在天道自然称作"命",在义礼法度称作"理",在人之生命称作"性",主宰人身则是心,其实都是由一个本体而来。此心本来是善,一旦起了思虑,就有了善和不善之分。如果思虑已经生起,就可以称之为"情",而不可称之为"心"。就好像水,只可以称之为水。至于水流动而形成不同的分支,有的向东流,有的向西流,却把它们称作支流。

40.性出于天,才①出于气。气清则才清,气浊则才浊。才则有善有不善,性则无不善。

——《二程遗书》卷十九

【注释】①才:才资,禀赋。

【译文】本性出于天道,才赋出于气禀。气禀清净才赋就清净,气禀浑浊才赋就浑浊。才赋有善和不善之分,本性则没有善与不善之别。

41.性者,自然完具①,信只是有此者也。故四端②不言信。

——朱熹《孟子精义》卷十一录程颢语

【注释】①完具:完备,完整。②四端:儒家所称四种存心,即恻隐、羞恶、辞让、是非之心,各为仁、义、礼、智之端。

【译文】本性,是原本就完备地包括了仁、义、礼、智,五常中的"信"也只是本性之德,所以孟子所说恻隐之心、羞恶之心、辞让之心、是非之心这四端中没有说到"信"。

42.心,生道①也。有是心,斯②具是形以生。恻隐之心,人之生道也。

——《二程遗书》卷二十一下

【注释】①生道:天地生物之心。②斯:乃,就。

【译文】心,体现天地生物之德。有了这个天地生物之心,人才会具备这样的形体而生成。恻隐之心,就是人的生物之心啊!

43.横渠先生①曰:气坱然②太虚,升降飞扬,未尝止息。此虚实动静之机③、阴阳刚柔之始。浮而上者阳之清,降而下者阴之浊。其感遇聚结,为风雨,为霜雪,万品④之流行,山川之融结。糟粕煨烬⑤,无非教⑥也。

—— 张载《正蒙·太和》

【注释】①横渠先生:张载,字子厚,世称横渠先生,北宋思想家、教育家、理学创始人之一。②坱然:充盛的样子。③机:机枢,先兆。④万品:万物,万类。⑤煨烬:灰烬。

【译文】张载先生说:气充盈周遍宇宙,升降飞扬,运动未曾停止。这是虚实、动静的先机,也是阴阳、刚柔的起始。扬浮而上的是清阳之气,沉降而下的是浊阴之气。阴阳二气交感会遇、聚集凝结,就形成了风、雨、霜、雪种种气象,万类品物流布运行,山岳江河融汇交结。这些太和之气的"糟粕灰烬",无非是天地借之以展示天地之理的。

44.游气纷扰,合而成质①者,生人物②之万殊。其阴阳两端,循环不已者,立天地之大义。

—— 张载《正蒙·太和》

【注释】①质：实质，物质。②人物：人和物。

【译文】浮游在宇宙中的阴阳之气纷纷扰扰，运动变化，会合而形成物质，产生了人与物的万千差别。这阴阳二气，循环不止，就树立起天地万物生化运行的根本准则。

45.天体①物不遗，犹仁体事而无不在也。"礼仪三百，威仪三千。"无一物而非仁也。"昊天②曰明，及尔出王③。昊天曰旦④，及尔游衍⑤。"无一物之不体也。

——张载《正蒙·天道》

【注释】①体：为……之体。②昊天：上天，上苍。③王：通"往"。④旦：太阳初升于地面。⑤游衍：恣意游逛。

【译文】天作为万物的本体，没有一物被遗漏，就好像仁作为万事的本体而无所不在。《中庸》上说"礼仪总纲有三百条，威仪细则有三千条"，没有一个不是仁的体现。《诗经》上说"上天的光明威赫，与你一同出入来往；上天如同太阳无所不照，与你一同恣意遨游"，没有一处不是天之本体的体现。

46.鬼神者，二气之良能①也。

——张载《正蒙·神化》

【注释】①良能：天赋之能。

【译文】鬼神造化万物之功，是阴阳二气先天赋予的本能的体现。

47.物之初生,气日①至而滋息。物生既盈,气日反②而游散。至之谓神,以其伸也。反之谓鬼,以其归也。

—— 张载《正蒙·动物》

【注释】①日:每日,一天天地。②反:同"返",返回,回归。

【译文】生命初生之时,气日渐到来而滋养生息。生命成长既已丰盈,气日渐离返而游溢散失。气之到来叫做神,因为生命力得以伸展舒发。气之离返叫做鬼,因为生命力游离回归了。

48.性者,万物之一源,非有我之得私也,惟大人①为能尽其道。是故立必俱立,知必周知,爱必兼爱,成②不独成。彼自蔽塞而不知顺吾理者,则亦未如之何③矣。

—— 张载《正蒙·诚明》

【注释】①大人:指德能、学问、修养很高之人。②成:成就,成功。③如之何:怎么样,怎么办。

【译文】本性,是万物共有的本源,而非为我一人私有,只有才德学识极高之人才能将这个道理透彻穷尽。因此圣人之道,自己懂得立身处世之道,也要帮助他人一同懂得;自己明晓圣贤大道,也要帮助他人一同明晓;自己达到仁爱的境界,也要帮助他人一同达到;自己修学涵养有所成就,不会只注重自己而不管他人。那些自己的耳目思想被蒙蔽而不开通、不知道依循天性发展的人,我也不知道该怎么办了。

49.一①故神。譬之人身,四体②皆一物,故触之而无不觉,不待心③使至此而后觉也。此所谓"感而遂通"、"不行而至,不疾④而速"也。

——《横渠易说》卷三《系辞上》

【注释】①一:同一、一体。②四体:人的四肢。③心:此处指知觉、意识。④疾:快。

【译文】万物一体,所以能神明通达。就好像人的身体,四肢都属于同一个整体,所以触碰四肢任何一处没有不能觉知到的,不必等意识指挥它到达那个地方后才能觉知到。这就是《周易》所说的"有感而后能通达","不必出行而达目的地,不求快速而自然变快"。

50.心,统①性情者也。

——张载《性理拾遗》

【注释】①统:统领,总括。
【译文】心,是未动之性和已动之情的统领。

51.凡物莫不有是性。由通蔽开塞,所以有人物之别。由蔽①有厚薄,故有知②愚之别。塞者牢不可开③,厚者可以开而开之也难,薄者开之也易。开则达于天道,与圣人一④。

——张载《性理拾遗》

【注释】①蔽：蔽覆，指人的习气障碍。②知：同"智"。③开：破除。④一：合一，指达到同等的境界。

【译文】但凡万事万物，没有不具备天地本性的。因为此性存在通达、蔽覆、开放、闭塞种种不同，所以产生了人和物的种种差别。由于此性被障蔽的厚薄不同，所以有了智者和愚人的区别。天性之善完全闭塞的人，其蒙蔽障碍牢不可破；蒙蔽深厚的人，其蒙蔽障碍虽然可以破除，但破除十分艰难；蒙蔽浅薄的人，破除蒙蔽障碍就很容易。一旦蒙蔽障碍破除了，就能通达于天道，而达到与圣人同等的境界了。

卷二 为学大要

1.濂溪先生曰：圣希①天，贤希圣，士②希贤。伊尹③、颜渊④，大贤也。伊尹耻其君不为尧舜，一夫不得其所，若挞于市。颜渊"不迁怒"，"不贰⑤过"，"三月不违仁"。志⑥伊尹之所志，学颜子之所学，过则圣，及则贤，不及则亦不失于令名⑦。

——周敦颐《通书·志学》

【注释】①希：仰慕，希冀。②士：有家国情怀的知识分子的通称。③伊尹：名挚，商朝政治家、思想家，辅助商汤灭夏朝，历事商朝五代五十余年，为商朝建立和强盛立下汗马功劳。④颜渊：即颜回，后世尊为复圣。⑤贰：重复，再次。⑥志：以……为志向。⑦令名：指美好的声誉。

【译文】周敦颐先生说：圣人希求与天道合德，贤人希求与圣人合德，一般士人希求与贤人合德。伊尹、颜渊是大贤之人。伊尹以不能辅助其君王成为尧舜那样的圣主而感到耻辱，天下有一个男子没有得到合宜的安置，他就如同被人在闹市鞭挞一般感到耻辱。颜回不迁怒他人，不重复犯同样的过错，其心长久不违于仁德。应当以伊尹的志向作为自己的志向，学习颜回所修所学的，超过他们的境界就是圣人,达到他们的境界就是贤人,即使达不到他们的境界也不会失去学圣希贤的美好声名。

2.圣人之道,入乎耳,存乎心。蕴①之为德行,行之为事业②。彼以文辞而已者,陋矣!

——周敦颐《通书·陋》

【注释】①蕴:蕴积,积淀。②事业:事情的成就,功业。

【译文】圣人之道,从耳朵听入,在心中谨记。这种修养蕴积沉淀就成为德行,依之而行就是事功德业。那些以为学习圣人之道仅仅是学习圣人文辞的人,实在是粗浅鄙陋啊!

3.或问:圣人之门,其徒三千,独称颜子为好学。夫《诗》《书》六艺①,三千子非不习而通也,然则颜子所独好者,何学也?伊川先生曰:学以至圣人之道也。圣人可学而至与?曰:然。学之道如何?曰:天地储精,得五行之秀者为人。其本也真而静。其未发也,五性具焉,曰仁义礼智信。形既生矣,外物触其形而动其中矣。其中动而七情出焉,曰喜、怒、哀、惧、爱、恶、欲。情既炽而益荡,其性凿②矣。是故觉者,约其情,使合于中,正其心,养其性。愚者则不知制之,纵其情而至于邪僻,梏其性而亡之。然学之道,必先明诸心,知所往,然后力行以求至,所谓自明而诚也。诚之之道,在乎信道笃③。信道笃则行之果,行之果则守之固。仁义忠信,不离乎心。"造次④

必于是,颠沛必于是","出处⑤语默必于是"。久而弗失,则居之安。"动容⑥周旋中⑦礼",而邪僻之心无自生矣。故颜子所事,则曰:"非礼勿视,非礼勿听,非礼勿言,非礼勿动。"仲尼称之,则曰:"得一善,则拳拳服膺⑧而弗失之矣。"又曰:"不迁怒,不贰过。""有不善未尝不知,知之未尝复行也。"此其好之笃,学之道也。然圣人则"不思而得,不勉⑨而中",颜子则必思而得,必勉而后中。其与圣人,相去一息⑩。所未至者,守之也,非化之也。以其好学之心,假之以年,则不日而化矣。后人不达,以谓圣本生知,非学可至,而为学之道遂失。不求诸己而求诸外,以博闻强记、巧文丽辞为工,荣华其言,鲜有至于道者。则今之学与颜子所好异矣。

——《二程文集》卷八《颜子所好何学论》

【注释】①诗书六艺:《诗经》和《尚书》,泛指一切儒家经典。六艺:亦可指六经。②凿:确切,确实。③笃:深,厚。④造次:仓促不暇。⑤出处:行与止,出仕和退隐。⑥动容:动作和仪容。⑦中:合乎,符合。⑧拳拳服膺:态度诚恳真挚,心悦诚服地牢记在心。拳拳,牢牢抓住的样子,引申为诚恳、深切。膺,胸。⑨勉:勉力,勉强。⑩一息:一呼一吸,此指差距微小。

【译文】有人问:圣人孔子门下有三千弟子,孔子唯独称赞颜回"好学"。儒家四书、五经、六艺,这三千弟子没有不学习而通达的,然而唯独称赞颜回好学,他学的是什么呢?程颐先生说:学习如何到达圣人之道。问:圣人的境界可以通过学习而到达吗?答:是的。问:修学的方法是怎样的呢?答:天地蕴藏精元之气,其中得到五行秀气的就是人。人的本性，是真纯寂静的。内在的情识和外在的形体还没有生发之时，五种性德就具备了，就是仁、义、礼、智、信。人的形体既已生成，外境种种事物与之交触就有情识在其中游动了。情识游动因而产生七情，所谓喜、怒、哀、惧、爱、恶、欲。情识已经变得炽烈而更加动荡，各种情感的体性就牢固坚实了。所以觉悟的人，制约他的情感，使之合于中道；中正他的内心，涵养他的本性。愚人不知道节制情感，放纵自己的情感而偏离正道、行止不端；禁锢自己的性灵而使之消亡。然而学道，一定要先明心，知道自己的方向，然后奋力前行以求到达，这就是所谓的自明己心而有精诚。精诚的道理，在于笃信圣人之道，笃信圣道就会果敢地践行圣道，果敢践行圣道就会坚定守持圣道。仁、义、忠、信，不离自心。《论语》中说"君子在仓皇急遽之间、流离困厄之时，都不违背仁德"，出仕隐退、发言缄默一定都是如此。如此涵养修习，所居之处，安和调顺。《孟子》中说"举止仪容、进退揖让都合乎中道礼法"，这样乖谬不正之心自然无从生起。所以颜回所修学的，就是孔子说的："不符合礼法的不看，不符合礼法的不听，不符合礼法的不说，不符合礼法的不动。"孔子称赞颜回，就说："他从中庸之道体悟得到一个善处，就真挚恳切地将其铭记于心"，又说他："不迁怒于人，不重复犯同样的过错"，"不好之处没有不知道的，知道了没有再犯的"。这就是颜回好学之深的体现，是他的修学之道。然而圣人是"不假思索就可体悟大道，不勉力而行就合乎中道"，颜回则一定是思索而后有得、勉力践行而后合于中道，他和圣人相比，还差了一点。所欠缺的地方，是他是被动地持守原则，而非主动地变化任运原则。凭他的求知好学之心,让他多活几年,很快就可以自在化用了。后辈学人学理不能通达,所以说圣人原本生来就有智慧,不是通过后天学习能够达到那种境界的,这种说法就使得求知为学的道理都失去了意义。不向自己心内探求而向外境探求,以博闻强识、辞章奇丽作为专工,使自己的言辞光彩华美,这样的人,很少有能通达圣人之道的。那么,今人所学的学问和颜回所好的学问就不是一回事了啊!

4.横渠先生问于明道先生曰:定性①未能不动,犹累于外物,何如?明道先生曰:所谓定者,动亦定,静亦定,无将迎②,无内外。苟以外物为外,牵己而从之,是以己性为有内外也。且以性为随物于外,则当其在外时,何者为在内?是有意于绝外诱,而不知性之无内外也。既以内外为二本③,则又乌可遽④语定哉?夫天地之常,以其心普万物而无心。圣人之常,以其情顺万事而无情。故君子之学,莫若廓然⑤而大公,物来而顺应。《易》曰:"贞吉悔亡⑥,憧憧⑦往来,朋从⑧尔思。"苟规规⑨于外诱之除,将见灭于东而生于西也,非惟日之不足,顾其端无穷,不可得而除也。人之情各有所蔽,故不能适道,大率患在于自私而用智。自私则不能以有为为应迹,用智则不能以明觉为自然。今以恶外物之心,而求照无物之地,是反鉴而索照也。《易》曰:"艮⑩其背,不获其身。行其庭,不见其人。"孟子亦曰:"所恶于智者,为其凿也。"与其非外而是内,不若内外之两忘也，两忘则澄然无事矣。无事则定，定则明，明则尚何应物之为累哉？圣人之喜，以物之当喜。圣人之怒，以物之当怒。是圣人之喜怒不系于心，而系于物也。是则圣人岂不应于物哉？乌得以从外者为非，而更求在内者为是也。今以自私用智之喜怒，而视圣人喜怒之正为如何哉？夫人之情，易发而难制者，惟怒为甚。第能于怒时，遽忘其怒，而观理之是非，亦可见外诱之不足恶，而于道亦思过半矣。

——《二程文集》卷二《答横渠张子厚先生书》

【注释】①定性：指修养自性静定的功夫。②将迎：送往迎来。③本：端，方面。④遽：快，立刻。⑤廓然：空旷寂静的样子。⑥贞吉悔亡：贞吉，谓人能守正道而不自乱则吉。悔亡，祸害消除。⑦憧憧：往来不绝的样子。⑧朋从：同类相从。⑨规规：见识短浅拘泥。⑩艮：《周易》六十四卦中第五十二卦，意为止。

【译文】张载先生问程颢先生说：修养自性静定的功夫，不能只在静中而不动，如果在动中，就仍然会为外物所累，这该怎么办呢？程颢先生说：所谓的定，是动中也定，静中也定，没有送往迎来，也没有内外之别。如果把外境当作外，引导自己顺随种种外界事物而行，就是把自己的本性区分为有内有外。暂且认为自己的本性可以随外物而出，那么当它在外时，在内的又是什么呢？即使有意杜绝外境的引诱，却不知道本性是没有内外的。既然以内外为两端，那么又怎么能立刻讨论自性之本定呢？天地宇宙运行的法则，是以其造化之心广博周遍地施与万物，而终无有为之心。圣人立身处世的法则，是以他的本真性情接应随顺万事万物，而终无凡人之情。所以君子修学之道，没有比得上"空虚寂静而大公无私，凡遇事物而随顺接应"这个原则的。《周易·咸卦》中说："持守内心的贞静中正，就会获得吉祥而消除灾祸。心中所思往来不定，同类相从的思虑不绝。"如果以短浅拘泥的知见，想要消除外境的干扰引诱，那么就会消除了东边的干扰而西边又出现了干扰，这不是说时间不足以灭除这些干扰引诱，而是观察这些纷扰引诱的来由头绪是无穷无尽的，所以不可能都把它们除尽。就一般人的情理而言，各个都是有所障碍覆蔽的，所以不能与道相合，问题大都在于内有私心而用小聪小智。自心有私，就不能通过有为之法而随顺接应外物；运用小聪小智，就不能以明妙本觉作为自性本来的样子。现在以厌恶外物外境的心，来反求能够映照万物而终无所照的自性本体，就好像把镜子反转过来而想要照到东西。《周易·艮卦》中说："止于背部，不得使身体面向所止的地方。就好像在庭院里行走，两两相背，不曾感觉到有人的存在。"孟子也说："厌恶那些有小聪小智的人，是因为他们往往穿凿附会、扭曲事实。"与其执著不是外就是内，不如内外两者一并忘却，内外两忘就内心澄明寂静而没有杂念妄想了。没有杂念妄想就可以得定，得定就可以智慧通达，智慧明达又怎么会为处事应物所累呢？圣人喜，是凡物之情应当喜；圣人怒，是凡物之情应当怒。圣人的喜怒不是由内心情绪引起的，而是依凡物之情而起的。这样圣人难道还不能够随顺接应外物吗？怎么能以随顺外物就认为是错，而更以向内探求就认为是对呢？现在以私心所发小聪小智的喜怒之心，来看待圣人中正无偏的喜怒之心，是什么道理呢？人的各种情绪中，最容易发出而难以克制的，只有怒了。但能在动怒之时，立刻忘记所怒之事，而观察体悟道理的是非对错，也可以明白外界的干扰引诱并非自己不能得定的元凶，而能对学问修养之道领悟大半了。

5.伊川先生答朱长文①书曰：圣贤之言，不得已也。盖有是言，则是理明；无是言，则天下之理有阙焉。如彼耒耜陶冶②之器，一不制，则生人之道③有不足矣。圣贤之言虽欲已，得乎？然其包涵尽天下之理，亦甚约也。后之人始执卷，则以文章为先。平生所为，动多于圣人，然有之无所补，无之靡所阙，乃无用之赘言也。不止赘而已，既不得其要，则离真失正，反害于道必矣。来书所谓欲使后人见其不忘乎善，此乃世人之私心也。夫子"疾④没世而名不称焉"者，疾没身无善可称云尔，非谓疾无名也。名者，可以厉⑤中人⑥，君子所存，非所汲汲⑦。

——《二程文集》卷九《答朱长文书》

【注释】①朱长文：字伯原，号乐圃、潜溪隐夫，苏州吴县人，北宋书学理论家。②耒耜陶冶：耒耜，翻土所用的农具，耒为其柄，耜为其刃。陶冶，烧造陶器和冶炼金属。③生人之道：养育生民的手段，实指生民日用工具。④疾：忧患，憎恨。⑤厉：同"励"，勉励，激励。⑥中人：《论语》中指资质、学养中等的人，后泛指一般人。⑦汲汲：努力求取不知休息的样子。

【译文】程颐先生回复朱长文的信中说：古时圣贤所说的话，都是不得已说的。因为有这些话，天下之理才能明朗清晰；没有这些话，天下之理就有所欠缺。就像种地的耒耜、烧陶的陶器、冶金的冶具等器具一样，有一种没有发明制作出来，养育天下生民的手段就有所不足。圣贤的话即便想要停止不说，能这样吗？然而圣贤的话虽包罗涵容尽了天下之理，也十分简约扼要。后代的学人刚刚开始读书，就把学写文章放在前面。一个人平生所作的文章，动辄就比圣人还多。然而有这些文章也没有对天下增加什么益处，没有这些文章对天下也没有减少什么损失，都是些无用多余的话。不仅仅是多余的话，所说既然不得中心要点，就偏离了本真纯正的原则，反而有害于修学之道是一定的了。你的来信中说写文章是为了使后世之人看到文章而知道要不忘善道，这也是世人的私心。孔夫子说的"忧患生命终尽而名不副实"，所忧患的是生命终尽而没有善心善行可为人称道，不是说忧患的是没有显赫的名声。名声，是可以用来激励资质中等的普通人，但君子的存心，不是要急切无止地去追求它。

6.内积忠信，所以进德也；择言笃志①，所以居业②也。知至至之③，致知也。求知所至而后至之，知之在先，故可与几④，所谓"始条理者，知之事也"。知终终之⑤，力行也。既知所终，则力进而终之，守之在后，故可与存义⑥，所谓"终条理者，圣之事也"。此学之始终也。

——《程氏易传·乾传》

【注释】①择言笃志：择言，选择合宜言辞。笃志，专一心志。②居业：建立功业。③知至至之：知至，知道时机到来。至之，立即行动。④与几：把握几微征兆。⑤知终终之：知终，知道事情该结束了。终之，立即结束。⑥存义：心存大义。

【译文】内心积累涵养忠诚信义，才能使自己德行修养进步提升；选择合宜的言辞、笃定自己的志向，才能使自己建立功业有所根基。知道应该开始之时及时开始，这就是致知。力求知道应该做的时候而后去实行，知道在实行之前，所以说是把握了事情的几微征兆，这就是孟子说的"条理之始，在于有知"。知道该结束的时候就去结束，这就是力行。已经知道如何结束，就努力推动使之终结，守持在推动之后，所以可以心存大义，这就是孟子说的"条理之终，在于圣道"。这和做学问的起始和终结，也是一样的道理。

7.君子主敬以直①其内，守义以方②其外。敬立而内直，义形③而外方。义形于外，非在外也。敬义既立，其德盛矣，不期大而大矣。德不孤也，无所用而不周，无所施而不利，孰为疑乎？

——《程氏易传·坤传》

【注释】①直：使之正直。②方：规范，使之合乎准则。③形：表现在外。

【译文】君子修养诚敬以使内心正直，守持大义以规范外在行为。诚敬确立于内其心就会正直，大义表现在外就是行为规范。诚敬和大义都已确立，人的德行修养就非常崇盛了，不去追求伟大而自然变得伟大。德行不是独在的，它适用于一切而无不周遍，它施行于一切而无往不利，谁还会怀疑呢？

8.动以天为无妄,动以人欲则妄矣。《无妄①》之义大矣哉!虽无邪心,苟不合正理,则妄也,乃邪心也。既已无妄,不宜有往,往则妄也。故《无妄》之《象》曰:"其匪②正有眚③,不利有攸④往。"

——《程氏易传·无妄传》

【注释】①无妄:易经六十四卦第二十五卦。②匪:同"非"。③眚:过也,引伸为灾祸。④攸:所。

【译文】依天理而动就是无妄,顺人欲而动就是妄了。《周易·无妄》的义理真是太博大了!虽然没有邪心,如果不合于中正之理,也是妄,也就是邪心了。既然已经达到无妄,就不应再前进,前进就又是妄了。所以《无妄》的《象》辞说:"偏离正道就有灾祸,不宜有所往。"

9.人之蕴蓄,由学而大①,在多闻前古圣贤之言与行。考②迹以观其用,察言以求其心,识而得之,以蓄成其德。

——《程氏易传·大畜传》

【注释】①大:扩大,丰富。②考:推求,研究。

【译文】人的学问修养的积淀,是通过学习而充实博大,学习在于多了解古圣先贤的言行。研究他们的行迹以认知他们的德用,探察他们的言论以推求他们的存心,了解到这些道理修学就有收获,如此积累就能成就自己的德行。

10.《咸》之《象》曰:"君子以虚受①人。"《传》②曰:中无私主,则无感不通。以量③而容之,择合④而受之,非圣人有感必通之道也。其九四曰:"贞吉悔亡。憧憧往来,朋从尔思。"《传》曰:感者,人之动也,故《咸》皆就人身取象。四当⑤心位⑥而不言"咸其心",感乃心也。感之道,无所不通,有所私系,则害于感通,所谓悔也。圣人感天下之心,如寒暑雨旸⑦,无不通无不应者,亦贞而已矣。贞者,虚中无我之谓也。若往来憧憧然,用其私心以感物,则思之所及者有能感而动,所不及者不能感也。以有系之私心,既主于一隅一事,岂能廓然无所不通乎?

——《程氏易传·咸传》

【注释】①受:接受,容纳。②《传》:《程氏易传》。③量:心量。④合:迎合,相合。⑤当:处于。⑥心位:如人心居于人身之位。⑦旸:晴天。

【译文】《周易·咸卦》的象辞说:"君子应虚怀若谷,容纳他人。"《程氏易传》中说:"内心没有私念作主,那么有所感应无不通达。"以一己有限的心量去容纳他人,选择与自己相合之事才去领受,这不是圣人有所感应必能通达的道理了。《咸卦》的九四爻辞说:"持守内心的中正贞静,就会获得吉祥而消除灾祸。心中所思往来不定,同类相从的思虑不绝。"《程氏易传》中说:"感,就是人的举动,所以咸卦都从人的身体取象。九四爻处在相当于人心的位置,爻辞中却没有说它是"咸卦之心"这样的话,是因为"感"本身就是心。感应的道理是无所不通,如有私心牵引系附就会妨害感通,这就是所谓的"悔"。圣人感天下万物之心,就像寒暑雨晴,没有不能通达不能回应的,也就是做到了"贞"而已。贞,就是空虚无我之意。如果心思往来不定,用自己的私心来感外物,那么心思所及的事物可以受感而动,心思不能及的事物就不会受感而动了。用有牵引系附的私心去感应,只能局限于一角一物,怎么能达到空寂远博而没有不能通达的境界呢?

11.君子之遇艰阻,必思自省于身,有失而致之乎?有所未善则改之,无歉①于心则加勉,乃自修其德也。

——《程氏易传·蹇传》

【注释】①歉:惭愧,歉疚。

【译文】君子遇到艰难险阻之时,一定要思考反省自身,是自己有过失所导致的吗?有不够完善之处就要改正,无愧于心就要更加自勉,这就是自我修养德行啊!

12.非明①则动无所之②,非动则明无所用。

——《程氏易传·丰传》

【注释】①明:光明,引申为明白、知晓。②之:去,往。

【译文】没有明白道理而行动就不知怎么做,没有行动那么光明白道理也没有什么用处。

13.习，重习①也。时复思绎②，浃洽③于中，则说④也。以善及⑤人，而信从者众，故可乐也。虽乐于及人，"不见是⑥而无闷⑦"，乃所谓君子。

——《程氏经说·论语解》

【注释】①重习：再次温习。②思绎：思考寻绎。绎，找出事物头绪。③浃洽：贯通。④说：通"悦"，喜悦。⑤及：到，引申为影响。⑥见是：被肯定、称道。见，表被动。⑦闷：烦闷，苦恼。

【译文】习，是再次温习。时时思考理清头绪，心中之理贯通一气，就会喜悦。以善来影响他人，相信随从的人很多，所以值得快乐。虽然以影响他人为乐，但是不被他人肯定也不愤懑，这就是所谓的君子。

14."古之学者为己"，欲得之于己也；"今之学者为人"，欲见知①于人也。

——朱熹《论语精义》卷七下

【注释】①见知：为人所知。

【译文】"古时的学人学习是为自己"，是说他们想要通过学习让自己有所收获；"今天的学人学习是为了他人"，是说他们想要通过学习而为人所知。

15.伊川先生谓方道辅^①曰：圣人之道，坦如大路，学者病^②不得其门耳。得其门，无远之不可到也。求入其门，不由于经^③乎？今之治^④经者亦众矣，然而买椟还珠之蔽，人人皆是。经所以载道也，诵其言辞，解其训诂^⑤，而不及道，乃无用之糟粕耳。觊^⑥足下由经以求道，勉之又勉，异日见卓尔^⑦有立于前，然后不知手之舞、足之蹈，不加勉而不能自止矣。

——程颐《手帖》

【注释】①方道辅：方元寀，字道辅，莆田人，与程颐有书信往来。②病：以……为病，此处指问题是。③经：指儒家经典。④治：研读，学习。⑤训诂：指解释古书中词句的意义。⑥觊：希望，期望。⑦卓尔：特立突出的样子，多形容一个人的道德学问及成就超越寻常、与众不同。

【译文】程颐先生对方元寀说：圣人之道，平坦得如同大路一般，学人的问题就在于不得其门而入。得其门而入，再遥远的地方没有不能到达的。想要入得其门，不通过学习经典行吗？今天研读经典的人也很多了，然而买椟还珠那样的过失，人人都在犯。经典是圣贤之道的载体，如果只是诵读经典的辞章、解释经典的字句，而没有达到其中所说的圣贤之道，所学的也不过是些无用的糟粕。希望足下通过研读经典来求得圣贤大道，不断努力加勉，他日见到大道卓然独立在面前，然后情不自禁地手舞足蹈，想不继续加勉也没有办法自己停下来了。

16.明道先生曰:"修辞①立其诚",不可不子细②理会。言能修省③言辞,便是要立诚。若只是修饰言辞为心,只是为伪也。若修其言辞,正为立己之诚意,乃是体当④自家"敬以直内、义以方外"之实事。道之浩浩,何处下手?惟立诚才有可居之处。有可居之处,则可以修业⑤也。终日乾乾,大小大⑥事,却只是"忠信所以进德"为实下手处,"修辞立其诚"为实修业处。

——《二程遗书》卷一

【注释】①修辞:使言辞合于礼义要求。②子细:即仔细。③修省:修身自省。④体当:体会。⑤修业:修习德业。⑥大小大:偌大,多么。

【译文】程颢先生说的"修饰言辞,树立真诚",不可不仔细体会。这句话是说修养省察自己的言辞,就是要树立真诚。如果只是心中想修饰自己的言辞,那只是假的。如果修饰言辞正是为了树立自己的真诚之心,这就是体会自身"真诚而使内心正直、存义而使外在规范"的实在之事。圣人之道浩瀚无尽,从什么地方下手学习呢?只有树立真诚才有可以立足之处,有了可以立足之处,就可以修习德业了。整日都是努力上进而无止息,那么重要的事,却只是以"忠诚信义来提升德行修养"作为切实下手之处,以"修饰言辞,树立真诚"作为切实修习德业之处。

17.伊川先生曰:志①道恳切,固是诚意。若迫切不中理②,则反为不诚。盖实理中自有缓急,不容如是之迫。观天地之化乃可知。

——《二程遗书》卷二上

【注释】①志：有志于。②中理：符合事理。中，切合，符合。

【译文】程颐先生说：有志于学道且用心恳切，固然是真诚的体现。但如果心情迫切而不合正理，反而变成不诚了。因为正理之中确实有轻重缓急，不容人过分急迫。观察天地造化万物的道理就可以知道了。

18.孟子才高，学之无可依据。学者当学颜子，入圣人为近，有用力处。又曰：学者要学得不错①，须是学颜子（本注：有准的②）。

——《二程遗书》卷二上、卷三

【注释】①不错：没有偏差。②准的：准、的都为箭靶，引申为标准。

【译文】程颢先生说：孟子才学高超，学他难以找到依凭之处。学人应当学颜回，达到圣人境界就更加切近而有实际用力之处了。又说：学人要想学得中正而无偏差，应该学颜回（本注：有参照的标准）。

19.明道先生曰：且省①外事，但明乎善，惟进诚心，其文章虽不中②，不远矣。所守不约，泛滥③无功。

——《二程遗书》卷二上

【注释】①省：减少，去除。②中：合乎礼仪法度，合于中道。③泛滥：宽泛杂滥。

【译文】程颢先生说：暂且停下外在的为学作文，在内心中体认明白什么是善，只是不断增进真诚之心，那么所作的文章即使不合于中道，也离得不远了。心中所持守的不简明专一，修学就会宽泛杂滥而没有功效。

20.学者识得仁体，实有诸己①，只要义理栽培②。如求经义，皆栽培之意。

——《二程遗书》卷二上

【注释】①诸："之于"的合音。②栽培：化育，培养。

【译文】学人要明白仁的本体，并使自己切实具备仁德，只要用中正的义理来熏陶培养自己。比如探求经典涵义，都是熏陶培育。

21.昔受学于周茂叔①，每令寻颜子、仲尼乐处，所乐何事？

——《二程遗书》卷二上

【注释】①周茂叔：即周敦颐，茂叔为其字。

【译文】过去我跟随周敦颐修学，他常常让我探寻颜回、孔子的快乐之处：让他们感到快乐的是什么事呢？

22.所见所期,不可不远且大。然行之亦须量力有渐①。志大心劳②,力小任重,恐终败事。

——《二程遗书》卷二上

【注释】①渐:渐进。②心劳:心力劳瘁。

【译文】对自己的见识和期望,不可不要求博远广大。然而实行之时也应该量力而行、渐次而进。志向太大而心力劳瘁,或者力量过小而任务过重,恐怕最终会使事情失败。

23.朋友讲习,更莫如"相观而善①"工夫多。

——《二程遗书》卷二上

【注释】①相观而善:互相观摩,取长补短。

【译文】学友在一起讲授研习,不如互相观摩学习、取人所长以完善自己所得的功效多。

24.须是大①其心使开阔,譬如为九层之台,须大做脚②始得。

——《二程遗书》卷二上

【注释】①大:使……大,扩充,拓广。②大做脚:打一个很大的根基。

【译文】修学应当拓宽心量使之开阔,就好像建造九层高的楼台,需要打一个很大的根基才行。

25.明道先生曰：自"舜发①于畎亩②之中"至"百里奚③举④于市"，若要熟，也须从这里过。

——《二程遗书》卷三

【注释】①发：发迹，任用。②畎亩：田间，田地。③百里奚：百里氏，名奚，字子明，春秋楚国人，秦穆公时贤相。④举：推举，举荐。

【译文】程颢先生说：《孟子》中从"舜从田地中得到重用"到"百里奚从市井之间得到举荐"这段话，为学如果要熟练通达，也应当从这样的艰苦磨砺中走过来。

26.参①也竟以鲁②得之。

——《二程遗书》卷三

【注释】①参：曾子，名参，字子舆，春秋末年鲁国人，孔子早期弟子之一，儒家学派的重要代表人物。②鲁：愚鲁，迟钝。

【译文】曾参竟然以愚鲁之资通达圣贤大道。

27.明道先生以记诵博识为玩物丧志。（本注：时以经语录作一册。郑毂①云：尝见显道先生②云："某从洛中③学时，录古人善行，别作一册，明道先生见之曰，是玩物丧志。"盖言心中不宜容丝发事。）

——《二程遗书》卷三

【注释】①郑毂：字致远，建安人，谢良佐弟子。②显道先生：谢良佐，字显道，与游酢、杨时、吕大临并称"程门四先生"，创立上蔡学派，是心学的奠基人。③洛中：指程颢。

【译文】程颢先生把记诵博学看作玩物丧志。（本注：当时谢良佐把经典语录上的一些话抄录成一册。郑毂说：我曾听闻谢良佐先生说："我追随程颢先生学习的时候，将古人的善行事迹抄录下来，单独汇成一册，程颢先生看见说，这是玩物丧志。"这应该是说修学之时心中容不得丝发一样微细的事物干扰。）

28.礼乐只在进反①之间，便得性情之正。

——《二程遗书》卷三拾遗

【注释】①进反：进，力行。反，退敛。
【译文】礼乐只在力行和退敛之间平衡取舍，这样就能养成中正的性情。

29.父子君臣，天下之定理，无所逃①于天地之间。安得天分②，不有私心，则行一不义，杀一不辜③，有所不为。有分毫私，便不是王者事。

——《二程遗书》卷五

【注释】①逃：避免。②天分：天理。③不辜：无辜之人。
【译文】父子君臣，各如其分，这是天下通行的定理，天地之间没有人可以避免。人要安于天道所赋予的本分，不存私心，那么即使做一件不义之事、杀一个无辜之人就可以得到天下，也不去做。有一丝一毫的私心，就不是王者应行的事了。

30.性不论气，不备①；论气不论性，不明；二②之则不是。

——《二程遗书》卷六

【注释】①备：完备。②二：使之为二，一分为二。

【译文】只论本性而不论气禀，就不完备；只论气禀而不论本性，就不清楚。将两者分裂开来也是不对的。

31.论学便要明理，论治①便须识体②。

——《二程遗书》卷五

【注释】①治：治理天下。②体：本体，这里指治国的纲要、根本。

【译文】讨论治学就要明白义理，讨论治理天下就应该认识其根本。

32.曾点①、漆雕开②已见大意，故圣人与③之。

——《二程遗书》卷六

【注释】①曾点：字皙，春秋时鲁国人，儒家一代传人"宗圣"曾参之父，孔子最早的弟子之一。②漆雕开：字子开，又字子若，春秋时鲁国人，孔子弟子，在孔门中以德行著称。③与：赞赏，称赞。

【译文】曾点、漆雕开已经体认了圣人之道的梗概，所以圣人赞许他们。

33.根本须是先培壅①,然后可立趋向也。趋向②既正,所造浅深则由勉与不勉也。

——《二程遗书》卷六

【注释】①培壅:指在植物根部覆盖泥土,加强稳固,以免倒伏。②趋向:方向。

【译文】修学的根本应当先要培植巩固,然后才可以确立方向。方向正确了,造诣的浅深就在于努力不努力了。

34.敬义①夹持直上,达天德自此。

——《二程遗书》卷五

【注释】①敬义:敬以直内,义以方外。

【译文】使内心正直的诚敬和使行为规范的大义,互相夹带助持径直而上,达于上天之德就是从这里开始的。

35.懈意一生①,便是自弃自暴。

——《二程遗书》卷六

【注释】①一生:一旦生起。

【译文】懈怠的意念一生起来,就是自暴自弃。

36.不学便老而衰①。

——《二程遗书》卷七

【注释】①老而衰：年老气衰。

【译文】人不修学圣贤之道，年老之时就会气衰。

37.人之学不进，只是不勇①。

——《二程遗书》卷十四

【注释】①勇：勇于进取之意。

【译文】人修学之所以没有进步，只是因为不够勇猛精进。

38.学者为气①所胜，习②所夺，只可责③志。

——《二程遗书》卷十五

【注释】①气：本有的气质。②习：固有的习性。③责：责备，斥责。

【译文】学人被自己本有的气质超胜，被固有的习性所褫夺，只可以责备他的心志不坚定。

39.内重①则可以胜外之轻，得深②则可以见诱之小。

——《二程遗书》卷六

【注释】①内重：指人内在修养积淀深厚。②得深：指人的义理学问造诣深厚。

【译文】人内在的修养积淀厚重,就可以超胜外物,使之变得相对较轻;人的义理学识造诣深厚,被外界所诱惑的力量就变得相对较小了。

40.董仲舒^①谓:"正其义,不谋其利;明其道,不计其功。"孙思邈^②曰:"胆欲大而心欲小,智欲圆而行欲方。"可以为法^③矣。

——《二程遗书》卷九

【注释】①董仲舒:广川郡人,西汉思想家、政治家、教育家,被誉为公羊大师、儒家大儒,向汉武帝建议"罢黜百家,表彰六经"。②孙思邈:京兆华原人,唐代著名道士、医药学家,被尊称为"药王"。③法:标准,法式。

【译文】董仲舒说:"中正是非大义,不谋取一己私利;明晓圣贤之道,不计度功用成效。"孙思邈说:"胆量要大而用心要细,智慧要圆融而行止要端正。"这可以作为我们效法的标准了。

41.大抵^①学不言而自得者,乃自得也。有安排布置者,皆非自得也。

——《二程遗书》卷十一

【注释】①大抵:大概,大多数。

【译文】大体上修学而不向人说自己有所收获的,就是自有所得。凡有人为安排布置如何去做的,都不是自有所得。

42.视听、思虑、动作,皆天①也。人但于其中,要识得真与妄尔。

——《二程遗书》卷十一

【注释】①天:天性。

【译文】一切视听、思虑、动作,都是从天性发出的。人只要在其中,辨别得清楚真实和虚妄罢了。

43.明道先生曰:学只要鞭辟近里①,著己②而已。故"切问而近思",则"仁在其中矣"。"言忠信,行笃敬,虽蛮貊③之邦行矣。言不忠信,行不笃敬,虽州里④行乎哉?立则见其参⑤于前也,在舆则见其倚于衡⑥也,夫然后行。"只此是学。质美者明得尽,查滓⑦便浑化,却与天地同体。其次惟庄敬持养⑧。及其至,则一也。

——《二程遗书》卷十一

【注释】①鞭辟近里:指深入剖析,使靠近最里层。形容探求透彻,深入精微。鞭辟,鞭策,激励。里,最里层。②著己:着力于自己。③蛮貊:本指南蛮、北狄。后比喻四方未开化的民族。④州里:州和里的合称,泛指地方乡里。古时以二千五百家为州,二十五家为里。⑤参:列,显现。⑥衡:车辕前面的横木。⑦查滓:同"渣滓"。⑧庄敬持养:庄敬,庄严恭敬。持养,养育,培养。

【译文】程颢先生说:学道只要探求透彻、深入精微,着力于自身的修养而已。所以"贴切发问而就近思考",那么"仁就在其中了"。"言辞忠诚信义,行为笃实恭敬,即使到了蛮夷之地也能行得通。言辞不守忠诚信义,行为不符笃实恭敬,即使在地方乡里能行得通吗?站立之时,就好像看见'忠信笃敬'几个字立于面前;乘在车上,就好像看见这几个字刻在车辕前的横木上,这样才能时时处处都行得通。"只有这个是修学。禀赋资质好的人见地透彻,私欲渣滓就浑然化尽,而与天地合为一体。禀赋资质次等的人只有庄肃恭敬地涵养德行。等到私欲净尽而与天地合二为一,二者的境界是一样的。

44. "忠信所以进德","修辞立其诚,所以居业"者,乾道①也;"敬以直内,义以方外"者,坤道②也。

——《二程遗书》卷十一

【注释】①乾道:指象征天而有刚健不息特质的乾的法则。②坤道:指象征地而有承载涵养特质的坤的法则。

【译文】"忠诚信义以增进德业","修饰言辞树立真诚,是建立功业的根基",说的是象征天而有刚健不息特质的乾的法则;"恭敬而使内心正直,守义而使行为规范",这是象征地而有承载涵养特质的坤的法则。

45. 凡①人才学便须知著力处,既学便须知得力②处。

——《二程遗书》卷十二

【注释】①凡：但凡，凡是。②得力：有效率地，有效果地。

【译文】但凡人刚开始学习就应该知道下手用力之处，已经学习了就应当知道得益有效之处。

46.有人治①园圃，役知力②甚劳。先生③曰：《蛊》之《象》："君子以振④民育德。"君子之事，惟有此二者，余无他焉。二者，为己为人之道也。

——《二程遗书》卷十四

【注释】①治：修治，整饬。②知力：心智和体力。③指程颢。④振：通"赈"，接济帮助。

【译文】有个人修整园圃，非常劳神费力。程颢先生说：《周易·蛊卦》的象辞说："君子接济帮助人民，涵养自己的德行。"君子的事，只有这两件，别的就没有了。这两件事，就是为己（修身立德）和为人（赈济人民）的准则。

47."博学而笃志，切问而近思"，何以言"仁在其中矣"？学者要思得之。了①此，便是彻上彻下之道。

——《二程遗书》卷二十二

【注释】①了：明了，了达。

【译文】"广博学习而笃定志向，贴切发问而就近思考"，为什么说"仁就在其中"呢?学人要思考弄清这个问题。明了通达这个道理,就是学问上下一贯之道。

48.弘①而不毅②,则难立;毅而不弘,则无以居之。(本注:《西铭》③言弘之道。)

——《二程遗书》卷十四

【注释】①弘:抱负远大。②毅:意志坚韧。③《西铭》:本名《订顽》,是张载作品《正蒙·乾称》篇首段文字,后程颐将其改称为《西铭》。

【译文】抱负宏大而意志不坚,就难以立身行道;意志坚韧而无远大抱负,就没有办法守持圣道。

49.伊川先生曰:古之学者,优柔厌饫①,有先后次序。今之学者,却只做一场话说,务高②而已。常爱杜元凯③语:"若江海之浸,膏泽④之润,涣然冰释,怡然理顺,然后为得也。"今之学者,往往以游⑤、夏⑥为小,不足学。然游、夏一言一事,却总是实。后之学者好高,如人游心于千里之外,然自身却只在此。

——《二程遗书》卷十五

【注释】①优柔厌饫:优柔,宽舒从容,喻治学从容自得。厌饫,饱食,喻治学之深入体会。②务高:追求过高目标。③杜元凯:杜预,字元凯,京兆杜陵人,西晋著名政治家、军事家和学者,被誉为"杜武库"。④膏泽:用脂膏润泽，常比喻滋润土壤的雨水。⑤游：姓言，名偃，字子游，亦称言游、叔氏，春秋末吴国人，与子夏、子张齐名，"孔门十哲"之一。⑥夏：字子夏，尊称卜子、卜子夏，春秋末晋国温地人，"孔门十哲"之一。

【译文】程颐先生说：古时的学人，治学从容不迫、深入义理，学习有先后次第。今天的学人，却将治学只停留在一番言辞之上，好高骛远罢了。我一直喜欢杜元凯说的话："学道就好像江海的浸泽、雨水的滋润，如冰焕然消融，理顺弄清了道理则怡然可乐，然后自有所得。"今天的学人，往往认为子游、子夏的学问太小，不值一学。然而子游、子夏的一句话一件事，却总是实实在在的。后代的学人好高骛远，就好像人的心念在千里之外遨游，然而自己的身体还在原地。

50.修养之所以引年①，国祚②之所以祈天永命③，常人之至于圣贤，皆工夫到这里，则自有此应。

——《二程遗书》卷十五

【注释】①引年：延年益寿。②国祚：国运。③祈天永命：祈求上天庇佑使国运延绵长久。

【译文】修身养性之所以能延年益寿，国运之所以能通过祈求上天庇佑而延绵长久，一般人之所以能修学成为圣贤，都是功夫到了这一步，就自然会有这样的回报。

51.忠恕所以公平。造德①则自②忠恕，其致则公平。

——《二程遗书》卷十五

【注释】①造德:成就德行。②自:从。

【译文】因为忠恕所以能达到公平。成就德行就从忠恕开始,忠恕到了极点就实现了公平。

52.仁之道,要之①只消②道一公字。公只是仁之理,不可将公便唤做仁。公而以人体之,故为仁。只为公则物我兼照③,故仁,所以能恕,所以能爱。恕则仁之施,爱则仁之用也。

——《二程遗书》卷十五

【注释】①要之:要而言之,总之。②消:需要的合音。③物我兼照:外物与自己兼顾,意指推己及人。

【译文】仁的道理,归结起来只需要说一个"公"字。公只是仁表现出来的义理,不可以把公就叫做仁。为公而从人身上体现出来,就是仁。只是因为为公就能兼顾自己与外物,所以就仁,所以能恕,所以能爱。恕就是仁的实施,爱就是仁的功用。

53.今之为学者,如登山麓。方其迤逦①,莫不阔步,及到峻处便止。须是要刚决果敢以进。

——《二程遗书》卷十七

【注释】①迤逦:曲折连绵的样子。

【译文】今天治学的人,就像登山一样。当山路连绵不绝的时候,莫不是阔步前进,等到了险峻的地方就停下来了。应该要刚毅果敢地前进。

54.人谓要力行,亦只是浅近语。人既能知,见一切事皆所当为,不必待著意①,才著意,便是有个私心。这一点意气②,能得几时了③?

——《二程遗书》卷十七

【注释】①著意:同"着意",刻意,用心。②意气:情绪。③了:停止,结束。

【译文】人说是学道要力行,也只是粗浅的话。人既然有觉知,看到一切事都是应当做的,就不必等到刻意安排。一旦刻意,就是有私心。这一点偏狭的意气,什么时候才能停下来呢?

55.知之必好之,好之必求之,求之必得之。古人此个学是终身事。果能颠沛造次①必于是,岂有不得道理?

——《二程遗书》卷十七

【注释】①颠沛造次:颠沛,流离困顿。造次,仓促紧迫。

【译文】知晓了一个道理就一定爱好它,爱好它就一定探求它,探求它就一定通达它。古人把这种修学当作终身的事。果真能在颠沛困顿、仓促不暇之中都一定能做到,哪里有不能通达的道理呢?

56.古之学者一,今之学者三,异端不与焉。一曰文章之学①,二曰训诂之学②,三曰儒者之学③。欲趋道,舍儒者之学不可。

——《二程遗书》卷十八

【注释】①文章之学:研究语言修辞和文章作法的学问。②训诂之学:研究解释古书中词句含义的学问。③儒者之学:研究儒家经典义理的学问。

【译文】古时的学问只有一种,今天的学问分为三种,不包括异端学说在内。第一种是文章之学,第二种是训诂之学,第三种是儒者之学。想要趋近圣贤之道,舍去儒者之学是不行的。

57.问:作文害道否?曰:害也。凡为文,不专意则不工①。若专意,则志局于此,又安能与天地同其大也?《书》曰:"玩物丧志。"为文亦玩物也。吕与叔有诗云:"学如元凯方成癖②,文似相如始类俳③。独立孔门无一事,只输颜氏③得心斋④。"古之学者惟务养情性,其他则不学。今为文者,专务章句悦人耳目。既务悦人,非俳优而何?曰:古者学为文否?曰:人见《六经》,便以谓圣人亦作文,不知圣人亦摅⑤发胸中所蕴,自成文耳,所谓"有德者必有言"也。曰:游、夏称文学⑥,何也?曰:"游、夏亦何尝秉笔学为词章也?且如"观乎天文以察时变,观乎人文⑦以化成天下",此岂词章之文也?

——《二程遗书》卷十八

【注释】①工：精巧，细致。②学如元凯方成癖：元凯，即杜预。杜预长于《左传》之学，自称有"左传癖"。③文似相如始类俳：相如，即司马相如。类，像。俳，即俳优，古时以乐舞杂戏为业的艺人。相传《长门赋》为司马相如所作，后人批评其为"俳谐文"，即诙谐戏谑的文章。④颜氏：指颜回。④心斋：出自《庄子》，指内心摒除私欲杂念，寂定专一而达到天人合一的境界。⑤摅：抒发，表达。⑥文学：文献之学。⑦人文：人类社会的礼乐教化。

【译文】问：写文章对学道有害吗？程颐先生答：有害。但凡写文章，不专心就写不精细。如果专心了，心志就会局限在写文章上，胸襟又怎么能够和天地一样广大无边呢？《尚书》上说："玩物丧志。"写文章也是玩物啊！吕大临有一首诗说："学如元凯方成癖，文似相如始类俳。独立孔门无一事，只输颜氏得心斋。"古代的学人只专注于涵养性情，其他的就不去学习。今天写文章的人，专门致力于辞章文句来愉悦人的耳目。既然务求怡悦于人，不是演乐舞杂戏的俳优又是什么呢？问的人说：古时的学人学习写文章吗？程颐先生说：人们看见《六经》，就说圣人也写文章。不知道圣人也是抒发胸中积蕴，自然成文而已。这就是孔子所说的"有德行的人一定有好的言辞。"问的人说：子游、子夏以文献之学著称，是什么道理呢？程颐先生说：子游、子夏又何尝执笔学着写作文章呢？就如《周易》说的"观察宇宙天文以明晓时序变化，观察人文礼乐以教化天下百姓"，这"天文"、"人文"怎么会是文章辞赋的"文"呢？

58.涵养须用敬，进学则在致知①。

——《二程遗书》卷十八

【注释】①致知：推极知识。

【译文】涵养德性应当用诚敬之心，进修学业则在于求取知识。

59.莫说道将第一等让与别人，且做第二等。才如此说，便是自弃。虽与不能居仁由义①者差等②不同，其自小③一也。言学便以道为志，言人便以圣为志。

——《二程遗书》卷十八

【注释】①居仁由义：内怀仁爱之心，行事遵循义理。②差等：等级，区别。③自小：看轻自己，自卑。

【译文】不要说把第一等的让给别人，自己就做第二等的。刚这么说，就是自弃了。即使和那些不能心怀仁爱、循义而行的人层次程度有所不同，妄自菲薄之心却是一样的。说到学道就要把圣贤之道作为自己的志向，说到做人就要以圣人境界作为自己的志向。

60.问："必有事焉①"，当用敬否？曰：敬是涵养一事，"必有事焉"，须用集义②。只知用敬，不知集义，却是都无事③也。又问：义莫是中④理否？曰：中理在事，义在心。

——《二程遗书》卷十八

【注释】①必有事焉：一定要培养"浩然之气"。②集义：犹积善，谓行事合乎道义。③无事：没有事功。④中：切中，符合。

【译文】问：一定要培养"浩然之气"的话，应当用恭敬之心培养吗?程颐先生说:恭敬心是涵养德性方面的事,"一定要培养'浩然之气'"还要积善行义。只知道用恭敬心,而不知道积善行义,那是没有事功成效的。又问:义不是合于正理吗?程颐先生说:合于正理在处事上体现,义是存于内心的。

61.问:敬、义何别?曰:敬只是持己之道,义便知有是有非。顺理而行是为义也。若只守一个敬,不知集义,却是都无事也。且如欲为孝,不成只守著一个孝字。须是知所以为孝之道,所以侍奉当如何,温清①当如何,然后能尽孝道也。

——《二程遗书》卷十八

【注释】①温清:冬温夏清,即冬天温暖被褥,夏天扇凉床席。古人侍奉父母之礼。

【译文】问:恭敬、有义如何区别?程颐先生说:恭敬只是守持自己的方法,有义就知道有是有非。顺着正理去做就是行义。如果只知道守着一个恭敬,不知道积善行义,那就毫无事功效用。比如想要尽孝,不能只守着一个孝字。应当要知道尽孝的方法,比如侍奉父母应是什么样,冬暖被褥、夏扇床席应是怎样,然后才能尽到孝道。

62.学者须是务实,不要近名①方是。有意近名,则为伪也。大本已失,更学何事?为名与为利,清浊虽不同,然其利心则一也。

——《二程遗书》卷十八

【注释】①近名：追求名声。②利心：利欲之心，利己之心。

【译文】学道之人应该要务实，不要追求名声才是。有意求名，学道就是作假。学道的大根大本已经丧失，还要学什么呢？为名和为利，尽管有清浊之分，然而利欲之心则是一样的。

63."回①也其心三月②不违仁。"只是无纤毫私意，有少私意便是不仁。

——《二程遗书》卷二十二上

【注释】①回：颜回。②三月：指长时间。

【译文】孔子说："颜回的心长久地不违背仁德。"只是因为他没有一丝一毫的私心，有一点点私心就是不仁。

64."仁者先难①而后获。"有为②而作，皆先获③也。古人惟知为仁而已，今人皆先获也。

——《二程遗书》卷二十二上

【注释】①难：经历困难、付出努力之意。②有为：计量考虑成效。③先获：先考虑获得。

【译文】"仁者先要付出努力而后取得收获。"计度成效而后才去做事，都是先考虑获得。古人只知道去落实仁而已，今人都是先考虑所得之物。

65.有求为圣人之志,然后可与共学;学而善思,然后可与适道①;思而有所得,则可与立②;立而化之③,则可与权④。

——《二程遗书》卷二十五

【注释】①适道:趋向圣贤之道。适,去,往。②立:依礼而行,懂得为人处世应遵循的准则。③化之:融会贯通,灵活化用。④权:权变,变通。

【译文】一个人有追求成为圣人的志向,然后才可以和他一同学道;学习中善于思考,然后才可以和他一同趋向圣贤之道;思考能有所得,才可以和他一同依礼处世为人;能依礼而行又能融会化用,才可以和他一同达到通权达变的境地。

66.古之学者为己,其终至于成物①;今之学者为物,其终至于丧己②。

——《二程遗书》卷二十五

【注释】①成物:成就外物。②丧己:丧失自己的德行修养。

【译文】古时的学道之人为自己的德行修养,最终也实现了成就外物;今天的学道之人是为他人知道自己,最终将自己的德行修养也丧失了。

67.君子之学必日新①。日新者,日进也。不日新者必日退,未有不进而不退者。惟圣人之道无所进退,以其所造②

者极也。

——《二程遗书》卷二十五

【注释】①日新：每日使之变新，即日日进步之意。②造：造诣。

【译文】君子学道一定要日新。所谓日新，就是日日进步。不日日进步的人必定会日日退步，没有不进步也不退步的人。只有圣人之道没有进退，因为圣人的造诣已经登峰造极了。

68.明道先生曰：性静①者可以为学。

——《二程外书》卷一

【注释】①性静：性情宁静。

【译文】程颢先生说：性情宁静的人可以修学圣贤之道。

69.弘而不毅则无规矩，毅而不弘则隘陋①。

——《二程外书》卷二

【注释】①隘陋：狭隘浅陋。

【译文】抱负远大而志向不坚，治学就没有准则依据；心志坚毅而抱负不大，治学就会狭隘浅陋。

70.知性善，以忠信为本，此"先立其大①"者。

——《二程外书》卷二

【注释】①大:根本,重大。

【译文】明白本性本善的道理,以忠诚信义作为学道的根本,这就是孟子说的"为学先确立根基和重点"。

71.伊川先生曰:人安重①则学坚固。

——《二程外书》卷六

【注释】①安重:安和稳重。

【译文】程颐先生说:为人安和稳重,所学的东西才能巩固不失。

72."博学之,审问①之,慎思之,明辨之,笃行之。"五者废②其一,非学也。

——《二程外书》卷六

【注释】①审问:详细查问。②废:这里指缺少。

【译文】"广博地学习,细致地问询,慎重地思考,明晰地辨别,笃定地落实。"这五个方面去掉任何一个,都不是为学之道。

73.张思叔①请问,其论或太高。伊川不答,良久曰:"累②高必自下③。"

——《二程外书》卷十一

【注释】①张思叔:张绎,字思叔,北宋著名乡贤,与尹焞同为程颐门下高足。②累:堆积。③下:底下,下部。

【译文】张绎向程颐请教,他的言论有时立意过高。程颐没有作答,良久才说:"积累得高一定是从底下开始的。"

74.明道先生曰:人之为学,忌先立标准①。若循循②不已,自有所至矣。

——《二程外书》卷十二

【注释】①标准:这里指目标准则。②循循:有顺序的样子。

【译文】程颢先生说:人学道,忌讳先立下目标准则。如果循循而进,无有止息,自然会到达一定的境界。

75.尹彦明①见伊川后半年,方得《大学》、《西铭》看。

——《二程外书》卷十二

【注释】①尹彦明:尹焞,字彦明,一字德充,河南洛阳人,程颐门人。

【译文】尹焞拜见程颐,投其门下半年之后,才得到《大学》、《西铭》这些书看。

76.有人说无心①。伊川曰:无心便不是,只当云无私心。

——《二程外书》卷十二

【注释】①无心：没有思想念虑。

【译文】有人说应让心念空寂。程颐说：心念空寂就不对了，只应当说内无私心。

77.谢显道①见伊川，伊川曰：近日事何如？对曰：天下何思何虑？伊川曰：是则是有此理，贤②却发③得太早。在伊川直是④会锻炼得人，说了，又道：恰好著工夫也。

——《二程外书》卷十二

【注释】①谢显道：即谢良佐。②贤：对对方的尊称。③发：阐发，抒发。④直是：正是，确是。

【译文】谢良佐拜见程颐，程颐问：近来的事怎么样呢？谢良佐回答：天下之事有什么思虑的呢？程颐说：是也确实有这个道理，你却阐发得太早了。在程颐那也正是会锤炼人，说了前面的话，又说：你现在恰好下功夫做点实际学问。

78.谢显道云：昔伯淳①教诲，只管著②他言语。伯淳曰：与贤说话，却似扶醉汉，救得一边，倒了一边。只怕人执著一边。

——《二程外书》卷十二

【注释】①伯淳：程颢之字。②著：随从，领受。

【译文】谢良佐说：以前听程颢先生教诲，我只管领受他的言语。程颢说：和你说话，却像扶醉汉一般，这边扶起来，那边又倒下去。只怕人执著于一端。

79.横渠先生曰："精义入神①"，事豫②吾内，求利吾外也；"利用③安身"，素④利吾外，致养吾内也；"穷神知化⑤"，乃养⑥盛自至，非思勉之能强⑦。故崇德而外，君子未或⑧致知也。

——张载《正蒙·神化》

【注释】①精义入神：精研事物的微义，达到神妙的境界。②豫：通"预"，预先，事先。③利用：尽物之用。④素：向来，一向。⑤穷神知化：穷究事物之神妙，了解事物之变化。⑥养：修养，涵养。⑦强：勉强。⑧未或：没有。

【译文】张载先生说："精研事物的微义，达到神妙的境界"，事物的精义预先蕴藏在我的内心，就能求其在我处理外务时有所利益了。"尽物之用，安身立命"，一直这样对我处理外务时有所利益，就会到达涵养我的内心的境地。"穷究事物之神妙，了解事物之变化"，这是自我修养盛大至极而自然实现的，不是思考尽心尽力所能勉强达到的。所以除了提升自己的品德修养之外，君子没有其他可以求取学问的办法。

80.形①而后有气质之性，善②反③之，则天地之性存焉。故气质之性,君子有弗性者④焉。

——张载《正蒙·诚明》

【注释】①形:此指人的形体形成。②善:善于。③反:同"返",返回,恢复。④弗性者:不把它当作自己的本性。

【译文】人的形体形成后就有的气质之性,如果善于恢复自己的本性,那么天地之性就在那里。所以气质之性,君子是不把它当作自己的本性的。

81.德不胜气①,性命②于气;德胜其气,性命于德。穷理尽性③,则性④天德,命⑤天理。气之不可变者,独死生修夭⑥而已。

——张载《正蒙·诚明》

【注释】①气:气禀,人固有的气质。②命:听命,依从。③穷理尽性:穷究天下万物之理,洞彻人的心性本体。④性:以……为体性。⑤命:以……为天命。⑥修夭:修,长,这里指长寿。夭,短命,早死。

【译文】德行不能克服气禀,本性就听命于气禀;德行克服了气禀,本性就听命于德行。穷究天下之理,洞达心性本体,那么所禀受之性就是上天之德,上天所赋予之命就是上天之理。人的气禀不能改变的,只有死亡出生、长寿短命而已。

82.莫非天也①,阳明胜则德性用,阴浊胜则物欲行。领恶②而全好③者,其必由学乎?

——张载《正蒙·诚明》

【注释】①莫非天也:指德行之善和物欲之恶无不是出自于天。②领恶:对治恶习。③全好:保全善道。

【译文】德行之善和物欲之恶无不出自于天,阳明之气超胜,德行就显现出来;阴浊之气超胜,物欲就四处流行。对治恶习,保全善道,一定要通过学习吗?

83.大其心,则能体天下之物。物有未体,则心为有外。世人之心,止于见闻之狭。圣人尽性,不以见闻梏其心;其视天下,无一物非我。孟子谓尽心①则知性知天②以此。天大无外,故有外之心,不足以合天心。

——张载《正蒙·大心》

【注释】①尽心:穷尽心源。②知性知天:知性,明晓人的本性。知天,懂得天命。

【译文】扩充自己的心量,就能体认天下万物之理。有一物之理没有体认到,就是自心中有内外的界限。世人的心,被他们的知见听闻所局限了。圣人穷尽心性本体,不被知见听闻束缚自己的内心,他们看待天下,没有一个外物与我不是一体。孟子说穷尽心源就能明本性、知天命,就是这个缘故。天大而无外,所以有内外界限的心,不足以和上天之心相合。

84.仲尼绝四①,自始学至成德,竭两端②之教也。"意",有思也;"必",有待③也;"固",不化也;"我",有方④也。四者有一焉，则与天地为不相似矣。

—— 张载《正蒙·中正》

【注释】①仲尼绝四：出自《论语·子罕》："子绝四：毋意，毋必，毋固，毋我"，即不主观臆断、不苛求必然、不固执拘泥、不自我中心。②两端：从头到尾。③待：对立，必然也。④方：方所，此指阻隔局限。

【译文】孔子教导弟子，禁止四个方面：意、必、固、我，从开始修学到德行成就，始终贯穿这样的教诲。"意"，指妄心思度；"必"，指存在对立；"固"，指拘泥不化；"我"，指局限一处。这四方面有其中一个，就无法做到与天地合德了。

85. 上达①反②天理，下达③徇人欲者欤？

—— 张载《正蒙·诚明》

【注释】①上达：出自《论语·宪问》："下学而上达，知我者其天乎？"意指上达天命。②反：返回，恢复。③下达：《论语·宪问》："君子上达，小人下达"，指下达人事。

【译文】上达天命是恢复天理，下达人事是随顺人欲吧？

86. "知崇①"，天也，形而上也。"通②昼夜而知"，其知崇矣。知及之，而不以礼性③之，非己有也。故知礼成性④而道义出，如天地位⑤而易⑥行。

【注释】①知崇:认知高远。②通:兼,都。③性:作为……的体性。④知礼成性:懂得礼法,并使之固化成为自己的本性。⑤位:设定位置。⑥易:《周易》之理。

【译文】《周易》上说"知见高远",是说天道,也就是超越本体界和经验界的形而上之事。"随昼夜流转更替,都通晓其中大道",这样的知见太高远了。认知上达到了这样的境地,而不以礼法熏染使之成为自己本有之性,这种认知就还不是自己的。所以懂得礼法并使之固化成为自己本性,天下的道义准则就形成了,就好像天地的位置设定易理就贯通其中了。

87.困之进人也,为德辨①,为感速②。孟子谓"人有德慧术③知者,常存乎疢疾④"以此。

—— 张载《正蒙·三十》

【注释】①德辨:辨识人的德行修养的程度。②感速:感发迅速。③术:技艺,本领。④疢疾:疾病灾厄。

【译文】困境之所以能磨砺人进步,是因为困境的考验可以辨识一人德行修养的水平,可以使人有感而发之心迅速。孟子说"人有德行、智慧、本领、知识的,是因为常常经历困苦灾祸的磨炼",就是这个原因。

88.言有教,动有法。昼有为,宵有得。息有养①,瞬有存②。

—— 张载《正蒙·有德》

【注释】①息有养：一息之间都要涵养道德。②瞬有存：一瞬之间都要存养性情。

【译文】言语要遵从师长教导，行为要符合礼仪法度。白天应该有所作为，晚上应该有所体悟。一息之间都要涵养道德，一瞬之间都有存养性情。

89.横渠先生作《订顽》①曰：乾称父，坤称母。予兹藐焉，乃混然中处。故天地之塞，吾其体；天地之帅，吾其性。民吾同胞，物吾与也。大君②者，吾父母宗子；其大臣，宗子之家相也。尊高年，所以长其长；慈孤弱，所以幼其幼。圣，其合德；贤，其秀也。凡天下疲癃残疾、茕独鳏寡③，皆吾兄弟之颠连而无告者也。于时保之，子之翼也；乐且不忧，纯乎孝者也。违曰悖德，害仁曰贼，济恶者不才。其践形，惟肖者也。知化则善述其事，穷神则善继其志。不愧屋漏为无忝④，存心养性为匪懈。恶旨酒⑤，崇伯子⑥之顾养；育英才，颍封人⑦之锡⑧类。不弛劳而底豫，舜其功也；无所逃而待烹，申生⑨其恭也。体其受而归全者，参乎！勇于从而顺令者，伯奇⑩也。富贵福泽，将厚吾之生也；贫贱忧戚，庸玉汝于成也。存，吾顺事；没，吾宁也。（本注：明道先生曰：《订顽》之言，极醇无杂，秦汉以来学者所未到。又曰：《订顽》一篇，意极完备，乃仁之体也。学者其体此意，令有诸己，其地位已高。到此地位，自别有见处，不可穷高极远，恐于道无补也。又曰：《订顽》立心便达得天德。又曰：游酢得《西铭》读之，即涣然不逆于心，曰：此中庸之理也，能求于言语之外者也。本注：杨中立问曰：《西铭》言体而不及用，恐其流遂至于兼爱，何如？伊川先生曰：横渠立言，诚有过者，乃在《正蒙》。《西铭》之书，推理以存义，扩前圣所未发，与孟子性善、养气之论同功，岂墨氏之比哉！《西铭》明理一而分殊，墨氏则二本而无分。分殊之弊，私胜而失仁；无分之罪，兼爱而无义。分立而推理一，以止私胜之流，仁之方也。无别而迷兼爱，至于无父之极，义之贼也。子比而同之，过矣。且彼欲使人推而行之，本为用也。反谓不及，不亦异乎？）

——张载《西铭》

【注释】①《订顽》：张载将所作《正蒙·乾称》篇首段单独录出，称为《订顽》，后程颐改名为《西铭》。②大君：天子，君王。③茕独鳏寡：茕，没有兄弟。独，老而无子。鳏，老而无妻。寡，女子丧夫。④忝：羞辱。⑤旨酒：美酒。⑥崇伯子：夏禹，因禹的父亲封于崇，史称崇伯。⑦颍封人：颍考叔，春秋时郑国大夫，素有孝友之誉。⑧锡：同"赐"，此指将恩德给予……⑨申生：姬姓，名申生，晋献公与夫人齐姜所生之子。⑩伯奇：相传为周宣王重臣尹吉甫的长子，以孝行著称。

【译文】张载先生作了一篇《订顽》说：象征天的乾称作父，象征地的坤称作母。我们人类多么渺小，与天地浑然一体而居于天地之间。所以天地之气的壅塞之处，形成了我们的身体；驾驭天地的统帅，就是我们的本性。人民都是我们的同胞，万物都是我们的同类。君主，是天地父母的嫡长子；君主的大臣，是嫡长子家的总管。尊敬老人，所以将一切老人当作自己的尊长；慈爱孤弱者，所以将一切孤弱者当作自己的孩子。圣人，与天地合德；贤人，为天地精秀。凡是天下衰老多病、身体残疾、鳏寡孤独的人，都是我们颠沛流离又求告无门的兄弟。适时地保育涵养乾坤父母，是子女应有的扶助；乐于此事而不知忧愁，这是纯正的孝敬。违背此道就叫悖逆天德，危害仁德就叫人中之贼，帮凶扶恶的是乾坤父母不能成材之子。将仁心天德在事事物物中体现出来，才是像乾坤父母的好儿好子。通晓天地造化，则善于记述天地事迹；穷究天地神妙，则善于继承天地之志。屋漏隐僻之处无愧于心，才算不辱上天；内存仁心、涵养天性，才是事奉上天毫无懈怠。厌恶美酒，这是大禹照顾赡养乾坤父母之道；培育英才，这是颖考叔恩德惠及同类的方式。无有松懈劳心事亲而使父母愉悦，这是舜的事功；顺从父命不去外逃而只等待烹杀，这是申生的恭德。临终将父母所生之身完整地归还于乾坤父母的，就是曾参吧！勇于听命顺从父亲指令的，就是伯奇。富贵福泽，可使我们的生活丰足；贫贱忧愁，是你需要上天爱你如玉般的雕琢打磨，以帮助你实现成功。活在世上，我遵从正事正理；离世之时，我就能心安理得。（本注：程颢先生说：《订顽》的言辞，极为醇正而无杂芜，秦汉以来的学人没有达到这种程度的。又说：《订顽》这篇文章，义理极为完备，讲的是仁的本体。学人能体认其义理，并使其成为自己内在的道德修养，那么他的境界已经很高了。到了这个境界，自然别有见地，但不可追求穷究高远，那样恐怕对学道没有补益。又说：《订顽》才有立意就上达于天德。又说：游酢拿《西铭》研读，疑虑就涣然冰释，感到其理与自心不相违逆，就说：这就是中庸之理，是能在言语之外体悟其意的。本注：杨时问道：《西铭》讲本体而不讲作用，恐怕会流俗于墨家"兼爱"义理之中，先生以为是怎样呢？程颐先生说：张载的言论，确实有过失的，是在《正蒙》之中。《西铭》这本书，推究正理而留存大义，扩充阐发了前代圣人所没有阐发的道理，和孟子"性本善"、"养浩然之气"的言论一样厥功至伟，哪里是墨家学说可比的呢？《西铭》阐明了天理本体为一、其流布分化各不相同的道理，而墨家学说则是本体为二、没有从本体流布分化的种种差别。认为本体有分化作用的论点的弊端，在于容易导致私心超胜而丧失仁心；认为本体没有分化作用的论点的弊端，在于提倡兼爱精神而缺乏礼义规范。确立了本体分化作用而能推究其理体为一，以防止私心超胜的流弊，这是实现仁的方法。认为万物没有千差万别而沉迷于兼爱之理，就会演变到无君无父的极端境地，这是有害于礼义的大贼。您将这两者对比并认为它们相同，就错了。而且张载想要使人推广实行他的理念，本来就是为了应用。你却说没有谈到作用，不是很奇怪吗？）

90.横渠先生又作《砭愚》①曰：戏言出于思也，戏动作于谋也。发于声，见乎四支，谓非己心，不明也；欲人无己疑②，不能也。过言非心也，过动③非诚也。失于声，缪④迷其四体，谓己当然，自诬也；欲他人已从，诬人也。或者谓出于心者，归咎为己戏；失于思者，自诬为己诚。不知戒其出汝者，归咎其不出汝者。长傲⑤且遂非⑥，不知孰甚焉？（本注：横渠学堂双牖，右书《订顽》，左书《砭愚》。伊川曰：是起争端。改《订顽》曰《西铭》，《砭愚》曰《东铭》。）

——张载《东铭》

【注释】①《砭愚》：张载将所作《正蒙·乾称》篇末段单独录出，称为《砭愚》，后程颐改名为《东铭》。②己疑：即"疑己"，怀疑自己，后文"已从"是类似用法。③过动：错误、不当的行为。④缪：同"谬"，错误。⑤长傲：助长傲气。⑥遂非：促成过错。

【译文】张载先生又写了《砭愚》说：戏谑的话从思想发出，戏谑的举动从谋略产生。从声音发出来，由四肢表现出来，说不是自己的本心，这是说不清楚的；想要他人不怀疑自己的存心，这是不能做到的。言语不当不是出自于本心，举动不当不是出自于本意。失声说出话来，四肢迷乱地表现出来，说自己本来就要如此，这是诬陷自己；想要他人盲从相信于自己，这是诬陷他人。有时把出于自心的过失，归咎于自己开玩笑；有时把心思意念中的过失，自诬为出于自己的本意。不知道要警戒那些出于自心的言论行为，言行有失就归咎为并非出自本心。助长人的傲气、促成人的过失，不知道哪个比戏谑更严重呢？（本注：张载学堂的两扇窗户，右边写着《订顽》，左边写着《砭愚》。程颐说：这样容易引起争端，就把《订顽》改名为《西铭》，把《砭愚》改名为《东铭》。）

91.将修己，必先厚重①以自持。厚重知学，德乃进而不固②矣。忠信进德，惟尚友③而急贤④。欲胜己者⑤亲，无如改过之不吝。

——张载《正蒙·乾称》

【注释】①厚重：敦厚持重。②固：见识鄙陋。③尚友：上与古人为友。④急贤：急于和贤人交游往来。⑤胜己者：学问修养超过自己之人。

【译文】人要修养自己，一定要先敦厚持重、懂得自律。敦厚持重又知道修学，德行就会提升而不鄙陋了。忠诚信义以使德业进步，方法只有与古人为友，且迫切地与贤人往来。想要那些学问修养超过自己的人成为自己的朋友，没有什么比得上毫不吝惜地改正自己的错误。

92.横渠先生谓范巽之①曰：吾辈不及古人，病源何在？巽之请问。先生曰：此非难悟。设②此语者，盖欲学者存意之不忘，庶③游心浸熟④，有一日脱然⑤，如大寐⑥之得醒耳。

—— 张载《横渠文集》

【注释】①范巽之：范育，字巽之，邠州三水人，张载门人。②设：提出。③庶：但愿，希冀。④游心浸熟：游心，潜心。浸熟，沉浸其中，精熟义理。⑤脱然：超越寻常貌。⑥寐：睡着。

【译文】张载先生对范育说：我们这一代人比不上古人，病根在哪里？范育向张载请教这个问题。张载先生说：这不难体悟。我提出这个问题，是想让今天的学人铭记不忘，希望他们潜心圣学，精纯熟透，有一天超然悟透，就好像大梦初醒一样。

93.未知立心①，恶②思多之致疑；既知所立，恶讲治之不精。讲治之思，莫非术③内，虽勤而何厌④？所以急于可欲⑤者，求立吾心于不疑之地，然后若决江河以利吾往。逊⑥此志，务时敏，厥⑦修乃来。故虽仲尼之才之美，然且敏以求之。今持不逮⑧之资，而欲徐徐以听其自适，非所闻也。

—— 张载《横渠文集》

【注释】①立心：此指学道确立大的根本和原则。②恶：反对。③术：此指圣贤学说。④厌：满足。⑤可欲：所求，此指圣贤之道。⑥逊：平定。⑦厥：乃，于是。⑧不逮：不及。

【译文】学人还不知道确立为学大的根本和原则时，要反对思虑过度而导致疑惑迷惘；在已经知道确立为学的根本和原则后，要反对讲习研治不够精细深入。讲习研治时的思考，没有不在圣贤学说范围之内的，即使勤勉不懈又哪里会满足呢？所以急于追求圣贤之道的人，先要求使自己的心稳立于没有疑惑的境地，然后就像决江河之堤势不可挡一样使我顺利前进。平定自己的心志，专注而时时勤敏，这样修学所求之道才会到来。所以即使像孔子那样崇高的才德，也要勤敏求道。今天凭着我们不及孔子的资质，而想慢慢听任自流以达圣贤境界，这是没有听过的道理。

94.明善为本，固执①之乃立，扩充之则大，易视②之则小，在人能弘之而已。

—— 张载《横渠文集·性理拾遗》

【注释】①固执：坚定守持。②易视：轻看，不在意。

【译文】明晓善是修身立德的根本，坚定地守持不变才能树立善性，扩而充之就会广大，忽视不见就会变小，善也在于人能弘扬它而已。

95.今且只将"尊德性^①而道问学^②"为心,日自求于问学者有所背否,于德性有所懈否。此义亦是博文约礼^③,下学上达^④。以此警策一年,安得不长^⑤?每日须求多少^⑥为益。知所亡^⑦,改得少不善,此德性上之益;读书求义理,编书须理会有所归著^⑧,勿徒写过,又多识前言往行,此问学上益也。勿使有俄顷^⑨闲度,逐日似此,三年,庶几有进。

——张载《横渠文集》

【注释】①尊德性:尊崇德性。②道问学:讲求学问。③博文约礼:广博地研习典籍,依礼约束自己行为。④下学上达:学习人情事理,进而通达天理。⑤长:长进,进步。⑥多少:或多或少,一些。⑦知所亡:懂得了原来不懂的道理。⑧归著:归宿,归趣。⑨俄顷:片刻。

【译文】现在只把尊崇德性、讲求学问作为志向,每天自求反省所学的东西是否有违背圣道的,在修养德性方面是否有所懈怠。这道理也是广求学问而恪守礼法、人情练达而洞彻大道。用这样的方法警醒鞭策自己一年,怎么会没有长进呢?每天应该或多或少有些收获。懂得原来不懂得道理,改掉一些缺点,这是德性方面的益处;读书探求其中义理,编书要明白宗旨归趣,不要只是徒手写过,还要多记古时圣贤的嘉言懿行,这是学问方面的益处。不要让片刻光阴白白度过,每天如此,三年或许会有所进步。

96.为天地立心^①,为生民立道^②,为去圣^③继绝学^④,为万

世开太平。

——张载《横渠语录》卷中

【注释】①立心：此指立天地生生不息之心。②立道：此指立百姓义理纲常之道。《张子全书》卷十四"道"作"命"。③去圣：今作"往圣"。④绝学：造诣高超的学问。

【译文】为学应当为天地树立生生不息之心，为百姓确立义理纲常之道，为前代圣人继承高超绝妙的学问，为千秋万代开辟永久太平的局面。

97.载所以使学者先学礼者，只为学礼，则便除去了世俗一副①当习熟②缠绕，譬之延蔓之物，解缠绕即上去。苟能除去了一副当世习，便自然脱洒③也。又学礼，则可以守得定。

——张载《横渠文集》卷十二

【注释】①一副：一整套。②习熟：世俗习气、习惯。③脱洒：即洒脱，超脱。

【译文】我之所以让学生先学礼，只是因为学了礼，就能除去世俗一番习气惯常的纠缠束缚。就好像被藤蔓拖住的植物，解开了缠缚就能生长上去。如果能除去一套当世习气，人就能自然洒脱了。而且学礼，又能使人守持静定。

98.须放心①宽快公平②以求之，乃可见道，况德性自广大。

《易》曰：穷神知化，德之盛也。岂浅心③可得？

—— 张载《张载易说·系辞下》

【注释】①放心：开拓心胸。②宽快公平：宽舒平正。③浅心：心量狭隘。

【译文】应该拓宽心胸使之舒畅平正，这样来求学，才可以体认圣贤大道，更何况德性也可以自然广大。《周易》上说：穷尽天地的神妙、通晓万物的运化，是德能崇盛的体现。这怎么会是狭仄的心胸可以得到的呢？

99.人多以老成①则不肯下问，故终身不知。又为人以道义先觉②处之，不可复谓有所不知，故亦不肯下问。从不肯问，遂生百端③欺妄人，我宁终身不知。

—— 张载《论语说》

【注释】①老成：年高有德。②道义先觉：在别人之前明白天道义理的人。③百端：多种，各样。

【译文】人大多以为自己年高有德而不肯向晚辈后学请教，所以有些道理终其一生都没能懂。又有些人认为自己明白天道利益早于他人，不能再说自己还有不懂的，所以也不肯向晚辈后学请教。从这不肯问的行为，就衍生出各式各样欺瞒他人的花样，而自己则宁愿终身都不懂那些道理。

100.多闻不足以尽天下之故①。苟以多闻而待②天下之变,则道足以酬③其所尝知。若劫④之不测,则遂穷⑤矣。

——张载《孟子说》

【注释】①故:事物,事情。②待:应对。③酬:应对,酬答。④劫:威逼,胁迫。⑤穷:术穷,无能为力。

【译文】博学多闻不足以穷尽天下万事万理。如果以博学多闻来应对天下的运行变化,那么他的能力只足以应对他所已经懂得的事理。如果以超出预料之事来考验他,他就无能为力了。

101.为学大益,在自求变化气质。不尔①,皆为人②之弊,卒无所发明③,不得见圣人之奥。

——张载《横渠语录》卷中

【注释】①尔:这样。②为人:《论语》中为人之学,即外求之意。③发明:阐发说明,指有自己的见地心得。

【译文】修学最大的益处,在于自我追求变化气质。不这样,就都是人立身行道的弊病,最后也没有阐发自己的见地心得,不能体认到圣人之道的深奥义理。

102.文①要密察,心要洪放②。

——张载《横渠语录》

【注释】①文: 外在的脉络条理。②洪放: 从容旷达。
【译文】外在表现出来的要细密观察, 内心则要从容旷达。

103.不知疑者, 只是不便实作①。既实作则须有疑, 有不行②处是疑也。

—— 张载《经学理窟·气质》

【注释】①不便实作: 没有下切实功夫。②不行: 行而不通。
【译文】修学不知道提出疑问的人, 只是因为他没有下功夫实行所学的道理。下功夫实行就一定有疑问, 实行不通的地方就是疑问所在。

104.心大则百物皆通, 心小则百物皆病①。

—— 张载《经学理窟·气质》

【注释】①病: 指阻塞不通。
【译文】心量广大, 一切事理无不通达; 心量狭仄, 一切事理阻塞不通。

105.人虽有功①, 不及于学, 心亦不宜忘。心苟不忘, 则虽接人事, 即是实行, 莫非道也。心若忘之, 则终身由③之, 只是俗事。

—— 张载《经学理窟·义理》

【注释】①功：事情，工作。②不及：此指没有时间。③由：听凭，听任。

【译文】人即使有事务工作，没有时间学习，心中也不应忘记圣贤之道。心中如果没有忘记，那么即使待人、处事、接物，都是实际践行圣贤之道，没有什么不属于学道。心中如果忘记，那么终其一生听任于外境，就只是俗事而已了。

106.合①内外，平②物我，此见道之大端③。

——张载《经学理窟·义理》

【注释】①合：使……相合。②平：使……平正。③大端：主要部分，重要端绪。

【译文】使内心和外行合而为一，使外物和自我平等中正，这就是体认大道的重点。

107.既学而先有以功业为意者，于学便相害。既有意，必穿凿创意①作起事端也。德未成而先以功业为事，是代大匠②斫，希③不伤手也。

——张载《经学理窟·学大原上》

【注释】①穿凿创意：穿凿，牵强附会。创意，独出新意。②大匠：原指手艺高明的木工。③希：同"稀"，少。

【译文】开始修学就先把功业作为自己的志向，对修学就有害。既然心中有这样的志向，一定会牵强附会、独出新说而引发意见争端。德行还没有成就先去追求功业，就好像替巧匠劈削砍斫，少有不伤到手的。

108.窃尝病^①孔、孟既没，诸儒嚣然，不知反约穷源^②，勇于苟作^③，持不逮之资，而急知^④后世。明者一览，如见肺肝然，多见其不知量也。方且创艾^⑤其弊，默养吾诚。顾所患日力不足^⑥，而未果他为^⑦也。

——张载《横渠文集佚存·与赵大观书》

【注释】①病：不满，忧虑。②反约穷源：反约，反过来归纳要点。穷源：穷尽圣学本源。③苟作：随意著述。④知：为……所知，留名之意。⑤创艾：因受惩治而畏惧。⑥日力不足：时间和精力不足。⑦未果他为：其他的事还没有完成。

【译文】我曾经私下里不满于孔孟去世之后儒者们的喧嚣扰攘，他们不知道回顾圣学精要、穷尽圣学本源，却敢于随意著述，凭其不及圣贤的资才，而急于为后世留名。明眼人一看，就好像看清他们的肺肝脏腑，恰好暴露了他们不自知其量。我正要戒惧他们的弊病，默默涵养我的真诚之心。只是担心自己的时间和精力不足，其他的事情也还没有完成。

109.学未至而好语变^①者，必知终有患。盖变不可轻议。若骤然语变，则知操术已不正。

——张载《经学理窟·义理》

【注释】①变:通权,权变。②操术:所执持的处世主张或工作方法。

【译文】学道没有到达极致却喜好谈论权变的人,可以断定他终究会有过患。因为权变不可以轻易议论,如果一个人忽然谈论起权变,就知道他的处世为学之道已经不正了。

110.凡事蔽盖不见底①,只是不求益②。有人不肯言其道义所得所至,不得见底,又非"于吾言无所不说③"。

——张载《经学理窟·义理》

【注释】①底:根底,底细。②益:进益。③说:通"悦",喜悦。

【译文】凡事都要遮盖着不让人看清其根底的,只是不求进益的人。有的人不肯说他学习天道义理的心得和程度,让人看不清其深浅,然而又不是颜回那样对孔子所说的话没有不喜悦的。

111.耳目役于外,揽外事者,其实是自惰,不肯自治①,只言短长,不能反躬②者也。

——张载《经学理窟·义理》

【注释】①自治:修养自身德性。②反躬:回头反省自己。

【译文】耳目为外物所役使,兜揽外事的人,其实是自己懈怠,不肯修养自身德性,所以只说短道长,不能回过头来反省要求自己。

112.学者大不宜志小气轻①。志小则易足②,易足则无由进;气轻则以未知为已知、未学为已学。

——张载《经学理窟·学大原下》

【注释】①气轻:气性轻浮。②足:满足。

【译文】学道的人极不宜志向微小、气性轻浮。志向微小就容易满足,容易满足就无由长进;气性轻浮就会把不知道的当作已经知道的,把没学过的当作已经学过的。

卷三 格物穷理

1.伊川先生答朱长文书曰：心通乎道，然后能辨是非，如持权衡①以较轻重，孟子所谓"知言"是也。心不通乎道，而较古人之是非，犹不持权衡而酌轻重，竭其目力，劳其心智，虽使时中，亦古人所谓"亿则屡中②"，君子不贵③也。

——《二程文集》卷九《答朱长文书》

【注释】①权衡：秤。②亿则屡中：料事总是能与实际相符。亿，通"臆"。中，切中。③贵：珍惜，看重。

【译文】程颐先生回复给朱长文的信中说：心与圣人之道相通，然后就能辨明是非，就好像拿着秤称量物体的轻重一样，这就是孟子所说的"知言"。心与圣人之道不通，而去评论古人的是非，就好像不拿秤而去揣量估计物体的轻重，竭尽眼力，劳役心智，即使不时猜中，也是古人说的"屡屡料事，屡屡猜中"，是不为君子看重的。

2.伊川先生答门人曰:孔孟之门,岂皆贤哲?固多众人①。以众人观圣贤,弗识者多矣,惟其不敢信己而信其师,是故求而后得。今诸君于颐言,才不合则置②不复思,所以终异也。不可便放下,更且思之,致知之方也。

——《二程文集》卷九《答门人书》

【注释】①众人:普通人,与圣贤相对。②置:此指放下、放在一边。

【译文】程颐先生回答他的门人说:孔子孟子的门下,哪里都是贤哲之人?自然大多都是一般人。从一般人的角度去看圣贤,不能认知理解的地方就多了。只因他们不敢相信自己而相信他们的老师,所以能够研学探索而后有所心得。今天各位对于我程颐所说的,才和自己的意见不合,就把它放到一边不再思考,所以最终还是见解不同。不可以把它放在一边,要再去思考,这是求取学问的方法。

3.伊川先生答横渠先生曰:所论大概,有苦心极力之象,而无宽裕温厚之气。非明睿①所照,而考索②至此,故意屡偏而言多窒,小出入时有之。(本注:明所照者,如目所睹,纤微尽识之矣。考索至者,如揣料于物,约见仿佛尔,能无差乎?)更愿完养③思虑,涵泳④义理,他日自当条畅⑤。

——《二程文集》卷九《答横渠先生书》

【注释】①明睿:同"明叡",聪颖明智。②考索:考查探究。③完养:保全涵养。④涵泳:潜心,陶冶。⑤条畅:通畅,舒畅。

【译文】程颐先生回复张载先生说：所谈论的从大体上看，有苦心极力追求学问的气象，却没有宽裕温厚的气度。不是聪颖明智所观察的，而能考察探究到这个地步，所以语意屡屡有偏颇，言辞也有很多窒塞不通的地方，小的出入不时就有。（本注：聪颖明智所观察的，就好像眼睛所看到的，纤细微小之处都看清了。考察探究而得到的，就好像去揣测事物，大概见个仿佛罢了，能没有差错吗？）希望你能保全涵养心志，不要思虑过度，潜心沉泳在义理之中，他日心中自然会通达舒畅。

4.欲知得与不得，于心气上验之。思虑有得，中心①悦豫，沛然有裕②者，实得也；思虑有得，心气劳耗者，实未得也，强③揣度耳。尝有人言：比④因学道，思虑心虚⑤。曰：人之血气，固有虚实。疾病之来，圣贤所不免。然未闻自古圣贤因学而致心疾者。

——《二程遗书》卷二上

【注释】①中心：心中。②沛然有裕：精神气血充沛饱满。③强：勉强。④比：最近，近来。⑤心虚：心脏气血不足引发的疾病，如心悸、健忘、胸闷、盗汗、心律不整、神经衰弱等。

【译文】要想知道自己学道是否有收获，可以从自己的心力气血上去检验。思考有所心得，心中喜悦，精神气血充沛丰盈，这是确实有收获。思考有所心得，心力气血劳损虚耗，这确实不是真实的收获，只是勉强的揣摩思度罢了。曾经有人说：近来由于学道，思考过多而致心脏疾病。我说：人的气血，本来有虚有实。疾病出现，连圣贤也不能避免。然而我没有听到过自古圣贤中有因为学道而导致心疾的人。

5.今日杂信鬼怪异说者，只是不先烛理①。若于事上一一理会②，则有甚尽期？须只于学上理会。

——《二程遗书》卷二下

【注释】①烛理：洞察事理。②理会：理解，领会。
【译文】今天夹杂相信鬼怪异说的人，只是不先洞察事理。如果在每件事上逐一去理解领会，那么什么时候能终尽呢？应该只从学道明理上去认知理解。

6.学原①于思。

——《二程遗书》卷六

【注释】①原：来源，源自。
【译文】学习来源于思考。

7.所谓"日月至焉①"与久而不息②者，所见规模③虽略相似，其意味气象迥别，须潜心默识，玩索久之，庶几自得。学者不学圣人则已，欲学之，须熟玩味圣人之气象，不可只于名④上理会，如此只是讲论文字。

——《二程遗书》卷十五

【注释】①日月至焉:出自《论语·雍也》,指偶然想到仁德。日、月形容频率很低。②久而不息:出自《中庸》,指长久不停地追求仁德。③规模:格局,范围。④名:指文字语言。

【译文】所谓的"偶然一下想到仁德"的人,和长久不息地追求仁德的人,他们学道所见到的格局范围虽然大略相似,然而学道的意味和气象则迥然不同。圣学应该要潜心暗自体认,久久玩味,或许可以自己体认得到。学人不学圣人则已,要学就应该纯熟玩味圣人的气象,不可以只从文字名相上去认知圣道,这样只是讲解议论文字。

8.问:忠信进德之事,固可勉强①,然致知甚难。伊川先生曰:学者固当勉强,然须是知了方行得。若不知,只是觑②却尧,学他行事,无尧许多聪明睿智,怎生得如他动容周旋中礼?如子所言,是笃信而固守之,非固有之也。未致知,便欲诚意,是躐等③也。勉强行者,安能持久?除非烛理明,自然乐循理。性本善,循理而行,是顺理事,本亦不难。但为人不知,旋④安排著,便道难也,知有多少般数⑤?煞有⑥深浅。学者须是真知,才知得是,便泰然行将⑦去也。某年二十时,解释经义,与今无异。然思今日,觉得意味与少时自别。

——《二程遗书》卷十八

【注释】①勉强:勉力,尽力。②觑:看。③躐等:不循次序,越级而上。④旋:不久,就。⑤般数:指种类数量。⑥煞有:极有,很有。⑦行将:实行。

【译文】问：忠诚信义以进修德业的事情，固然可以勉力去做，然而明白其中的道理很难。程颐先生说：学道的人固然应当勉力，然而应当是知道明晓而后方能落实。如果不知其中道理，只是像看见尧，就学他做事一样，自己没有尧那样的聪明睿智，怎么能做到像他一样举止仪容、进退揖让都合乎中道礼法呢？像你所说的，是切实相信而坚定守持所学之道，所学之道却并非心性中本有的。还没有明白求取学问的道理，就想要使自己意念真诚无妄，这是越级而行。勉力而为的事，怎么能够长久保持呢？除非洞彻通达圣人之理，自然会乐于依循圣人之理。本性本善，依正理而行，这是顺理成章的事，本来也不难。只怕为人不知正理，就去人为设定安排一番，就说学道太难，你知道天下万事有多少种多少量？这里很有个深浅不同。学人必须是真正知晓正理，才知晓了正理，就泰然自若地去实行。我二十岁时，解释经典义理，和今天没有什么不同。然而想想今天，觉得其中意味和年少之时自不相同了。

9.凡一物上有一理，须是穷致其理。穷理亦多端①，或读书，讲明义理；或论古今人物，别其是非；或应接事物而处其当，皆穷理也。或问：格物②须物物格之，还只格一物而万理皆知？曰：怎得便会贯通？若只格一物便通众理，虽颜子亦不敢如此道。须是今日格一件，明日又格一件，积习③既多，然后脱然自有贯通处。（本注：又曰：所务于穷理者，非道尽穷了④天下万物之理，又不道是穷得一理便到。只要积累多，后自然见去。）

——《二程遗书》卷十八

【注释】①多端：多个方面。②格物：推究事物的原理。③积习：积累修习。④穷了：穷尽明了。

【译文】但凡一件事物上有一个道理，应该要穷尽探求其道理。穷尽事理也有多个方面：或者读书讲解清楚义理；或者谈论古今人物，辨别其是非得失；或者处事接物应对得当，都是穷尽事理。有人问：推究事物的原理，需要件件事物都去推究，还是只需推究一件事物就能通晓天下万理呢？程颐回答说：这样怎么就能贯通义理呢？如果只推究一件事物就能通达天下万理，即使颜回也不敢这么说。应该今天推究一件事物的原理，明天再推究一件事物的原理，这样积累修习多了，然后自有豁然贯通的时候。（本注：又说：所说的专事于穷尽事理，不是说穷尽天下万物的道理才算穷理，也不是说穷尽一件事物的道理就能达到穷尽万理的境界。只要一件事物一件事物去推究，这样积累多了，以后自然能体认大道。

10. "思曰睿①。"思虑久后，睿自然生。若于一事上思未得，且别换一事思之，不可专守著这一事。盖人之知识，于这里蔽著，虽强思亦不通也。

——《二程遗书》卷十八

【注释】①睿：通达，明睿。

【译文】"思考叫做睿智。"思考久了，睿智自然产生。如果在一件事上思考没有心得，暂且换一件事去思考，不可以专守着这一件事。因为人的认知，在这个地方被遮蔽住了，即使勉强思考，也是不能通达的。

11.问：人有志于学，然知识蔽固①，力量不至，则如之何？曰：只是致知。若智识明，则力量自进。

——《二程遗书》卷十八

【注释】①知识蔽固：学识蔽塞固陋。

【译文】问：人有志于学道，然而学识蔽塞固陋，学力不足，那要怎么办呢？程颐说：只能是求取智慧学问。如果智慧明达，那么学力自然就能进步了。

12.问：观物察己，还因见物反求诸身①否？曰：不必如此说。物我一理，才明彼，即晓此，此合内外之道也。又问：致知先求之四端如何？曰：求之情性，固是切②于身。然一草一木皆有理，须是察。（本注：又曰：自一身之中，以至万物之理，但理会得多，胸次③自然豁然有觉处。）

——《二程遗书》卷十八

【注释】①反求诸身：即反求诸己，在自己身心上省察求证。②切：切近。③胸次：心中。

【译文】远观外物，近察自身，还是凭借所见的外物反过来在自己身心上省察体认呢？程颐说：不用这么说。外物和自己同一理体，才明晓了那个，就懂得了这个，这就是使内外合一的道理。又问：求取智慧学问先从探求仁、义、礼、智四善端开始，怎么样呢？程颐说：从人的性情上探求，固然是切近自身。然而天下一草一木都有其道理，应该要研究考察。（本注：又说：从人的一身之中，以至于天下万物的道理，只要理解体认多了，心中自然会有豁然觉悟的时候。）

13."思曰睿"，"睿作圣"。致思①如掘井，初有浑水，久后稍引动得清者出来。人思虑始皆溷浊②，久自明快。

——《二程遗书》卷十八

【注释】①致思：思考。②溷浊：同"混浊"。
【译文】"思考就叫明睿"，"明睿就能成为圣人"。思考就像掘井一样，一开始有浑水，久了以后才稍稍引出一点清水。人的思虑开始都是浑浊不清的，时间久了自然就变得明澈畅快了。

14.问：如何是近思①？曰：以类而推。

——《二程遗书》卷二十二上

【注释】①近思：学习思考就近所及之事。
【译文】问：什么叫做近思？程颐回答：取类似的事物推论或衡量。

15.学者先要会疑①。

——《二程外书》卷十一

【注释】①疑：起疑，发疑。

【译文】学道的人先要会生起疑问。

16.横渠先生答范巽之曰：所访①物怪神奸②，此非难语，顾语未必信耳。孟子所论"知性知天"，学至于知天，则物所从出，当源源自见。知所从出，则物之当有当无，莫不心谕③，亦不待语而后知。诸公所论，但守之不失，不为异端所劫。进进不已，则物怪不须辨，异端不必攻，不逾期年④，吾道胜矣。若欲委⑤之无穷，付之以不可知，则学为疑挠，智为物昏，交来⑥无间，卒无以自存，而溺于怪妄必矣。

——张载《横渠文集·答范巽之书》

【注释】①访：询问。②物怪神奸：物怪，怪异的食物，怪物。神奸，能害人的鬼神怪异之物。③谕：古同"喻"，明白，理解。④期年：一年。⑤委：推诿，推卸。⑥交来：交相到来。

【译文】张载先生回答范育说：你所询问的神鬼怪物之事，这不是什么难说的道理，但说了人未必会相信。孟子所说的"明本性、知天命"，学道达到知天命的境地，那么万事万物从哪里产生，都可以源源不断自然明见。知道了万事万物的来源，那么某件事物应当有或应当没有，都会了然于心，也不要等到说了才能知道。诸位所谈的道理，是只要守持正理不要失掉，不被异端学说所胁迫，不断进步，那么鬼神怪异之事不必论辩，异端学说不必攻驳，不超过一年，我们的学说就胜利了。如果要把鬼神异端学说推之以无穷无尽，认为其理不可了知，那么学习就会被疑惑阻挠，智慧因外物而昏聩，迷惑与外物交相往来、没有间隙，最终自己的修学无法保全，而且必然陷溺于神怪虚妄之中了。

17.子贡谓：夫子之言性与天道，不可得而闻。既言"夫子之言"，则是居常①语之矣。圣门学者以仁为己任，不以苟知②为得，必以了悟为闻，因有是说。

——张载《横渠语录》卷上

【注释】①居常：平常，日常。②苟知：随便了解的。

【译文】子贡说：孔夫子谈论本性和天道的话，我们无法求得听闻。既然说"孔夫子谈论的话"，那么就是夫子日常所说的话了。圣人门下的学人以成就仁德作为自己的责任，不把随便了解到的东西当作心得，一定是将道理明了悟透才当做真正的听闻，因此子贡才有这样的话。

18.义理之学，亦须深沉①方有造②，非浅易轻浮之可得也。

——张载《经学理窟·义理》

【注释】①深沉：沉着稳重。②造：造诣，成就。

【译文】义理的学问，也须要沉着稳重才能有所成就，不是浅易轻浮就可以获得的。

19.学不能推究事理,只是心粗①。至如颜子未至于圣人处,犹是心粗。

—— 张载《经学理窟·义理》

【注释】①心粗:此指治学不能精微分析体察。

【译文】学道不能推查考究事理,只是因为用心粗浅。至于像颜回也没有达到圣人境界,还是因为用心粗浅。

20.博学于文者,只要得习坎心亨①。盖人经历险阻艰难,然后其心亨通。

—— 张载《横渠文集》

【注释】①习坎心亨:出自《周易·坎卦》。习坎,重重坎坷。心亨,心中通达。

【译文】广博地学习文献的人,只要懂得经历重重坎坷而后内心通达的道理。因为人经历了艰难险阻的磨砺,然后他的内心才能顺然贯通。

21.义理有疑,则濯去旧见①,以来新意。心中有所开,即便札记②,不思则还塞之矣。更须得朋友之助,一日间朋友论著,则一日间意思差别。须日日如此讲论,久则自觉进也。

—— 张载《经学理窟·学大原上》

【注释】①濯去旧见：指清除固有观念。②札记：读书时摘记要点或心得。

【译文】读书在义理上有了疑问，就要清除原来固旧的观念，让心中出现新意。心中有悟处的时候，即刻就做下笔记，不去思考思路就又阻塞了。还需要得到朋友的协助，一天和朋友讲论着，一天对义理的认知就有差别。应该天天都这样讲研讨论，时间久了自然会觉察到进步。

22.凡致思①到说不得处，始复审思明辨，乃为善学也。若告子则到说不得处遂已，更不复求。

——张载《孟子说》

【注释】①致思：专一深入地思考某个问题。

【译文】但凡专心致志思考到了无法说明的地步，又开始审问思考、明了辨别，才是善于学习。像告子却到了无法说明的地步就停止了，再不继续探究下去。

23.伊川先生曰：凡看文字，先须晓其文义①，然后可求其意②。未有文义不晓而见意者也。

——《二程遗书》卷二十二上

【注释】①文义：文字表面意思。②意：此指文章寓意、思想。

【译文】程颐先生说：凡是阅读文章，先要明晓其字面意思，然后才可以探究其思想内涵。没有字面意思都不懂而能明白文章思想内涵的人。

24.学者要自得①。《六经》浩渺,乍来难尽晓。且见得路径后,各自立得一个门庭,归而求之可矣。

——《二程遗书》卷二十二上

【注释】①自得:自有所得,自我有感悟、体会。②门庭:门路,方式。

【译文】学道的人要有自己的心得体会。《六经》浩瀚无际,刚接触到很难全部弄懂。暂且在找到学习的门路之后,为各部经典确立一种研究方式,回头再去探求就可以了。

25.凡解文字,但易①其心,自见理。理只是人理,甚分明,如一条平坦底道路。《诗》曰:"周道②如砥③,其直如矢④。"此之谓也。或曰:圣人之言,恐不可以浅近看他。曰:圣人之言,自有近处,自有深远处。如近处怎生强要凿⑤教深远得?扬子曰:"圣人之言远如天,贤人之言近如地。"颐与改之曰:"圣人之言,其远如天,其近如地。"

——《二程遗书》卷十八

【注释】①易:使……平易。②周道:周王朝在国都镐京和东都洛邑之间修建了一条宽广平坦的大道,号称"周道",又称"王道"。③砥:磨刀石。④矢:箭杆。⑤凿:穿凿,附会。

【译文】但凡理解文字，只要把心放得平易一些，自然能看见其中的道理。道理不过是人的道理，很明白，就像一条平坦的道路。《诗经》上说："大道平坦似磨石，笔直像箭杆。"说的就是这个。有人说：圣人说的，恐怕不能以浅近的眼光看待。程颐说：圣人所说的，自然有浅近的，自然也有深远的。如果本来就是浅近的道理，怎么能勉强去穿凿附会使它变成深远的道理呢？扬雄说："圣人的话深远如天空，贤人的话浅近如大地。"我把它改成："圣人的话，深远的如天空一样，浅近的如大地一般。"

26.学者不泥文义者，又全背却远去；理会文义者，又滞泥不通。如子濯孺子①为将之事，孟子只取其不背师之意，人须就上面理会事君之道如何也。又如万章②问舜完廪浚井③事，孟子只答他大意，人须要理会浚井如何出得来，完廪又怎生下得来。若此之学，徒费心力。

——《二程遗书》卷十八

【注释】①子濯孺子：春秋时郑国大夫。②万章：孟子著名弟子。③完廪浚井：完廪，修缮米仓。浚井，掘井、挖井。

【译文】学道的人中，不拘泥于文字义理的，又完全违背远离了文字义理；研究理解文字义理的，又停滞拘泥于文字义理而不能通达。比如子濯孺子做郑国将领的事，孟子只表达了庾公之斯不违于师道的义理，研究的人却一定要向上理解庾公之斯事奉君王之道是怎样的。又比如万章问舜修仓房、掘井的事，孟子只回答给他大体的义理。研究的人却一定要去探究：舜掘井时掉入井中怎么出来的？舜修缮仓库房顶，仓房着火他是怎么下来的？这样研究学习，那就是白费心力。

27.凡观书不可以相类泥①其义，不尔，则字字相梗②。当观其文势上下之意，如"充实之谓美"与《诗》之美不同。

——《二程遗书》卷十八

【注释】①泥：泥守，拘泥。②梗：梗阻不通。

【译文】但凡读书，不可以被类似的文字拘泥了对其义理的理解，若不这样，那么就会字字梗阻，难以贯通。应当观察文章思路和上下文的语境，如孟子说的"充实叫做美"和评论《诗经》说的"美"，就是不一样的。

28.问：莹中①尝爱《文中子》②：或问学《易》，子曰："终日乾乾可也"，此语最尽。文王所以圣，亦只是个不已。先生曰：凡说经义，如只管节节推上去，可知是尽。夫"终日乾乾"，未尽得《易》，据此一句，只做得九三③使。若谓乾乾是不已，不已又是道，渐渐推去，自然是尽。只是理不如此。

——《二程遗书》卷十九

【注释】①莹中：陈瓘，字莹中，号了斋，沙县城西劝忠坊人，程颐门人。②《文中子》：隋代王通，字仲淹，门人私谥文中子，著《中书》十卷，又名《文中子》。③九三：这里指乾卦九三爻。

【译文】问：陈莹中曾经喜欢《文中子》中的一句话：有人问怎样学习《周易》，文中子答："整日都努力不懈就可以了。"这句话最能穷尽其理。周文王之所以成为圣人，也只是进取不止而已。程颐先生说：凡是说到经典义理，如果只管节节推究上去，可以知道一定会穷尽。"整日努力不懈"这句话，还没有穷尽《周易》之理。根据这一句，只能把它当做乾卦九三爻的道理。如果说进取就是不止息，不止息又是道。这样渐渐推究下去，自然能穷尽其理。只是道理原本不是这样深远的。

29."子在川上曰：逝者如斯夫！"言道之体如此，这里须是自见得。张绎①曰：此便是无穷。先生曰：固是道无穷，然怎生一个"无穷"便道了得他？

——《二程遗书》卷十九

【注释】①张绎：字思叔，北宋著名乡贤，程颐门人。

【译文】"孔子站在河边说：逝去的就如这流水一般啊！"形容道的本体就是这样，这里应该要自己体认明白。张绎说：这就是无穷。程颐说：固然是道的本体无穷，然而怎能用一个"无穷"就说尽这个道理呢？

30.今人不会读书。如"诵《诗》三百，授之以政①，不达；使于四方，不能专对②。虽多，亦奚以为？"须是未读《诗》时，不达于政，不能专对；既读《诗》后，便达于政，能专对四方，始是读《诗》。"人而不为《周南》、《召南》，其犹正③墙面"，须是未读《诗》时如面墙，到读了后便不面墙，方是有验。大抵读书只此便是法。如读《论语》，旧时未读是这个人，及读了后来又只是这个人，便是不曾读也。

——《二程遗书》卷十九

【注释】①政：政事。②专对：指任使节时独自随机应答。③正：正向，面对。

【译文】今天的人不会读书。比如孔子说"诵读《诗经》三百篇，交代给他政事，他办不好；让他出使别国，他不能随机应答。像这样即使读的很多，还有什么用处呢？"应当是没有读《诗经》的时候，不能处理好政事，不能独自胜任外交；已经读过《诗经》后，就能处理好政事，能独自出使各国，这才是读了《诗经》。孔子又说："学道的人不去学习《周南》和《召南》，就好像面壁而立，目不见物。"应当是没有读《诗经》的时候好像面壁，等到读了以后就不像面壁，这才是读书有得的效验。大体上读书只有这个原则可以效法。比如读《论语》，以前没有读的时候是这个人，等到读了以后仍然只是这个人，这就等于没有读过《论语》。

31.凡看文字，如七年①、必世②、百年③之事，皆当思其如何作为，乃有益。

——《二程遗书》卷二十二上

【注释】①七年：出自《论语·子路》："善人教民七年，亦可以即戎矣"，意为：有治政才能的人领导教化人民七年，就可以和蛮夷之国抗衡了。②必世：出自《论语·子路》："如有王者，必世而后仁"，意为：如果圣明的君王治理国家，也要三十年才能实现仁政。世，一世为三十年。③百年：出自《论语·子路》："善人为邦百年，亦可以胜残去杀矣"，意为：有治政才能的人治理国家一百年，就可以消弭残暴、废除刑罚杀戮了。

【译文】但凡阅读文字，如看到"善人教民七年"、"王者必世而后仁"、"善人为邦百年"这些典故，都应当思考他们是如何行而有为的，这样才有益处。

32.凡解经不同，无害；但紧要处①不可不同尔。

——《二程外书》

【注释】①紧要处：指经典义理关键切要的地方。

【译文】但凡解释经典义理有不同之处，没有什么害处；但是文章义理关键切要的地方不能不相同。

33.焞初到，问为学之方。先生曰：公要知为学，须是读书。书不必多看，要知其约①，多看而不知其约，书肆②耳。颐缘③少时读书贪多，如今多忘了。须是将圣人言语玩味，入心记著，然后力去行之，自有所得。

——《二程外书》

【注释】①约：总纲，总要。②书肆：书店，书铺。③缘：因为。

【译文】尹焞刚到程颐门下，向他请教做学问的方法。程颐先生说：你要知道做学问应该读书。书不必多读，但要知道其精要。书读得多而不知道其精要，只如一个书铺一般。我因为年少读书时贪多，如今很多都忘记了。应该要将圣人的言语体会玩味，谨记在心，然后努力去实行，自然会有收获。

34.初学入德①之门，无如《大学》，其他莫如《语》、《孟》。

——《二程遗书》卷二十二上

【注释】①入德：初入于德行修养之道。

【译文】刚开始学道读书的门径，没有比得上《大学》的，其他的书没有比得上《论语》、《孟子》的。

35.学者先须读《语》、《孟》。穷得《语》、《孟》，自有要约处，以此观他经甚省力。《语》、《孟》如丈尺权衡①相似，以此去量度事物，自然见得长短轻重。

——《二程遗书》卷十八

【注释】①权衡：权，秤锤。衡，秤杆。

【译文】为学的人应该先读《论语》、《孟子》。穷尽了《论语》、《孟子》的义理，自然会得到要领，用它再去读其他经典就非常省力了。《论语》、《孟子》就好像尺和秤一样，拿它们去度量事物，自然可以看出长短轻重。

36.读《论语》者，但将诸弟子问处便作己问，将圣人答处便作今日耳闻，自然有得。若能于《论》、《孟》中深求①玩味，将来涵养成甚生②气质！

——《二程遗书》卷二十二上

【注释】①深求：深入研习探求。②甚生：怎生，怎么样的。

【译文】研读《论语》的人，只要将孔子各位弟子所提问之处当做自己的提问，将孔圣人的回答当做自己今日听闻的道理，自然能有所心得。如果能在《论语》《孟子》中深入探求、研习玩味，将来会涵养成怎么样的气质呢！

37.凡看《语》、《孟》，且须熟玩味，将圣人之言语切己①，不可只作一场话说。人只看得此二书切己，终身尽多②也。

——《二程遗书》卷二十二上

【注释】①切己：切身，与自己密切相关。②尽多：极多。

【译文】凡是读《论语》、《孟子》，就应该熟读玩味，将圣人的言语和自身密切关联起来，不可以只把圣人所说的当做普通的一番话看。人只要将这两部书切身而读，终其一生收获会很多。

38.《论语》有读了后全无事①者,有读了后其中得一两句喜者,有读了后知好②之者,有读了后不知手之舞之、足之蹈之者。

——《二程遗书》卷十九

【注释】①全无事:此指没有一点感悟体会。②知好:知,理解。好,爱好。

【译文】《论语》这部典籍,有读了之后一点体悟都没有的,有读了之后获得其中一两句义理而喜悦的,有读了之后理解并爱好它的,有读了之后情不自禁手舞足蹈的。

39.学者当以《论语》、《孟子》为本。《论语》、《孟子》既治①,则《六经》可不治而明矣。读书者当观圣人所以作经之意,与圣人所以用心,与圣人所以至圣人,而吾之所以未至者,所以未得者。句句而求之,昼诵而味之,中夜而思之,平其心,易②其气,阙③其疑,则圣人之意见矣。

——《二程遗书》卷二十五

【注释】①治:研习探究。②易:使……平易。③阙:减少。

【译文】为学的人应当以《论语》、《孟子》作为根本。《论语》、《孟子》研究透彻了,那么《六经》不用研习也能明晓了。读书的人应当体察圣人著述经典的意旨,和圣人用心的道理,与圣人达到圣人境界的原因,以及我自己没有达到圣人境界、没有圣人体悟心得的原因。每一句都要这样推求,白天诵读体味,夜里静心思考,放平自心,舒畅气机,减少疑惑,那么圣人的思想就可以领会到了。

40.读《论语》《孟子》而不知道①,所谓"虽多,亦奚以为②"。

——《二程遗书》卷六

【注释】①不知道:不知圣贤之道。②以为:用为,用作。

【译文】读《论语》《孟子》而不知圣贤之道,这就是孔子说的"虽然读得多,又有什么用呢"。

41.《论语》《孟子》,只剩读著①便自意足,学者须是玩味。若以语言解著②,意便不足。某始作此二书文字③,既而思之又似剩。只有些先儒错会处,却待与整理过。

——《二程外书》卷五

【注释】①只剩读著:此指省去一切注解评说,只就经典原文阅读。②语言解著:边阅读边以注解理解义理。③文字:此指注解、解说。

【译文】《论语》、《孟子》只读原文就自觉义理充分,为学的人应该这样体悟玩味。如果以言语作注解说明,其义理就不充分了。我刚开始给这两部书作解说,后来想想又好像是多余的。只是有些前代儒者理解错误的地方,等待我将其整理出来。

42.问:且将《语》《孟》紧要处看如何? 伊川曰:固是好,然若有得,终不浃洽①。盖吾道非如释氏,一见了便从空寂去。

——《二程遗书》卷十二

【注释】①浃洽:贯通,透彻。

【译文】问:暂且去读《论语》《孟子》中的精要关键处,怎么样呢? 程颐说:固然是好,然而如果有心得,终究不会通达透彻。因为圣贤之道与佛家之道不同,佛家一旦体悟大道就进入空寂无为的境界了。

43."兴①于《诗》"者,吟咏性情,涵畅道德之中而歆动②之,有"吾与点③"之气象。(又曰:"兴于《诗》",是兴起人善意,汪洋浩大,皆是此意。)

——《二程遗书》卷三

【注释】①兴:兴起,兴发。②歆动:内心有所感悟触动。③点:曾点,又名曾晳。

【译文】为学"兴发于读《诗经》",是说《诗经》可以吟咏性情,使人涵养畅游于道德的教化之中而内心有所感悟,有如孔子说"我赞同曾晳"时那样的气象。(本注:程颐又说:"兴发于《诗经》,是兴发人的善意,使之汪洋浩大,都是这个意思。)

44.谢显道云：明道先生善言《诗》。他又浑①不曾章解句释，但优游②玩味，吟哦上下，便使人有得处。"瞻彼日月，悠悠我思。道之云③远，曷④云能来？"思之切矣。终曰："百尔⑤君子，不知德行。不忮⑥不求⑦，何用不臧⑧？"归于正也。又云：伯淳常谈《诗》，并不下一字训诂，有时只转却一两字，点掇⑨地念过，便教人省悟。又曰：古人所以贵亲炙⑩之也。

——《二程外书》卷十二

【注释】①浑：全，满。②优游：闲暇自得的样子。③云：语气助词，无实义。④曷：何，何时。⑤百尔：诸位，一切。⑥忮：损害，嫉妒。⑦求：贪求。⑧不臧：不善，不良。⑨点掇：点，稍微。掇：拈取。⑩亲炙：亲承教诲。

【译文】谢良佐说：程颢先生善于讲说《诗经》，但他又全然不曾一章一句地去解释，只是悠然玩味，前后吟咏，就能使人有所体悟。"望着那太阳和月亮，我的思念悠悠不绝。道路漫长又遥远，什么时候才能来到我身边？"思念之心确实迫切。结尾又说："你们一切诸君子，不知德行和修养。如不损人不贪求，怎会不顺又不良？"这段话又归到中正之理了。又说：程颢常常谈论《诗经》，但并不去做一个字的训诂解释，有时只用文言或典故转换一两个字，稍微拈掇着念过去，就能让人有所省悟。又说：这就是古人看重亲承教诲的原因。

45.明道先生曰：学者不可以不看《诗》，看《诗》便使人长一格价①。

——《二程外书》卷十二

【注释】①长一格价:提升一个等级的价值。

【译文】程颢先生说:学道的人不可以不读《诗经》,读了《诗经》就使人的价值提高了一个层次。

46."不以文害辞①。"文,文字之文,举一字则是文,成句是辞。《诗》为解一字不行,却迁就他说,如"有周不显②",自是作文当如此。

——《二程外书》卷一

【注释】①以文害辞:拘泥于字词的解释,而影响对整句话的理解。②有周不显:这周王朝荣耀显赫。有,指示性冠词。不,同"丕",语气词,前人解释为"大"。

【译文】孟子说解读《诗经》"不拘泥于文的解释而影响对辞的理解"。"文",就是"文字"的"文",单举一个字叫文,一整句话叫辞。如果《诗经》中有一个字解释不通,就要迁就借鉴他人的说法,比如"有周不显"的"不"字,自然著写文章的时候也应当这样。

47.看《书》须要见二帝三王①之道。如二典②,即求尧所以治民、舜所以事君。

——《二程遗书》卷二十四

【注释】①二帝三王:二帝指唐尧、虞舜,三王指夏禹、商汤、周文(武)王。②二典:《尧典》和《舜典》,《尚书》的篇名。

【译文】读《尚书》要明白二帝三王治理天下之道。如读《尧典》、《舜典》，就要推究尧治理百姓、舜事奉君王的方法。

48.《中庸》之书，是孔门传授，成于子思、孟子。其书虽是杂记，更不分精粗，一滚①说了。今人语道，多说高便遗却卑②，说本便遗却末。

——《二程遗书》卷十五

【注释】①一滚：混在一起。②卑：低，下。

【译文】《中庸》这本书，是孔子门下所传授的，成书于子思、孟子之手。这本书虽然是杂记，也不分精细粗略，就一并都说了。今天的学人谈论圣贤大道，大多说到高深处就忘记了基本点，说到根本就忘记了细节。

49.伊川先生《易传序》曰：易，变易也，随时变易以从道也。其为书也，广大悉备，将以顺性命之理，通幽明之故，尽事物之情，而示开物成务①之道也。圣人之忧患后世，可谓至矣。去②古虽远，遗经尚存。然而前儒失意③以传言④，后学诵言而忘味，自秦而下，盖无传矣。予生千载之后，悼斯文⑤之湮晦⑥，将俾后人沿流⑦而求源，此《传》所以作也。《易》有圣人之道四焉：以言者尚其辞，以动者尚其变，以制器者尚其象，以卜筮者尚其占。吉凶消长之理、进退存亡之道备于辞。推辞⑧考卦，可以知变，象与占在其中矣。"君子居则观其象而玩其辞,动则观其变而玩其占。"得于辞不达其意者有矣,未有不得于辞而能通其意者也。至微者理也,至著⁹者象也,体用一源,显微无间。观会通以行其典礼⑩,则辞无所不备。故善学者求言必自近,易于近者,非知言者也。予所传者辞也,由辞以得意,则在乎人焉。

——《二程文集》卷八《易传序》

【注释】①开物成务:通晓万物的道理,并依之而行得到成功。开,开通,了解。务,事务。②去:距,离。③失意:迷失义理。④传言:流传言语文字。⑤斯文:这部著作。⑥湮晦:埋没,消失。⑦沿流:沿着水流,这里指循着《周易》的文辞。⑧推辞:推究卦辞。⑨著:显著,明显。⑩典礼:典法礼仪。

【译文】程颢先生在《易传序》中说:《周易》的"易",是变易的意思,也就是随时序变化以遵从自然法则。《周易》这部书,内容广博,义理完备,旨在阐明顺应天性天命的道理,通达昼夜明暗的缘故,穷尽万千事物的情理,明示通晓众理而使万事各得其宜。圣人忧虑后世,可以说在这部书中表现到极致了。今天离古时虽然久远,圣人留下的这部经典还存于世间。然而前代儒者迷失了圣人本意,将经典文字流传下来;后代学人诵读经典章句,却忘失了其本来意味。自秦朝以来,大概《周易》的至理就失传了。我生于圣人千年之后,伤悼《周易》本义的埋没消失,希望使后代的人沿着《周易》文字之"流"探求到其本源,这就是我写作《易传》的原因。《周易》中有圣人之道的四个方面:发表言论的人推崇《周易》之辞(卦辞、象辞、象辞、爻辞等），行为动作的人崇尚《周易》蕴含的变化规律，制作器具的人尊崇《周易》之象（卦象、爻象等），占筮卜卦的人看重《周易》的占卜之理。天道吉凶消长的法则，世间进退存亡的道理都包含于《周易》的卦辞。推求卦辞考察卦义，可以知道万事万物变化的规律，卦象和占断就都在其中了。"君子安居时就观察《周易》的卦象而玩味其卦象，行动时就观察其演变而玩味其吉凶占断。"懂得了《周易》之辞而不懂《周易》之理的人是有的，但没有不懂《周易》之辞而懂《周易》之理的人。极其精微的称作"理"，极其显明的称作"象"。本体和作用同一根源，显明的"象"和精微的"理"紧密无间。观察万物之理融会贯通，实行应该普遍遵循的典法礼仪，这些在《周易》之辞中没有不具备的。所以善于学习的人探求圣人言语，一定就近从《周易》之辞学起。忽视了《周易》之辞的人，是没有办法理解圣人言语的。我作传的是《周易》之辞，从《周易》之辞领会圣人本意，就在于修学者个人了。

50.伊川先生答张闳中①书曰：《易传》未传，自量精力未衰，尚觊②有少进尔。来书云"易之义本起于数③"，则非也。有理而后有象④，有象而后有数。《易》因象以明理，由象以知数。得其义，则象数在其中矣。必欲穷象之隐微，尽数之毫忽⑤，乃寻流逐末，术家之所尚，非儒者之所务也。（本注：理无形也，故因象以明理。理既见乎辞矣，则可由辞以观象。故曰：得其义，则象数在其中矣。）

——《二程文集》卷九《答张闳中书》

【注释】①张闳中：二程弟子，"刘李学派"代表人之一。②觊：希望得到。③数：《周易》中指阴阳数和爻数，是占筮求卦的基础。④象：《周易》中指卦象、爻象，即卦爻所象之事物及其时位关系。⑤毫忽：极微小的一点点。

【译文】程颐先生在回复张闳中的信中说：我作的《易传》还没有传授于人，自己感觉精力还没有衰退，还希望这部书能进一步稍有完善。你的来信中说"《周易》的义理原本从数中产生"，说义理从数中产生就不对了。有了理而后才有象，有了象而后才有数。《周易》通过象说明道理，从象可以推知其数。知道了《周易》的义理，象、数就都在其中了。一定要穷尽象的隐密微细，透彻数的分厘毫末，就是舍本逐末，是数术家所崇尚的，不是儒者应从事的。

51.知时识势，学《易》之大方①也。

——《二程易传·夬传》

【注释】①大方：主要方法，根本方法。

【译文】知晓时宜、认清运势，这是学习《周易》的主要方法。

52.大畜初二①，乾体刚健而不足以进，四五②阴柔而能止。时之盛衰，势之强弱，学易者所宜深识也。

——《程氏易传·大畜传》

【注释】①初二：指初九和九二两阳爻。②四五：指六四和六五两阴爻。

【译文】大畜卦的初九和九二两阳爻,虽是下卦乾卦刚健之体,却不足以上进;六四和六五两阴爻居上,以阴柔之势阻止其进。时节盛衰、运势强弱,都是学习《周易》的人应该深入辨识清楚的。

53.诸卦二五,虽不当位①,多以中②为美;三四虽当位,或以不中为过。中常重于正③也。盖中则不违于正,正不必中也。天下之理,莫善于中,于九二、六五可见。

——《程氏易传·震传》

【注释】①当位:指卦的初、三、五爻为阳爻,二、四、上爻为阴爻。②中:中道,这里指合乎时宜运势。③正:指普遍通行、皆应遵循的法则。

【译文】各卦的二爻和五爻,即使阴阳不当其位,大多也以守中为美;三爻和四爻,即使阴阳各当其位,有的也因为不守中为过咎。中常常比正重要。因为守中就不会违背于正,守正却不一定能守中。天下的道理没有比中更好的,这从一些卦的九二爻、六五爻可以看出来。

54.问:胡先生①解九四作太子,恐不是卦义。先生云:亦不妨,只看如何用。当储贰②则做储贰使。九四近君,便作储贰亦不害。但不要拘一。若执一事,则三百八十四爻,只作得三百八十四件事便休了。

——《二程遗书》卷十九

【注释】①胡先生：胡瑗，字翼之，世称安定先生，程颐之师，北宋理学先驱，"安定学派"创始人。②储贰：亦作"储二"，储副，太子。

【译文】问：胡瑗先生把乾卦的九四爻解释为太子，恐怕不是此卦的本义。程颐先生说：也无妨，只看如何运用。如果以太子而言，那么就解释为太子。九四的位置接近象征君王的九五之位，即使解释为太子也没有妨害。只是不要拘泥于一种事物的解释。如果执著认为一爻就指代一种事物，那么三百八十四爻，也只能指代三百八十四种事物就完了。

55.看《易》且要知时①。凡六爻，人人有用：圣人自有圣人用，贤人自有贤人用，众人自有众人用，学者自有学者用，君有君用，臣有臣用，无所不通。因问：坤卦是臣之事，人君有用处否？先生曰：是何无用？如"厚德载物"，人君安可不用？

——《二程遗书》卷十九

【注释】①知时：知晓时势，因时而变。

【译文】读《周易》要知道因时而变的道理。但凡每卦的六爻，人人都有其用处：圣人自有圣人的用处，贤人自有贤人的用处，普通人有普通人的用处，为学者有为学者的用处，君王有君王的用处，臣子有臣子的用处，其道理是没有不能通达的地方。于是有人问：坤卦象征臣子的事，对君王有用处吗？程颐先生说：怎么是没有用处呢？比如坤卦的"厚德载物"，君王怎么能不去运用呢？

56.《易》中只是言反复、往来、上下①。

——《二程遗书》卷十四

【注释】①反复、往来、上下:《周易》的三种卦变。反复,指两卦互为错卦。往来,指同一卦中两爻互换位置而变成另外一卦,爻位自下而上变换称往,自上而下变换称来。上下,指两卦互为综卦。

【译文】《周易》中只是说明了错卦、爻位往来、综卦的卦象变化之理。

57.作《易》,自天地幽明至于昆虫草木微物,无不合。

——《二程外书》卷七

【译文】圣人作了《周易》,从天地明暗到昆虫草木这些微细之物,其理没有不相符合的。

58.今时人看《易》,皆不识得《易》是何物,只就上穿凿。若念得不熟,与就上添一德①亦不觉多,就上减一德亦不觉少。譬如不识此兀子②,若减一只脚,亦不知是少;若添一只,亦不知是多。若识,则自添减不得也。

——《二程外书》卷五

【注释】①德:指《周易》中各卦所具有的品性、特性。②兀子:一种方形无靠背的凳子,亦作"杌子"。

【译文】今天的人读《周易》，都不知道《周易》是什么东西，只是在上面穿凿附会。如果读得不熟，就在上面增添一种释义也不觉得多，在上面减去一种释义也不觉得少。就比如人不认识这个机凳，如果它少了一只脚，人也不知道是少了；如果多了一只脚，人也不知道是多了。如果是认识机凳的人，那么自然不能增减一只脚了。

59.游定夫①问伊川"阴阳不测②之谓神"，伊川曰：贤是疑了问，是拣难底问？

——《二程外书》卷十二

【注释】①游定夫：游酢，字定夫，程门四大弟子之一。

【译文】游酢问程颐"阴阳变化不可测度称作神"这句话，程颐说：你是有了疑问来问，还是挑了难的问题来问呢？

60.伊川以《易传》示门人曰：只说得七分，后人更须自体究。

——《二程外书》卷十一

【译文】程颐拿自己写的《易传》给弟子们看，说：这本书讲《周易》的道理只讲了七分，后辈学人还需要自己体悟参究。

61.伊川先生《春秋传序》曰：天之生民，必有出类之才起而君长之，治之而争夺息，导之而生养①遂，教之而伦理明，然后人道立,天道成,地道平。二帝而上,圣贤世出,随时有作,顺乎风气之宜,不先天②以开人③,各因时而立政。暨乎三王迭兴,三重④既备,子丑寅之建正⑤,忠质文之更尚,人道备矣,天运周矣。圣王既不复作,有天下者,虽欲仿古之迹,亦私意妄为而已。事之缪⑥,秦至以建亥为正;道之悖,汉专以智力持世。岂复知先王之道也?夫子当周之末,以圣人不复作也,顺天应时之治不复有也,于是作《春秋》,为百王不易之大法。所谓"考诸三王而不缪,建诸天地而不悖,质诸鬼神而无疑,百世以俟圣人而不惑"者也。先儒之传曰:"游、夏不能赞一辞。"辞不待赞也,言不能与于斯耳。斯道也,惟颜子尝闻之矣,"行夏之时⑦,乘殷之辂⑧,服周之冕,乐则《韶》舞",此其准的也。后世以史视《春秋》,谓褒善贬恶而已,至于经世之大法,则不知也。《春秋》大义数十,其义虽大,炳如日星,乃易见也;惟其微辞隐义,时措从宜者,为难知也。或抑或纵,或与或夺,或进或退,或微或显,而得乎义理之安,文质之中,宽猛之宜,是非之公,乃制事之权衡,揆道⑨之模范也。夫观百物然后识化工⑩之神,聚众材然后知作室之用,于一事一义而欲窥圣人之用心,非上智不能也。故学《春秋》者,必优游涵泳,默识心通,然后能造其微也。后王知《春秋》之义,则虽德非禹、汤,尚可以法三代之治。自秦而下,其学不传。予悼夫圣人之志不明于后世也,故作《传》以明之,俾后之人通其文而求其义,得其意而法其用,则三代可复也。是《传》也,虽未能极圣人之蕴奥，庶几学者得其门而入矣。

——《二程文集》卷八

【注释】①生养：生物养民。②先天：先于天时而行事。③开人：开导人民。④三重：即夏、商、周三种重要的仪礼：善德、征验、尊位。⑤建正：此指确立一年之始（正月）。⑥缪：通"谬"，荒谬。⑦时：历法。⑧辂：古代的一种大车。⑨揆道：把握道义准则。揆，揣度，度量。⑩化工：自然造化万物之功用。

【译文】程颐先生在《春秋传序》上说：上天化育百姓，一定有出类拔萃的人才出现来领导他们，通过治理使夺取纷争平息，通过引导使生物养民实现，通过教化使伦常之理明晰，这样以后人的法则得以确立，天的法则得以成就，地的法则得以平正。在尧舜二帝之前，圣贤世代出现，随顺时节而去行事，顺应各代风俗习尚之宜，不先于天时开导人民，各自都顺应时势立政治民。等到夏禹、商汤、周文武三王迭代兴起，三代重要的礼法如善德、征验、尊位都已经完备了，周、商、夏各确立子月（农历十一月）、丑月（农历十二月）、寅月（农历正月为岁首），夏、商、周各以忠贞、质朴、文采为其所尚，人世的礼义法度已经完备了，天道运行的规则也周全了。圣明帝王既已不再出现，拥有天下的帝王即使想要模仿上古的遗制，也不过是以一己私意胡作妄为罢了。事情之荒谬，以至于秦朝将亥月（农历十月）确立为岁首；悖逆于圣道，汉朝专尚智力治理天下。哪里还懂得先代圣王治国理政之道呢？孔夫子出生在周代末年，因为圣人不再出现，顺应天时治理天下之事也不再有了，于是他作了《春秋》这部书，作为历代帝王治国理政不变的根本法则。这就是《中庸》上说的"考究于夏商周三代圣王也没有错谬，确立于天地万物之间也没有违背，验证于鬼神隐微之道也没有疑问，百世等待圣人再现期间也不会疑惑"啊！前代的儒者在其传记中说："孔子作《春秋》，就连子游、子夏这样精于文献之学的人也不能润饰其中一句文辞。"《春秋》的文辞本不必润饰，此话是说他们的水平不足以参与《春秋》的编撰。《春秋》的大道，只有颜回曾经听闻到了，就是"推行夏代的历法，乘坐商代的大车，头戴周代的礼帽，音乐则用舜时的《韶》舞"，这是孔子所定的标准。后代把《春秋》看作一部史书，说其意旨不过褒扬善德、针砭恶行而已，至于其中贯穿的治国理政的根本大法，就不知道了。《春秋》大义有数十条，这些义理虽然伟大，但它们明耀显赫如同天上日月星辰，是容易看见的；只有其中微妙的文辞、隐密的义理，和因时制宜的地方，是难以了解的。其中言语，有的贬抑有的放任，有的赞同有的批评，有的增进有的抑退，有的隐微有的显明，而使文章义理安和畅顺，文采质朴居于其中，宽松严苛保持适度，评价是非秉公无私，这就是决断家国大事的标准，掌握道义准则的楷模。正如观察了世间种种事物之后才能明白天地造化万物的神妙，汇集了种种建筑材料之后才能知道它们各自在建造房屋中的作用，要能在一件事物、一个义理上窥见圣人的用心，不是上等智慧的人是做不到的。所以学习《春秋》的人，一定要悠然从容，潜心涵养，暗自体认，内心通达，然后才能通晓其隐微之处。后代的帝王如果懂得了《春秋》的大义，那么即使他的德行比不上夏禹、商汤，也还可以效法夏商周三代治理天下的方法。自秦朝以后，《春秋》的真正学问就失传了。我伤悼圣人的心志不被后世的人明知，所以作了《春秋传》阐明，希望后世的人贯通其文辞而知晓其义理，体悟其思想而效法其功用，那么夏商周三代那样的大治就可以重现了。这本《春秋传》，虽然不能穷极圣人的底蕴奥义，但或许可以使学习的人找到一个入门的路径了。

62.《诗》、《书》，载道之文；《春秋》，圣人之用。《诗》、《书》如药方，《春秋》如用药治病。圣人之用，全在此书，所谓"不如载①之行事深切著明"者也。有重叠言者，如征伐、盟会之类。盖欲成书，势须如此，不可事事各求异义。但一字有异，或上下文异，则义须别。

——《二程遗书》卷二上

【注释】①载：以……承载，即通过……之意。

【译文】《诗经》、《尚书》，是承载圣人之道的文字；《春秋》一书，是圣人功用的体现。《诗经》、《尚书》如同药方，《春秋》如同用药方治病。圣人的功用，全在这本书中，就是孔子说的"空谈大论，不如通过实际行事表现得深切明显"。《春秋》中有反复用到的言词，比如征伐、盟会之类。大概是要想著成一部书，势必须要如此。不可以件件事上的用词都要推求出各自不同的含义，然而用词如有一字不同，或上下文中用词用字不同，其含义就需要辨别清楚。

63.五经之有《春秋》，犹法律之有断例①也。律令唯言其法②，至于断例，则始见其法之用也。

——《二程遗书》卷二上

【注释】①断例:判案的成例。②法:法律条文。

【译文】五经中有《春秋》,就好像法律中有判例。法律条令只说明了法律法规是如何的,到了判例,才能看到法律条文是如何运用的。

64.学《春秋》亦善,一句是一事,是非便见于此,此亦穷理之要。然他经岂不可以穷理?但他经论其义,《春秋》因其行事,是非较著,故穷理为要。尝语学者,且先读《论语》、《孟子》,更读一经,然后看《春秋》。先识得个义理,方可看《春秋》。《春秋》以何为准?无如《中庸》。欲知《中庸》,无如权。须是时而为中,若以手足胼胝、闭户不出二者之间取中,便不是中。若当手足胼胝①,则于此为中;当闭户不出,则于此为中。权之为言,秤锤之义也。何物为权?义也,时也。只是说得到义,义以上更难说,在人自看如何。

——《二程遗书》卷十五

【注释】①手足胼胝:手掌和脚底长满厚茧,形容极为勤苦。胼胝,劳动摩擦而生的厚茧。

【译文】学习《春秋》也很好,一句话就是一件事,是与非就能从这个地方看出来,这也是穷尽其理的重点。然而其他经典不可以穷尽其理吗?但凡其他经典,都是论述其大义;《春秋》因为记载的是历史事实,是与非的对比较为显著,所以穷尽其理是重点。我曾经对学道的人说：暂且先读《论语》、《孟子》，再读一部经典，然后再读《春秋》。先认知到义理所在，才可以读《春秋》。《春秋》以什么为标准呢？没有比得上"中庸"的了。想要懂得中庸的道理，没有比得上先懂权衡之理的了。应该是因时制宜，合于中道。如果在手脚生茧和闭门不出二者之间折中，这就不是"中庸"的"中"。如果应当手脚生茧勤苦而作，那么手脚生茧就叫做中；如果应当闭门不出，那么闭门不出就叫做中。权衡拿来做解释，就好比是秤锤的意思。什么东西可作为权衡呢？那就是普遍通行于天下的大义和因时而变的时宜。只能说到大义这里，大义以上的道理更难解说，就在于每个人自己如何领会了。

65.《春秋》传①为案，经为断。（本注：程子又云：某年二十时看《春秋》，黄聱隅②问某如何看，某答曰：以传考经之事迹，以经别传之真伪。）

——《二程遗书》卷十五

【注释】①传：指《春秋》三传：《左氏传》、《公羊传》、《谷梁传》。②黄聱隅：黄晞，字景微，自号聱隅子，福建建安人，北宋著名学者、道学家。

【译文】《春秋》传文如同案宗，《春秋》本经如同评断。（本注：程颐又说：我二十岁时读《春秋》，黄晞问我如何读此书，我回答说：用传文去考察本经记载的事迹，用本经去辨别传文内容的真假。

66.凡读史，不徒要记事迹，须要识其治乱安危、兴废存亡之理。且如读《高帝纪》①，便须识得汉家四百年终始治乱当如何。是亦学也。

——《二程遗书》卷十八

【注释】①《高帝纪》：指《史记·高祖本纪》。

【译文】但凡阅读史书，不光要记住历史事实，还要懂得其中治乱安危、兴衰存亡的道理。比如读《史记·高祖本纪》，就应该明白汉朝四百年从头至尾的平治和动乱应该如何评价。这也是学习啊！

67.先生每读史到一半，便掩卷思量，料其成败，然后却看。有不合处，又更精思。其间多有幸而成，不幸而败。今人只见成者便以为是，败者便以为非，不知成者煞有不是，败者煞有是底。

——《二程遗书》卷十九

【译文】程颐先生每每研读史书到一半的时候，就合起书本思考，预料其中的成功与失败，然后再看书。书中有和自己预料不符合的地方，他又更进一步深入思考。历史中有很多侥幸成功和不幸失败的事件。今天的人只要看到成功的就以为是对的，看到失败的就以为是错的，不知道成功的也确实有不对的地方，失败的也确实有对的地方。

68.读史须见圣贤所存治乱之机,贤人君子出处进退,便是格物。

——《二程遗书》卷十九

【译文】研读史书应当看出圣贤心存的天下治乱的先机,以及贤人君子出入进退、出仕退隐的作风,这就是穷究事理的"格物"。

69.元祐①中,客有见伊川者,几案间无他书,惟印行《唐鉴》②一部。先生曰:近方见此书。三代以后,无此议论。

——《二程外书》卷十二

【注释】①元祐:宋哲宗年号。②《唐鉴》:宋代古文书籍,范祖禹撰,吕祖谦注,并分为二十四卷。

【译文】元祐年间,有位客人去拜见程颐,看到他的书案上没有其他的书,只有印行的《唐鉴》一部。程颐先生说:近来才看到这部书。自夏商周三代以后,再也没有听到过这样的议论了。

70.横渠先生曰:《序卦》①不可谓非圣人之蕴。今欲安置一物,犹求审处,况圣人之于《易》?其间虽无极至精义,大概皆有意思。观圣人之书,须遍布细密如是。大匠岂以一斧可知哉?

——张载《横渠易说·序卦》

【注释】①《序卦》：《易传》中说明六十四卦排列次序的篇名，《十翼》之一。

【译文】张载先生说：《序卦》不可说不是圣人之意的蕴积。今天要想安置一个东西，尚且要寻求审视合适的位置，何况圣人排列《周易》各卦的位置呢？《序卦》中虽然没有穷极到义理最为精深之处，大体上说都有其涵义。看圣人的书，应该像这样遍布全面、细致严密。能工巧匠怎么能仅仅从他砍削一斧头上面看出来呢？

71.天官之职①，须襟怀洪大，方看得。盖其规模至大，若不得此心，欲事事上致曲穷究，凑合此心，如是之大，必不能得也。释氏锱铢天地②，可谓至大，然不尝为大，则为事不得。若畀③之一钱，则必乱矣。又曰：太宰④之职难看，盖无许大心胸包罗，记得此，复忘彼。其混混天下之事，当如捕龙蛇、搏虎豹，用心力看方可。其他五官⑤便易看，止一职也。

—— 张载《横渠语录》

【注释】①天官之职：与后文"太宰之职"都指《周礼》第一篇《天官冢宰》。周代官制，朝廷分设六官，以天官冢宰居首，总理治国大事，统御百官。②锱铢天地：佛家宇宙观之一，指锱铢那样细微的事物中包含有天地那样宏大的事物。锱铢，都为古时极小的计量单位。③畀：给与。④太宰：西周官名，亦称大宰或大冢宰，冢宰的首领。⑤五官：指《周礼》中除《天官冢宰》的其余五篇：《地官司徒》《春官宗伯》《夏官司马》《秋官司寇》《冬官考工》。

【译文】《周礼》中讲到天官这个官职，需要有宽广的胸襟，才能看这一部分。因为它的气势极为宏大,如果没有这样的心胸,想要在每件事的细节之上曲折往复、考究穷尽,集中心力,那么像这么崇大的气度,一定不能体会得到。像佛家认为的锱铢之微含容天地之大,可以说是极为宏大了,然而他们却未曾做过那么宏大的事情,所以处事不能有所成就。如果给他们一钱那么大的事,他们一定就乱了。又说:《周礼》中讲到太宰这个官职,这一部分不容易看,因为如果没有极大的心胸去容纳包罗,就会记着这里,又忘了那里。那些纷纷杂杂的天下大小之事,应该像捕捉龙蛇、搏斗虎豹一样,用尽自己的心力去看才可以。《周礼》中以五种官职命名的其他五篇就容易看了,因为它们各自只涉及一种官职。

72.古人能知《诗》者惟孟子,为其以意逆志①也。夫诗人之志至平易,不必为艰险求之。今以艰险求《诗》,则已丧其本心,何由见诗人之志?(本注:诗人之性情温厚,平易老成,本平地上道著言语。今须②以崎岖求之,先其心已狭隘了,则无由见得。诗人之情本乐易③,只为时事拂着他乐易之性,故以诗道其志。)

——张载《经学理窟·诗书》

【注释】①以意逆志:此指以作品立意推求作者心志。②须:却。③乐易:和乐平易。

【译文】古人中能懂得《诗经》的只有孟子,因为他是根据作品的立意去探究诗人的心志。诗人的心志是至为平易的,不必当作艰深难懂的东西去推求。现在以艰深难懂之意推求《诗经》,就已经丧失了自己的本心,还怎么能明见诗人的心志?(本注:诗人的性情是温厚、平易、老成的,本来就像站在平地上说话一样。现在却以艰深险峻之意去推求它,自己内心就已经先狭隘了,那就无法体会到诗人之志。诗人的情感本来是和乐平易的,只是因为时下之事触动了他和乐平易的心性,所以写诗抒发其心志。)

73.《尚书》难看,盖难得胸臆①如此之大。只欲解义,则无难也。

——张载《经学理窟·诗书》

【注释】①胸臆:胸怀,气度。

【译文】《尚书》之所以难读,是因为常人难有那么宏大的胸襟气度。如果只想理解它的字面含义,就没有什么难的了。

74.读书少,则无由考校得义精。盖书以维持此心。一时放下,则一时德性有懈。读书则此心常在,不读书则终看义理不见。

——张载《经学理窟·义理》

【译文】读书少,就无法将义理考究校正精详。因为读书可以维护守持自心的修养。一时放下书本,一时就在德性修养上有所懈怠。常常读书,自己心性的涵养就一直都有;不读书,则终究也无法体悟圣贤义理。

75.书须成诵。精思多在夜中,或静坐得之。不记则思不起。但通贯得大原①后,书亦易记。所以观书者,释己之疑,明己之未达,每见每知新益,则学进矣。于不疑处有疑,方是进矣。

—— 张载《横渠语录》

【注释】①大原:根源,本原。

【译文】读书应该读到可以背诵。精微的思考大多在夜里,有时通过静坐可以体悟到道理。读书而不熟记,思考就很难产生。而只要贯通了书的根源,书的内容也很容易记下。人看书的目的,就是为了解释自己的疑惑,弄清自己原来不懂的东西,如果每次读书每次就能明白新的益处,那么自己修学就有进步了。在一般没有疑问的地方能够发出疑问,这才是进步。

76.六经须循环理会,义理尽无穷。待自家长得一格①,则又见得别②。

—— 张载《横渠语录》

【注释】①格:层次,等级。②别:此指不同之处,新意。

【译文】六经需要循环往复地琢磨体会,其义理无穷无尽。等到自己修学提高一个等级,就会又看出新的义理。

77.如《中庸》文字辈①，直须②句句理会过，使其言互相发明。

——张载《横渠语录》

【注释】①辈：等，类。②直须：就该，正应。

【译文】像《中庸》这样的文字，就该句句都理解体会过去，使前后文字互相对照，阐明义理。

78.《春秋》之书，在古无有，乃仲尼所自作，惟孟子能知之。非理明义精，殆未可学。先儒未及此而治之，故其说多凿①。

——张载《横渠语录》

【注释】①凿：穿凿附会。

【译文】《春秋》这部书，在上古的时候是没有的，是孔子自己创作的，只有孟子能理解通达。不是道理明达、义旨精熟，必定是不能学习的。前代的儒者没有达到这种程度就去研究，所以他们的说法多有穿凿附会之处。

卷四 存 养

1.或问：圣可学乎？濂溪先生曰：可。有要乎？曰：有。请问焉。曰：一①为要。一者，无欲也，无欲则静虚动直②。静虚则明，明则通；动直则公，公则溥③。明通公溥，庶矣乎。

——周敦颐《通书·圣学》

【注释】①一：凝定专一。②静虚动直：静中清虚，动中正直。③溥：广大周遍。

【译文】有人问：圣人境界可以通过学习达到吗？周敦颐说：可以。问：有要点吗？周敦颐说：有。此人向周敦颐请教这个要点。周敦颐说：凝定专一就是要点。凝定专一就是心无欲念，心无欲念就可以在静中清虚而在动中正直了。静中清虚无为就会明达，明达就能通彻；动中正直就能尽公，尽公就能广大。明达、通彻、尽公、广大，这样差不多就是圣人境界了。

2.伊川先生曰：阳始生甚微，安静而后能长。故《复》之《象》曰：先王以至日①闭关②。

——《程氏易传·复传》

【注释】①至日：冬至日。②闭关：封闭关门。
【译文】程颐先生说：复卦一阳刚刚产生于下，非常微弱，要安于宁静而后才能进一步长养。所以《周易·复卦》的象辞说：古代的圣王在冬至日这天封闭关门，禁止出行。

3.动息节宣①，以养生也；饮食衣服，以养形也；威仪行义，以养德也；推己及物，以养人也。

——《程氏易传·颐传》

【注释】①动息节宣：行动和止息都有所节制调适而使气不散漫壅闭。
【译文】行动静止调节气息，以此来养人生命；饮食入口衣服遮身，以此来养人形体；仪容庄严践行大义，以此来养人德行；以己之心推他之意，以此来涵养人性。

4."慎言语"以养其德，"节饮食"以养其体。事之至近而所系至大者，莫过于言语饮食也。

——《程氏易传·颐传》

【译文】"言语谨慎"来涵养自己的品德，"饮食有节"来长养自己的身体。事物中与自己最切近而关系最大的，没有超过言语和饮食的了。

5."震惊百里,不丧匕鬯①。"临大震惧,能安而不自失者,惟诚敬而已,此处震之道也。

——《程氏易传·震传》

【注释】①匕鬯:匕,勺子。鬯,秬麦酿的香酒。匕鬯指古祭祀宗庙时所用的器具。

【译文】"雷霆震响惊动百里之远,有的人用勺子盛着香酒,一点都没有弃洒。"面临大的震动恐惧之事,能够使人安定下来而不迷乱的,只有诚敬而已,这是应对震惧之事的方法。

6.人之所以不能安其止①者,动于欲②也。欲牵于前而求其止,不可得也。故艮之道当"艮③其背",所见者在前,而背乃背之,是所不见也。止于所不见,则无欲以乱其心,而止乃安。"不获其身",不见其身也,谓忘我也。无我则止矣。不能无我,无可止之道。"行其庭,不见其人。"庭除④之间至近也,在背则虽至近不见,谓不交⑤于物也。外物不接,内欲不萌,如是而止,乃得止之道,于止为无咎也。

——《程氏易传·艮传》

【注释】①安其止:安于所止之处。②动于欲:被欲望所引动。③艮:止。④庭除:大厅前台阶下的院子。⑤交:交接。

【译文】人之所以不能安于他所静止的地方，是被欲望所引动。欲望在前面牵引着，而想要求得静止，是做不到的。所以艮卦的道理是应当"止于背后"，因为人能看到的景象在前面，而背后却与之相背，所以看不到背后的景象。如果心念静止在看不见的地方，就没有欲念来扰乱内心，所以就可以安于所止的地方了。"不获其身"，就是看不见自己的身体，就是所谓的"忘我"。无我才能凝定止息，不能做到无我，就没有凝定止息的道理。"在庭院间行走，看不到人。"庭院台阶之间距离很近，但如果是背对着，那么即使再近也看不见，因为自己的视线与景物没有交接。倘若对外不与外物交接，内心不萌动欲念，这样做到凝定止息，是获得"止"的正确方法，如此处于"止"的境界也可说是"没有过失祸患"了。

7.明道先生曰：若不能存养①，只是说话。

——《二程遗书》卷一

　　【注释】①存养：存心养性，即留存本心、涵养德性。
　　【译文】程颢先生说：如果不能留存本心、涵养德性，讲论圣贤之道也不过是普通说话而已。

8.圣贤千言万语，只是欲人将已放①之心，约之使反复②入身来，自能寻向上去，"下学而上达③"也。

——《二程遗书》卷一

【注释】①放：放逸。②反复：再次返回。③下学而上达：学习普通的人情事理，领悟高深的圣贤大道。

【译文】圣贤说的千言万语，只是想让人将已经放逸出去的心，收束了让它再回到自己身体中，这样自然能够寻求进入更高的境界，就是孔子说的"学习人情事理，领悟圣贤大道"。

9.李吁①问：每常遇事，即能知操存②之意。无事时如何存养得熟？曰：古之人，耳之于乐，目之于礼，左右起居，盘盂几杖③，有铭有戒④，动息皆有所养。今皆废此，独有理义之养心耳。但存此涵养意，久则自熟矣。"敬以直内"是涵养意。

——《二程遗书》卷一

【注释】①李吁：字端伯，宋代缑氏（今属偃师）人，二程门人，曾记录二程言语作为一编，名《师说》。②操存：操持存养。③盘盂几杖：盘盂，圆盘和方盂，盛物的器皿。几杖，坐几和手杖，古时为老者所用之物。④有铭有戒：铭，中国古代铸刻在器物上用以记述生平、称颂功德或警戒自己的文字。戒，警戒、告戒的文字。

【译文】李吁问：时常遇到事务，就能知道操持存养自心德性的义理。没有事务的时候，怎么使存养自心的功夫纯熟呢？程颢说：古时的人，耳朵接受乐曲的熏陶，眼睛观察礼法的规则，日常生活中左右活动、动静起居，在圆盘方盂、坐几手杖这些器具上，都铸刻着铭文训诫，所以在活动和止息之间都能涵养心性。现在这些都已废弃没有了，只剩下理、义的学问可以涵养自心。只要有涵养自己心性的意念，时间久了涵养的功夫自然纯熟了。《周易》上说的"诚敬以使内心正直",就是涵养德性的意思。

10.吕与叔^①尝言,患思虑多,不能驱除。曰:此正如破屋中御寇^②,东面一人来未逐得,西面又一人至矣。左右前后,驱逐不暇。盖其四面空疏,盗固易入,无缘^③作得主定^④。又如虚器入水,水自然入。若以一器实之以水,置之水中,水何能入来?盖中有主则实,实则外患不能入,自然无事。

——《二程遗书》卷一

【注释】①吕与叔:吕大临,二程弟子。②御寇:抵御抗击贼寇。③无缘:无由,无从。④作得主定:指作为主人安定于其中。

【译文】吕大临曾经说,他忧患的是思虑过多,不能驱除。程颢说:这正如同在一件破屋子中抵御抗击贼寇,东边来了一个贼寇还没有驱除,西边又来了一个贼寇。这样前后左右,贼寇四面驱赶不及。因为破屋子四面墙壁破败空洞,盗贼原本就容易进入,所以主人在其中很难作主安定下来。又比如把空的容器放入水中,水自然流进去。而如果拿一个本来就盛满水的容器,把它放入水中,水怎么能流进去呢?大概事物之中有了作主之物就充实了,充实了外界的干扰患乱就不能侵入,自然也就平安无事。

11.邢和叔^①言:吾曹^②常须爱养精力,精力稍不足则倦,所临事皆勉强而无诚意。接宾客语言尚可见,况临大事乎?

——《二程遗书》卷一

【注释】①邢和叔:邢恕,字和叔,郑州原武人,早年随从二程修学。②吾曹:我辈,我们。

【译文】刑恕说:我们应该常常爱惜保养自己的精力,精力稍有不足就会感到疲倦,处理事务时尽管都是勉力而为却又缺乏诚意。从接待宾客的言语上就能看出这一点了,何况是应对大事呢?

12. 明道先生曰:学者全体此心①。学虽未尽,若事物之来,不可不应。但随分限②应之,虽不中,不远矣。

——《二程遗书》卷二上

【注释】①全体此心:保全本善之心。②分限:本分。

【译文】程颢说:学道的人应该要保全自己本善之心。修学即使还没有穷尽,如果有各种事物到来,也不可以不去应对。只要尽自己本分去应对,这样即使不够完美,也离得不远了。

13. "居处恭,执事①敬,与人忠。"此是彻上彻下语。圣人元无二语。

——《二程遗书》卷二上

【注释】①执事:做事,处理事务。

【译文】"日常起居要恭顺,处理事务要诚敬,与人交往要忠信。"这是贯通上下学问的话。除此圣人原本就没有说过别的话。

14.伊川先生曰：学者须敬守此心，不可急迫。当栽培①深厚，涵泳于其间，然后可以自得。但急迫求之，只是私己，终不足以达道。

——《二程遗书》卷二上

【注释】①栽培：此指义理的栽植培育。

【译文】程颐先生说：学道的人应该诚敬守持自己的心，不可急迫求学。当内心的义理培植深厚了，再潜心涵养其间，然后就可以自己体悟到圣贤之道。只是急迫地去追求学问，不过是一己私心，终究不足以达到圣贤之道。

15.明道先生曰："思无邪"，"毋不敬"，只此二句，循而行之，安得有差？有差者，皆由不敬不正也。

——《二程遗书》卷二上

【译文】程颢先生说："思想纯正无邪"，"内心毫无不敬"，只这两句话，照着去做，怎么会有偏差？有偏差，都是因为不诚敬、不中正。

16.今学者敬而不自得，又不安者，只是心生①，亦是太以敬来做事得重，此"恭而无礼则劳"也。恭者，私为恭之恭也。礼者，非体②之礼，是自然底道理也。只恭而不为自然底道理，故不自在也。须是恭而安。今容貌必端，言语必正者，非是道独善其身,要人道如何,只是天理合如此,本无私意,只是个循理而已。

——《二程遗书》卷二上

【注释】①心生:指恭敬之心比较生疏,没有纯熟。②体:身体,形体。

【译文】今天学道的人学习恭敬自己却没有收获,又不能心安,只是因为恭敬之心不够纯熟,也是太过严重地以恭敬的要求去做事了,这就是孔子说的"只是外在表现得恭敬而内心没有礼的融入,这样做事就会劳心费神"。这里说的恭敬,是私下刻意在人前表现恭敬的那种恭敬。这里说的礼,不是身体仪容上表现出来的礼,而是贯穿于万事万物的自然的道理。只是表现恭敬而不去实行自然的道理,所以会不自在,应该要做到恭敬而且心安。今天说的容貌一定要端庄、言语一定要中正,不是说让人独善其身,要他人如何去评价自己,只是上天之理本应如此,本来就没有私意,只是依循上天之理而行而已。

17.今志于义理而心不安乐者,何也?此则正是剩一个"助之长①"。虽则心操之则存,舍之则亡,然而持之大甚,便是"必有事焉"而正之也。亦须且恁去②,如此者只是德孤。"德不孤,必有邻",到德盛后,自无窒碍,左右逢其原③也。

——《二程遗书》卷二上

【注释】①助之长：指揠苗助长，急于求成。②恁去：那样去做。③原：同"源"。

【译文】今天的人有志于学习义理而不能安心快乐是什么原因呢？这正是遗留了一个揠苗助长、急于求成的毛病。虽然人的本善之心操持就会保全，舍弃就会消亡，然而操持得太紧切，就是孟子说的"好像随时一定会有事"这样的态度来养正自心。虽然如此，也还是应该这样去做，这样做只是会让自己修养德行变得孤单。《论语》中说："一个修养德行的人是不会孤单的，一定会有志同道合的人与他为邻为伴。"等到德行修养的盛大崇高以后，自然没有了窒塞障碍，就能够左右逢源了。

18.敬而无失，便是"喜怒哀乐未发谓之中"。敬不可谓中，但敬而无失，即所以中也。

——《二程遗书》卷二上

【译文】保持诚敬而无间断，就是《中庸》所说的"喜怒哀乐种种情绪还没有发作叫做中"。诚敬不可以称作中，但保持诚敬而无间断，所以就能做到中。

19.司马子微①尝作《坐忘论》，是所谓坐驰②也。

——《二程遗书》卷二上

【注释】①司马子微：司马承祯，字子微，法号道隐，自号白云子，唐代河内温县人,道教上清派第十二代宗师,"仙宗十友"之一。②坐驰:指身体安坐不动,内心杂念纷驰。

【译文】司马承祯曾经写了《坐忘论》,他说的"坐忘"就是所谓的"坐驰"。

20.伯淳昔在长安仓中闲坐,见长廊柱,以意数之,已尚不疑。再数之,不合。不免令人一一声言数之,乃与初数者无差。则知越著心把捉①,越不定。

——《二程遗书》卷二上

【注释】①著心把捉:刻意捉摸把握。

【译文】程颢从前在长安县仓中闲坐,看见长廊下面的柱子,有意数了一遍,数完还没有怀疑准确与否。又数了一遍,和第一次数的数字不一致。他不免让人一个个出声念着数过,结果和第一次数的相同。从这里就知道越是刻意去捉摸,就越捉摸不定。

21.人心作主不定,正如一个翻车,流转动摇,无须臾停,所感万端。若不做一个主,怎生奈何?张天祺①昔尝言:自约数年,自上著床,便不得思量事。不思量事后,须强把他这心来制缚,亦须寄寓在一个形象,皆非自然。君实②自谓:吾得术矣,只管念个"中"字。此又为"中"所系缚,且"中"亦何形象?有人胸中常若有两人焉,欲为善,如有恶以为之间;欲为不善,又若有羞恶之心者。本无二人,此正交战之验也。持其志，使气不能乱，此大可验。要之③圣贤必不害心疾。

——《二程遗书》卷二下

【注释】①张天祺：张戬，字天祺，北宋时关中鄠县人，张载之胞弟。②君实：司马光，字君实。③要之：要而言之，总之。

【译文】人的内心如果没有主宰就无法安定，正如同一个水车，流转摇动，片刻不停，交感外物也是端绪万千。如果没有一个东西作主，怎么能行呢？张戬以前曾说：自己约定好几年了，自上床之后，就不能再思考事情。如果不再思考事情，却强行把他的心制约束缚，也要把心寄托依附于某个有形有象的事物，这都不符合自然之道。司马光自己说：我找到养心的方法了，就是心中只管念一个"中"字。这又是被"中"束缚了，况且"中"是什么形象呢？有的人心胸之中常常好像有两个人一样，他想要做善事，好像有个恶念拦在中间；他想要做不善的事，又好像萌生了羞耻厌恶之心。本来没有这两个人，这正是善恶交战的征验啊！守持自己的心志，使自己的心气不能动乱，这大可以作为心中有主与否的征验。总而言之，圣贤一定不会患上内心无主的心病。

22.明道先生曰：某写字时甚敬，非是要字好，只此是学。

——《二程遗书》卷三

【译文】程颢先生说：我写字时十分恭敬，不是为了把字写好，只是因为这样才是求学的态度。

23.伊川先生曰：圣人不记事，所以常记得；今人忘事，以其记事。不能记事，处事不精，皆出于养之不完固。

——《二程遗书》卷三

【译文】程颐先生说：圣人不刻意记事，所以常常记得事；今天的人容易忘事，因为他们刻意记事。不能记住事，以及处理事务不够精细，都是出于涵养自心不够全面稳固的原因。

24.明道先生在澶州①日，修桥，少一长梁，曾博求之民间。后因出入，见林木之佳者，必起计度之心。因语以戒学者：心不可有一事。

——《二程遗书》卷三

【注释】①澶州：今河南濮阳。

【译文】程颢先生在澶州的时候，修筑桥梁少了一根长梁，他曾在民间广泛寻求。后来因事外出，看到林间树木长得好的，一定生起计较度量之心。他因此告诫学道的人：内心不可以执著于任何一件事物。

25.伊川先生曰：入道莫如敬。未有能致知而不在敬者。今人主心不定，视心如寇贼而不可制，不是事累心，乃是心累事。当知天下无一物是合①少得者，不可恶②也。

——《二程遗书》卷三

【注释】①合：应该。②恶：厌恶。

【译文】程颐先生说：初入圣贤之道的方法，没有比得上恭敬的了。不存在能够穷尽知识学问而没有恭敬之心的人。今天的人心中无主不能安定，把心看作不可制伏的贼寇，这不是外界事物牵累了自心，而是自心牵累了外界事物。应当知道，天下没有任何一件事物是本来就应该不存在的，所以不可以厌恶外界事物。

26.人只有一个天理，却不能存得，更做甚人也？

——《二程遗书》卷十八

【译文】人的本原只有一个上天之理，却不能留存持守，还做什么人呢？

27.人多思虑，不能自宁，只是做他心主不定。要作得心主定，惟是止于事，"为人君止于仁"之类。如舜之诛四凶①，四凶已作恶，舜从而诛之，舜何与②焉？人不止于事，只是揽他事，不能使物各付物③。物各付物，则是役物；为物所役，则是役于物。有物必有则，须是止于事。

——《二程遗书》卷十五

【注释】①四凶：指共工、驩兜、三苗、鲧。②何与：何如，何干。③物各付物：指事物到来则相应处理，事物过去也不留于心。

【译文】人内心多有思虑，自己不能宁定，只是因为想要做自己内心的主宰而不能确定。要想使心中有主能够宁定，只有把心念集中在某件事上，如《大学》所说"作为君主应当集中于仁德"之类。比如舜制伏了"四凶"，是"四凶"已经造作恶行在先，舜因而制伏了他们，这与舜有什么关系呢？人的心念不集中在目前的事物之上，而只是兜揽其他事物，就不能做到物来则应、物去不留。能够做到物来则应、物去不留，就是自心役使外物。如果被外物驱使，就是自心役使于外物。有事物存在就一定有相应的原理准则，就是自心应该要集中在目前事物之上。

28.不能动人，只是诚不至。于事厌倦，皆是无诚处。

——《二程遗书》卷五

【译文】不能感动他人，只是因为真诚心还不够。对于外界事物感到厌倦，都是缺乏真诚心的体现。

29.静后见万物自然皆有春意。

——《二程遗书》卷六

【译文】内心宁静而后看见万物自然都带有春意。

30.孔子言仁，只说"出门如见大宾，使民如承大祭"。看其气象，便须心广体胖①，动容周旋中礼自然，惟慎独便是守之之法。圣人修己以敬，以安百姓，笃恭②而天下平。惟上下一于恭敬,则天地自位,万物自育,气无不和,四灵③何有不至?此"体信达顺"④之道,聪明睿智皆由是出,以此事天飨帝⑤。

——《二程遗书》卷六

【注释】①心广体胖:人的心胸宽广,体貌自然舒泰安详。②笃恭:纯厚恭敬。③四灵:《礼记》中称麟、凤、龟、龙为"四灵"。④体信达顺:体认诚信,达于顺应天理之境。⑤事天飨帝:事奉上天,祭享上帝。

【译文】孔子谈仁,只说"出了大门就如同见到贵宾,役使百姓如同举行大祭"。看到那种气象,就应该心胸宽广、体貌安舒,举止仪容、进退往来都合乎礼法的自然之道,而只有慎独是守持它的方法。圣人修养自己做到恭敬,以此来使百姓安定,修养纯厚恭敬而使天下太平。只有上层与下层的人都一贯修养自己的恭敬心,那么天地自然各在本位,万物自然生发化育,四方之气没有不和谐的,麟凤龙龟"四灵"怎么会不到来呢?这是"体认诚信,达于顺应天理之境"的方法,聪明睿智都从这里生出。应该用这样的方法去事奉上天、祭享上帝。

31.存养熟后,泰然行将去,便有进。

——《二程遗书》卷六

【译文】将自己的心性保全涵养纯熟之后,泰然自若地落实到行为上,学道就会有进步。

32.不愧屋漏①,则心安而体舒。

——《二程遗书》卷六

【注释】①屋漏:房间西北角,指人所不见的暗处。
【译文】在室内人所不见的地方也能无愧于心,就可以使自心安宁、身体宽舒。

33.心要在腔子里。

——《二程遗书》卷七

【译文】心要收摄在自己身躯之中。

34.只外面有些隙罅①,便走了。

——《二程遗书》卷七

【注释】①罅隙:裂缝,缝隙。
【译文】只要外面开了一点点缝隙,心就向外奔驰走了。

35.人心常要活,则周流无穷,而不滞于一隅。

——《二程遗书》卷五

【译文】人的心要常常灵活自主,才能周遍流布无穷无尽,而不停滞在某一个角落里。

36.明道先生曰：天地设位，而易行乎其中。只是敬也，敬则无间断。

【译文】程颢先生说：天地确立各自的位置，而《周易》之理就通行于其中。这只是一个诚敬，保持诚敬就没有间断。

37."毋不敬"，可以对越上帝。

——《二程遗书》卷十一

【注释】①对越：答谢颂扬，祭享上天。

【译文】做到"对待一切没有不恭敬的"，就可以称颂祭享上帝。

38.敬胜百邪。

——《二程遗书》卷十一

【译文】诚敬之心能够战胜百千邪念。

39."敬以直内，义以方外"，仁也。若以敬直内，则便不直矣。"必有事焉而勿正"，则直也。

——《二程遗书》卷十一

【译文】"恭敬以使内心正直，守义以使行为规范"，这是仁。如果拿恭敬去把内心变正直，那就做不到正直了。"一定要专门培养自己的气质而不知停止"，这就是正直。

40.涵养吾一。

——《二程遗书》卷十五

【译文】涵养我凝定专一的本性。

41.子在川上曰："逝者如斯夫！不舍昼夜。"自汉以来，儒者皆不识此义。此见圣人之心，纯亦不已也。纯亦不已，天德也。有天德便可语王道，其要只在慎独。

——《二程遗书》卷十四

【译文】孔子站在河边说："逝去的就像这流水一样，日夜奔流没有止境。"自汉朝以来，儒者都没有明白这句话的真义。这句话可以看出，圣人的心，纯粹也是流转不停的。纯粹是流转不停，是上天之德。有了上天之德就可以谈论为王之道，其关键只在于要慎独。

42."不有躬①，无攸利②。"不立己，后虽向好事，犹为化物③，不得以天下万物挠④己。己立后，自能了当⑤得天下万物。

——《二程遗书》卷六

【注释】①不有躬：指因徇私欲而丧失身心自主的权利。②无攸利：没有什么利益。③化物：化于物，指被外物所同化。④挠：扰乱。⑤了当：了办，安排妥当。

【译文】"因徇私欲而丧失身心自主，是没有什么好处的事。"人不能自立自主，后来尽管向好的方面做事，仍然被外物所化，不免被天下万物扰乱了自心。人能自立自主以后，自然能将天下万事万物安排妥当。

43.伊川先生曰：学者患心虑纷乱，不能宁静，此则天下公病。学者只要立个心，此上头尽有商量①。

——《二程遗书》卷十五

【注释】①尽有商量：指学道尽可以有进步的空间余地。

【译文】程颐先生说：学道的人担忧心思纷乱，不能宁静，这是天下学道人的通病。学道的人只要安立自心、使心有主，在此之上求学问道尽可以有进步的空间。

44.闲邪①则诚自存②，不是外面捉一个诚将来存著。今人外面役役③于不善，于不善中寻个善来存著，如此则岂有入善之理？只是闲邪则诚自存。故孟子言性善皆由内出，只为诚便存，闲邪更著甚工夫？但惟是动容貌，整思虑，则自然生敬，敬只是主一④也。主一则既不之东，又不之西，如是则只是中；既不之此，又不之彼，如是则只是内。存此则自然天理明。学者须是将"敬以直内"涵养此意，直内是本⑤。（本注：尹彦明曰：敬有甚形影？只收敛身心，便是主一。且如人到神祠中致敬时，其心收敛，更著不得毫发事，非主一而何？）

——《二程遗书》卷十五

【注释】①闲邪：防止邪念滋生。②诚自存：真诚之心自然得以保存。③役役：劳苦不息、奔走钻营的样子。④主一：专主于一。⑤本：根本。

【译文】防范邪念滋生，真诚心就自然得以保存，不是从外面捕捉了一个"诚"存在内心。今天的人在外面奔走钻营做不好的事情，却在不善中找了个"善"存在内心，这样哪有进入善道的道理呢？只要防止邪念滋生，那么真诚心就自然得以保存，所以孟子谈到"性本善"的"善"都是从内心生出的，只是做到真诚，真诚就自然存留于心了，还要下功夫防止邪念滋生做什么？也只有整理容貌、理顺思虑，就自然能生起恭敬心了。恭敬不过是自心专主于一。专主于一就既不向东去，又不向西去，这样就只停留在中间；既不到这里来，又不到那里去，这样就只停留在内部。心中存有这样的道理，那么上天之理自然会明晓。学道的人应该用"恭敬以使内心正直"来涵养这个义理，使内心正直是根本。（本注：尹焞说：恭敬有什么形象光影吗？只不过收敛自己的身心就是专主于一。就像人到神祠中向神致敬时，他的内心收敛起来，更容不下一根头发那么微小的事。这不是专主于一是什么？）

45.闲邪则固一①矣，然主一则不消言闲邪。有以一为难见，不可下工夫，如何？一者无他，只是整齐严肃，则心便一。

一则自是无非僻②之干③。此意但涵养久之，则天理自然明。

——《二程遗书》卷十五

【注释】①固一：使心念更加专一。②非僻：邪僻，邪恶。③干：干扰。

【译文】防止邪念滋生就能使心念更加专一，然而如果内心能专主于一就不需要说防止邪念了。有的人认为"一"很难理解认知，也没有办法去下功夫，这种说法怎么样呢？其实"一"没有别的意思，只是做到整齐严肃，内心就能专"一"了。专"一"就自是没有邪僻之事的干扰了。这个道理只要涵养得久了，那么上天之理自然就会明晓。

46.有言：未感①时，知何所寓②？曰："操则存，舍则亡，出入无时，莫知其乡③"，更怎生寻所寓？只是有操而已。操之之道，敬以直内也。

——《二程遗书》卷十五

【注释】①感：交感，感应。②寓：寄寓，寄托。③乡：通"向"，方向，去向。

【译文】有人说：心与外境没有感应之时，怎么知道它寄寓在什么地方呢？程颐说："孔子说"操持本心就可留存它，舍弃本心就会失去它，心的出入没有一定的时间，也不知道它要去向何处"，又怎么能寻找到它寄寓的地方呢？只是要操持本心之善。操持的方法，就是

"恭敬而使内心正直"。

47.敬则自虚静,不可把虚静唤做敬。

——《二程遗书》卷十五

【译文】恭敬之至就自然会虚无寂静,但不可以把虚无寂静叫做恭敬。

48.学者先务,固在心志。然有谓欲屏去闻见知思,则是"绝圣弃智①"。有欲屏去思虑,患其纷乱,则须坐禅入定。如明鉴②在此,万物毕照,是鉴之常,难为使之不照。人心不能不交感万物,难为使之不思虑。若欲免此,惟是心有主。如何为主?敬而已矣。有主则虚,虚谓邪不能入;无主则实,实谓物来夺之③。大凡人心不可二用,用于一事,则他事更不能入者,事为之主也。事为之主,尚无思虑纷扰之患,若主于敬,又焉有此患乎?所谓敬者,主一之谓敬。所谓一者,无适④之谓一。且欲涵泳主一之义,不一则二三矣。至于不敢欺,不敢慢,"尚不愧于屋漏",皆是敬之事也。

——《二程遗书》卷十五

【注释】①绝圣弃智:出自《老子》,意为弃绝智慧聪明,返归天真纯朴。②鉴:镜子。③物来夺之:心为外物所夺,指心徇物欲而动。④无适:不放逸驰散。适,去,往。

【译文】学道的人的首要任务，原本就在持守心志。但是有的人说想要摒弃耳闻眼见、知识思想，这就是道家的"绝圣弃智"了。有的想要摒弃思虑，担忧它纷乱扰心，认为就该学习佛家的坐禅入定。比如有一面明镜在这里，万物都能照出来，这是镜子本来的功能，难道要让它不照物体吗？人心也是不能不与万物交感，难道要让心不去思虑吗？如果想要免除这些错误，只有内心有主。怎么样在内心中作主呢？只有恭敬而已。心有主就虚灵，虚灵就是说邪物不能侵入。心无主就满实，满实就是说心徇物欲而动。大体上人的心不能二用，心用在一件事上，那么其他的事就无法夹杂进来，这一件事就成了内心之主。一件事成为内心之主，尚且没有思虑纷扰的担忧，如果心主在恭敬上，又怎么会有这样的担忧呢？所说的恭敬，专主于一就叫恭敬。所谓的"一"，就是心念不放逸驰散就叫"一"。暂且要沉潜涵养在"专主于一"的义理之中，不能专主于一就三心二意了。至于不敢欺诳、不敢懈慢、"在室内人不见处尚且无愧于心"，这些都是运用恭敬心的具体事件。

49.严威俨恪①，非敬之道，但致敬须自此入。

——《二程遗书》卷十五

【注释】①严威俨恪：严肃威重，庄严恭敬。

【译文】只是外在的威严庄重，这不是修养恭敬的方法，但要想达到真正的恭敬应该从这里入门。

50."舜孳孳①为善。"若未接物,如何为善?只是主于敬,便是为善也。以此观之,圣人之道,不是但嘿②然无言。

——《二程遗书》卷十五

【注释】①孳孳:同"孜孜"。②嘿:同"默"。

【译文】《孟子》上说"舜孜孜不倦地做善事。"然而如果不与外物交接,怎么做善事呢?只要是内心之主在恭敬上,就是做善事。从这个角度来看,圣人之道,并不是默然无言的。

51.问:人之燕居①,形体怠惰,心不慢者,可否?曰:安有箕踞②而心不慢者?昔吕与叔六月中来缑氏③,闲居中某尝窥之,必见其俨然危坐,可谓敦笃④矣。学者须恭敬,但不可令拘迫⑤,拘迫则难久。

——《二程遗书》卷十八

【注释】①燕居:退朝而处,闲居。②箕踞:两腿舒展而坐,形如簸箕,是一种轻慢无礼的坐法。③缑氏:县名,在今河南省偃师县。④敦笃:敦厚笃实。⑤拘迫:束缚,拘谨。

【译文】问:人在闲居的时候,身体懈怠懒散,内心却不怠慢可以吗?程颐说:哪有伸展两腿如簸箕那样坐着内心却不怠慢的人呢?从前吕大临在六月之中来到缑氏县,他闲居时我曾悄悄看他,每次都见到他庄重恭谨,端身正坐,可以说是敦厚笃实啊!学道之人应该要恭敬,但不可以让他拘谨,拘谨就使恭敬难以保持长久。

52.思虑虽多,果①出于正,亦无害否?曰:且如在宗庙则主敬,朝廷主庄,军旅主严,此是也。如发②不以时,纷然无度,虽正亦邪。

——《二程遗书》卷十八

【注释】①果:果真,确实。②发:指心念思虑的发起。

【译文】问:人的思虑虽然很多,但确实都出于中正无偏的心思,这也没有什么妨害吧?程颐说:就好像在宗庙就主恭敬,在朝廷就主庄重,在军队就主严肃,就是这个道理。如果思虑发起得不合时宜,又纷乱无度,那么即使这些思虑出于中正之心也便成邪的了。

53.苏季明①问:喜怒哀乐未发之前求中,可否?曰:不可。既思于喜怒哀乐未发之前求之,又却是思也。既思即是已发(本注:思与喜怒哀乐一般),才发便谓之和,不可谓之中也。又问:吕学士②言当求于喜怒哀乐未发之前,如何?曰:若言存养于喜怒哀乐未发之前,则可;若言求中于喜怒哀乐未发之前,则不可。又问:学者于喜怒哀乐发时,固当勉强裁抑③。于未发之前,当如何用功?曰:于喜怒哀乐未发之前,更怎生求?只平日涵养便是。涵养久,则喜怒哀乐发自中节。曰:当中之时,耳无闻、目无见否?曰:虽耳无闻、目无见,然见闻之理在始得。贤且说静时如何?曰:谓之无物则不可,然自有知觉处。曰:既有知觉,却是动也,怎生言静?人说"复其见天地之心",皆以谓至静能见天地之心,非也。《复》之卦下面一画,便是动也,安得谓之静?或曰:莫是于动上求静否?曰:固是,然最难。释氏多言定,圣人便言止,如"为人君止于仁,为人臣止于敬"之类是也。《易》之《艮》言止之义曰:"艮其止,止其所也。"人多不能止,盖人万物皆备,遇事时各因其心之所重④者更互而出⑤。才见得这事重,便有这事出。若能物各付物,便自不出来也。或曰:先生于喜怒哀乐未发之前,下动字?下静字?曰:谓之静则可,然静中须有物⑥始得。这里便是难处。学者莫若且先理会得敬,能敬则知此矣。或曰:敬何以用功?曰:莫若主一。季明曰:昞尝患思虑不定,或思一事未了,他事如麻又生,如何?曰:不可,此不诚之本也。须是习,习能专一时便好。不拘思虑与应事,皆要求一。

——《二程遗书》卷十八

【注释】①苏季明:苏昞,字季明,武功(今陕西)人。始学于张载,而事二程卒业。②吕学士:指吕大临。③裁抑:遏止,抑损。④重:偏重,倚重。⑤更互而出:反复交相超出。⑥物:指主宰。

【译文】苏昞问:在喜怒哀乐种种情绪还没有发作之前求"中",可以做到吗?程颐说:不可以。已经在思考在喜怒哀乐没有发作之前求"中",这又是一个思虑。既然是思虑就是"已经发作"了(本注:思考同喜怒哀乐各种情绪一般类比),刚刚发作就称为"和",不可以称作"中"了。又问:吕大临说应该在喜怒哀乐未发之前求"中",这话怎么样呢?程颐说:如果说在喜怒哀乐未发之前存养心性,是可以的;如果说在喜怒哀乐未发之前求"中",就不可以了。又问:学道的人在喜怒哀乐发作出来时,本应尽力遏止抑退。在喜怒哀乐没有发作之时,又应当如何用功呢?程颐说:在喜怒哀乐未发之前,还要怎么要求呢?只在平日里涵养自心就是了。涵养时间久了,那么喜怒哀乐即使发作也都会合乎中道礼节。问:在"中"的境界中,是耳朵听不见声音、眼镜看不到景象吗?程颐说:即使耳朵听不见声音、眼镜看不到景象,然而要有看见、听闻的道理才行。你且说说你在静中是什么样的?回答说:说静中没有事物景象也不对,然而自然就有知觉的功能。程颐说:既然你有知觉,那就是动了,怎么能够说是静呢?人们说《周易》中"从《复卦》可以看出天地造化万物之心",就都说是在极度宁静之中可以体悟到天地造化万物之心,不是这样的。复卦最下面一爻,就是一阳发动了,怎么能说它是静呢?有人说:莫非是在动上求静吗?程颐说:固然是这样,然而动上求静最为困难。佛教多说"定",圣人就说"止",如《大学》上说的"做君主专止在仁德,做臣下专止在恭敬"这类的话就是。《周易》的《艮卦》解释"止"的含义时说"艮就是止,止在它的处所"。普通人大多不能"止",因为人心中万物都具备了,遇到外界事物时都是依循着他心中倚重的地方反复交相超出应有的限度。才觉得这件事重要,就在这件事超出限度了。如果能做到物来则应、物去不留,就自然不会超过限度了。有人问:先生您认为在喜怒哀乐都未发作以前的状态,是动呢?还是静呢?程颐说:说它是静也可以,然而静中要有物象才行。这里就是学道的难点。学道者不如暂且先体认清楚恭敬,能做到恭敬就明白这个道理了。有人问:学习恭敬怎么用功呢？程颐说：没有比得上专主于一的。苏昞说：我曾经担忧自己思虑纷杂不定，有时一件事情还没有思考完，其他的事就如乱麻一样生出来了，这怎么办呢？程颐说：不可以这样，这就是缺乏真诚的根本。应该要修习，修习到能够专一的时候就好了。不局限于思考或处事，都应该求得专一。

54.人于梦寐间，亦可以卜①自家所学之浅深。如梦寐颠倒，即是心志不定、操存不固。

——《二程遗书》卷十八

【注释】①卜：估计，占验。

【译文】人在梦寐之间，也可以占验自己修学的深浅。如果是梦寐颠倒，就是自己的心志不够坚定、操守存养不够稳固。

55.问：人心所系著之事果善，夜梦见之，莫不害否？曰：虽是善事，心亦是动。凡事有朕兆①入梦者却无害，舍此皆是妄动。人心须要定，使他思时方思乃是。今人都由心。曰：心谁使之？曰：以心使心②则可。人心自由，便放去也。

——《二程遗书》卷十八

【注释】①朕兆：预兆，征兆。②以心使心：指以自己的本心去指使心念。

【译文】问：人心牵系着的事情却是善事，晚上做梦梦到了，也没有什么害处吧？程颐说：即使是善事，心也是动了。凡事只要是因征兆而在梦中出现就没有害处，除此之外的做梦都是妄动。人的心应该静定，要它思考时才去思考就对了。今天的人都是任由心思放逸散乱。问：自己的心思由谁来指挥呢？程颐说：以自己的本心去指挥自己的心思就可以了。人的心思如果听任自由，就放逸散乱了。

56."持其志，无暴①其气"，内外交相养也。

——《二程遗书》卷十八

【注释】①暴：伤害，损害。

【译文】《孟子》中说"守持自己的心志，不要损害自己的气"，这是从内外两方面交相涵养自身。

57.问："出辞气①"，莫是于言语上用工夫否？曰：须是养乎中，自然言语顺理。若是慎言语，不妄发②，此却可著力。

——《二程遗书》卷十八

【注释】①出辞气：说话讲究言辞语调。辞气，言辞语气。②发：指发言。

【译文】问：曾子说的"说话讲究言辞语调"，难道不是在言语上下功夫吗？程颐说：应当在自心之中涵养，自然说出的话就顺于正理。如果是谨慎言语，不随便说话，这却可以在言语上用功着力。

58.先生谓绎①曰：吾受气②甚薄，三十而浸③盛，四十、五十而后完④。今生七十二年矣，校⑤其筋骨，于盛年无损也。绎曰：先生岂以受气之薄，而厚为保生邪？夫子默然，曰：吾以忘生徇欲⑥为深耻。

——《二程遗书》卷二十一上

【注释】①绎：张绎，程颐弟子。②受气：禀受上天之气。③浸：逐渐。④完：完整，完备。⑤校：考察，核验。⑥忘生徇欲：不顾生命因徇私欲。

【译文】程颐先生对张绎说：我先天的禀气很稀薄，三十岁才渐渐强盛，四十、五十岁以后才完备起来。今年我七十二岁了，观察自己的筋骨，和盛年时相比没有什么减损。张绎说：先生难道是因为先天禀气稀薄，所以注重养生吗？程颐沉默了一会，说：我把不顾生命一味追求欲望看做是大耻。

59.大率①把捉不定，皆是不仁。

——《二程外书》卷一

【注释】①大率：大体，大概。

【译文】大体上心思把握捉摸不定，都是因为不仁。

60.伊川先生曰：致知在所养，养知①莫过于"寡欲"二字。

——《二程外书》卷二

【注释】①养知：培养智慧学问。

【译文】程颐先生说：求得智慧学问在于要培养，而培养智慧学问没有超过"寡欲"这两个字的。

61.心定者其言重以舒，不定者其言轻以疾。

——《二程外书》卷十一

【译文】心定的人说话稳重而宽舒，心不定的人说话轻率而快速。

62.明道先生曰：人有四百四病①，皆不由自家，则是心须教由自家。

——《二程外书》卷十二

【注释】①四百四病：佛家认为人有四百零四种病，这里泛指人身各种疾病。

【译文】程颢先生说：人有四百零四种病，都是由不得自己的，但是自心应该让它由得自己。

63.谢显道从明道先生于扶沟①。明道一日谓之曰：尔辈在此相从，只是学颢言语，故其学心口不相应，盍若②行之？请问焉。曰：且静坐。伊川每见人静坐，便叹其善学。

——《二程外书》卷十二

【注释】①扶沟：县名，在今河南。②盍若：如何比得上。

【译文】谢良佐追随程颢先生到扶沟县。程颢有一天对他说：你们在这里追随我，只是学了些我的言语，所以你们的修学心和口不能相应，如何比得上去实行呢？谢良佐向程颢请教如何去做。程颢说：且去静坐。程颐每当见到有人修习静坐，就赞叹他好学。

64.横渠先生曰：始学之要，当知"三月不违"与"日月至焉"，内外宾主①之辨，使心意勉勉循循②而不能已，过此几③非在我者。

——张载《横渠文集》

【注释】①内外宾主：指心在内为主（"三月不违"），在外为宾（"日月至焉"）。②勉勉循循：勉勉，力行不倦的样子。循循，有顺序的样子。③几：几乎。

【译文】张载先生说：初学大道的关键，是应当知道"心长久不违于仁德"和"心偶然想到仁德"的内外宾主之分，使自心的意志进取不倦、依次而行却不能停止，超过这个阶段几乎就不是个人能作主的了。

65.心清时少，乱时常多。其清时视明听聪，四体不待羁束而自然恭谨；其乱时反是。如此何也？盖用心未熟，客虑①多而常心②少也，习俗之心未去，而实心③未完也。人又要得刚，太柔则入于不立。亦有人生无喜怒者，则又要得刚，刚则守得定不回，进道勇敢。载则比他人自是勇处多。

——张载《经学理窟·学大原下》

【注释】①客虑：心游于外为客，客虑指纷乱驰散的杂念。②常心：恒常之心。③实心：指义理之心。

【译文】内心清净的时候少，纷乱的时候往往较多。内心清净的时候耳聪目明，身体四肢不需约束就自然做到恭谨；内心纷乱的时候与此相反。这是什么原因呢？因为运用自心还不纯熟，纷杂驰骋的妄念多而恒常之心少，世间习染之心没有除尽而义理之心没有完备。人又需要刚健，太柔和就会导致难以自立。也有的人生来就无喜无怒，那么他更要学得刚健，刚健就会坚定守持而不退回，学道进步勇毅果敢。我自己就比他人勇毅的地方多。

66.戏谑不惟害事，志亦为气所流。不戏谑，亦是持气①之一端。

——张载《横渠语录》

【注释】①持气：守持自身的气。另说应为"持志"。

【译文】开玩笑不仅是对事有害，自己的心志也会受到气的影响而流转动摇。不开玩笑，也是持守自身之气的一个方面。

67.正心之始，当以己心为严师。凡所动作，则知所惧。如此一二年，守得牢固，则自然心正矣。

——张载《经学理窟·学大原上》

【译文】中正自心的开始,应当把自己的心当作一位严师。凡是有所举动,就要谨慎戒惧。这样学一二年,能够守持稳固,那么自心自然就中正了。

68.定,然后始有光明。若常移易不定,何求光明?《易》大抵以艮为止,止乃光明。故《大学》定而至于能虑,人心多①则无由光明。

——张载《横渠易说·大畜》

【注释】①心多:心念纷乱繁杂。

【译文】得定,然后才有光明。如果常常移动改变、不能得定,还求什么光明呢?《周易》大体把"艮"解释为"止",能够做到"止"就可以得到光明。所以《大学》中说由定渐渐到达可以思考的境地,如果人的内心思虑纷乱繁杂,就没有办法得到光明。

69."动静不失其时,其道光明。"学者必时①其动静,则其道乃不蔽昧而明白。今人从学之久,不见进长,正以莫识动静,见他人扰扰,非关己事,而所修亦废。由圣学观之,冥冥悠悠②,以是终身,谓之光明可乎?

——张载《横渠易说·艮》

【注释】①时：懂得时宜，因时而动。②冥冥悠悠：昏昏沉沉。

【译文】《周易·艮卦》上说："动和静不违背其时宜而行，遵循这样的原则就会光明。"学道的人一定要懂得动和静的时宜，那么自己所学的道才可以不障蔽昏昧而明明白白。今天的人学道很久了，却看不见长进，正是因为不懂得动静的时宜，看到他人纷纷扰扰，本来与自己毫不相干，自己也受到影响，而自己所修学的也荒废了。从圣人学问的角度看这些人，就是昏昏沉沉了此一生，把它叫做"光明"可以吗？

70.敦笃虚静者，仁之本。不轻妄，则是敦厚也；无所系阂①昏塞，则是虚静也。此难以顿悟②，苟知之，须久于道实体③之，方知其味。夫仁亦在乎熟之而已。

——张载《孟子说》

【注释】①阂：阻隔不通。②顿悟：当下明了。③实体：实际体认，切实体验。

【译文】敦厚笃实、虚灵寂静，是仁的根本。不轻浮狂妄，就是敦厚笃实；没有约束阻碍、昏沉闭塞，就是虚灵寂静。这个道理难以一时领悟，如果要领悟，就应该长久地在圣贤之道切实体认，才能知道其中滋味。仁，也在于自心要涵养纯熟而已。

卷五 改过迁善 克己复礼

1.濂溪先生曰：君子乾乾不息于诚，然必惩忿窒欲①、迁善改过而后至。《乾》之用其善是，《损》、《益》之大莫是过，圣人之旨深哉！"吉凶悔吝②生乎动。"噫，吉一而已，动可不慎乎？

——周敦颐《通书·乾损益动》

【注释】①惩忿窒欲：遏止愤怒，抑制欲念。惩，惩戒。窒，窒塞。②悔吝：灾祸，悔恨。

【译文】周敦颐先生说：君子进取不止追求"诚"的修养，然而一定要遏制愤怒、克服欲念、迁善改过，才能达到"诚"的境界。乾卦功用的好处就在这里，损卦、益卦的大道理也没有超过这个的，圣人的思想意旨深远啊！《周易·系辞》中说："吉凶灾祸产生于动。"哎，在吉凶悔吝四者中吉的几率只占一成，有所举动还可以不慎重吗？

2.濂溪先生曰：孟子曰："养心莫善于寡欲。"予谓养心不止于寡而存①耳。盖寡焉以至于无,无则诚立明通。诚立,贤也;明通,圣也。

——周敦颐《濂溪集》第九《养心亭说》

【注释】①寡而存:寡欲而存心养性。

【译文】周敦颐先生说:孟子说:"修养心性没有比减少欲望更好的了。"我说修养心性不能只停留在减少欲望而存心养性上面。因为减少欲望就会到达没有欲望的境地,没有欲望就会使真诚树立、光明通达。真诚树立,这是贤人的境界;光明通达,这是圣人的境界。

3.伊川先生曰:颜渊问克己复礼之目①,夫子曰:非礼勿视,非礼勿听,非礼勿言,非礼勿动。四者身之用也,由乎中而应乎外,制于外所以养其中也。颜渊"请事斯语②",所以进于圣人。后之学圣人者,宜服膺③而勿失也。因箴以自警。

《视箴》曰:心兮本虚,应物无迹。操之有要,视为之则。蔽④交于前,其中则迁。制之于外,以安其内。克己复礼,久而诚矣。

《听箴》曰:人有秉彝⑤,本乎天性。知诱物化⑥,遂亡其正。卓彼先觉⑦,知止有定。闲邪存诚,非礼勿听。

《言箴》曰:人心之动,因言以宣。发禁躁妄,内斯静专。矧是枢机⑧,兴戎出好⑨。吉凶荣辱,惟其所召。伤易则诞,伤烦则支⑩。己肆物忤,出悖来违。非法不道,钦哉训辞。

《动箴》曰:哲人知几,诚之于思。志士厉行,守之于为。

顺理则裕，从欲惟危。造次克念，战兢自持。习与性成，圣贤同归。

——《二程文集》卷八《四箴》

【注释】①目：纲目，条目，具体要目。②请事斯语：请求去实践这些话。事，从事于，实践。③服膺：铭记在心，衷心信奉。服，奉持。膺，胸。④蔽：指障蔽本善之心的事物。⑤秉彝：人心所持守的常道。彝，常理，法理。⑥知诱物化：感知外物诱惑，而为物欲所化。⑦先觉：早于常人觉悟的人，先知先觉的圣人。⑧矧是枢机：况且（言语）是（人与外界交流的）关键。矧，况且。枢机，户枢与弩牙，比喻事物的关键。⑨兴戎出好：兴戎，发动战争，引起争端。戎，兵器。出好，说出好话，使人和睦。⑩伤烦则支：受害于说话过多，思想就支离分散。伤，受害于。烦，多言。

【译文】程颐先生说：颜渊向孔子请教克己复礼的具体要目，孔子说："不符合礼的不看，不符合礼的不听，不符合礼的不说，不符合礼的不动。"这四个方面是人身体的功用，从人心中发出而与外境接应，能够通过制约人的外在行为涵养人的内心。颜渊请求践行孔子说的这些话，所以他学道进步达到圣人境界。后辈向圣人学习的人，应该要铭记在心，念念不忘。所以我写了四首箴来自我警醒。

视箴说：心原本是虚灵的，接应外物而无迹可寻。操持自心有个要点，在于给看立个准则。物欲障蔽交相来到眼前，人的内心就会随物迁移流转。只有制约了外在的看，才能安定内在的心。克制私欲、合于礼法，时间久了心就达到至诚。

听箴说：人心有守持的常道法理，这来源于人的天性。如果自心因物欲引诱而被同化，就丧失了自心的中正。那些卓越的先知先觉的圣人，懂得通过"止"来得到静定。防范邪念留存真诚，不合于礼不要去听。

言箴说：人心念的变动，借助言语来表达。说话要禁绝浮躁轻妄，内心才能宁静专一。况且言语是人与外界交流的关键，它可以引发争端也可以好言劝和。吉凶荣辱，都是它感召而来。害于轻浮说话就会流于虚妄怪诞，害于过多说话就会流于思想分散。自己说话放肆就会忤逆他人，出言违背正理就会处事不顺。不符合礼法的话不要说，这些古圣先贤的训诫之辞令人钦佩啊！

动箴说：明哲之人懂得事情的几微征兆，在思虑之时就能做到真诚。有志之士勉力实行，在做事之时就能操持自心。顺从正理就能安裕从容，追逐欲望只有危险灾祸。如果在仓促急迫之时也能克服邪念，战战兢兢地自我守持本心之善，如此修习养成自己的本性，就能与圣贤一同归宿。

4.《复》之初九曰："不远复①，无祗②悔，元③吉。"《传》④曰：阳，君子之道，故复为反善之义。初，复之最先者也，是不远而复也。失而后有复，不失则何复之有？惟失之不远而复，则不至于悔，大善而吉也。颜子无形显之过⑤，夫子谓其庶几，乃"无祗悔"也。过既未形⑥而改，何悔之有？既未能"不勉而中"、"所欲不逾矩⑦"，是有过也。然其明而刚，故一有不善，未尝不知；既知，未尝不遽改，故不至于悔，乃"不远复"也。学问之道无他也，惟其知不善则速改以从善而已。

——《程氏易传·复传》

【注释】①复：返回。②祇：同"衹"，大。③元：大。④《传》：《程氏易传》。⑤形显之过：外在行为上表现出来的过失。⑥未形：还没有形成。⑦所欲不逾矩：随心所欲而不超出规矩。

【译文】《周易·复卦》的初九爻辞说："走得不远就返回，没有大的悔恨，大吉。"《程氏易传》上说：阳，代表君子之道，所以"复"就是返回善道的意思。复卦初爻，是复卦中阳最先出现的，是走得不远就返回了。离开才会有返回，没有离开怎么会有返回？只是因为离开得不远就返回了，就不至于有悔恨，所以非常好又吉祥。颜回没有犯过行为上实际表现出来的过失，孔子说他学道修养已经差不多了，这就是"没有大的悔恨"。过失既然还没有形成就改正了，有什么可悔恨的呢？然而既然不能做到"不勉力而为就合于中道"、"随心所欲而不超出规矩"，那还是有过错。但他明慧又刚健，所以一有不好的地方，没有不知道的；已经知道了不好之处，没有不立即改正的，所以他不至于到悔恨的地步，这就是"走得不远就返回"了。做学问的方法没有别的，只有知道自己不好的地方就迅速改正，使自己依从善道而已。

5.《晋》之上九："晋其角①，维用伐邑②，厉吉③，无咎，贞吝④。"《传》曰：人之自治，刚极则守道愈固，进极则迁善愈速。如上九者，以之自治⑤，则虽伤于厉，而吉且无咎也。严厉非安和之道，而于自治则有功也。虽自治有功，然非中和之德，故于贞正⑥之道为可吝也。

——《程氏易传·晋传》

【注释】①晋其角：进升到如角一般刚硬在上的境地。晋，进。②维用伐邑：只有用来讨伐城邑。维，同"唯"。③厉吉：猛厉但吉祥。④贞吝：卜问不吉，其事难行。贞，占卜，问卦。吝，通"遴"，难行。⑤自治：自我修养。⑥贞正：贞静中正。

【译文】《周易·晋卦》上九爻辞说："进升到如角一样刚硬在上的境地，只有用来攻伐城邑，猛厉但吉祥，没有过失，但就所占的卦而言就是不吉，此事难以实行。"《程氏易传》上说：人的自我修养，刚健到极点守持于道就越坚固，上进到极点改过向善就越迅速。如晋卦上九这一爻，用这种道理自我修养，虽然会被它的猛厉所伤，但是却是吉祥且没有过失的。严厉不合于安和的道理，但是用来自我修养却是有功效的。虽然用来自我修养有其功效，但是不属于中和的品德，所以在中正之道上来说还是难以行通的。

6.损者，损过①而就中，损浮末②而就本实也。天下之害，无不由末之胜也。峻宇雕墙，本于宫室；酒池肉林，本于饮食；淫酷残忍，本于刑罚；穷兵黩武，本于征讨。凡人欲之过者，皆本于奉养，其流之远，则为害矣。先王制其本者，天理也；后人流于末者，人欲也。损之义，损人欲以复天理而已。

——《程氏易传·损传》

【注释】①损过：减少过度之事。②浮末：旧指工商行业，古代以农为本，工商为末。此处泛指虚浮不重要之事。

【译文】损卦"损"的意思，就是减少过度之事而趋近中道之理，减少虚浮末流而接近根本实际。天下的危害，没有不是从末流之事的过度滋长而来的。高峻殿宇、彩绘墙壁，是从人居住的房屋发展而来的；盛酒之池、长肉之林，是从人日常的饮食发展而来的；淫威酷刑、残忍之法，是从此社会的刑罚发展而来的；穷兵黩武、征战不休，是从国家地区间的征讨发展而来的。但凡人的欲望超过正常限度的，都是从基本的物质需要发展而来的。然而发展演变得远了，就变成危害了。前代的圣王制定的根本，就是上天之理；后代的人入于末流的，就是人的私欲。"损"的含义，就是减少人的私欲以恢复上天之理。

7.夫人心正意诚，乃能极中正之道，而充实光辉。若心有所比①，以义之不可而决②之，虽行于外，不失其中正之义，可以无咎，然于中道未得为光大也。盖人心一有所欲，则离道矣。故《夬》之九五曰："苋陆夬夬③，中行④无咎。"而《象》曰："中行无咎，中未光也。"夫子于此，示人之意深矣。

——《程氏易传·夬传》

【注释】①比：勾结，偏爱。②决：决离，决裂。③苋陆夬夬：商陆独自分离生长。苋陆，即商陆，多年生草本，可供药用。夬夬，分离的样子。④中行：在道路中间行走。

【译文】人做到心正意诚，才能穷极中正之道，而使德行充满光辉。如果内心有所偏私，却因为不被道义准则许可而与之决离，那么即使外在行为没有偏离中正的义理，可以说没有过失，但就中正之道而言还没有达到光辉盛大的境界。因为人心一旦生起欲求，就偏离了正道。所以《周易·夬卦》的九五爻辞说:"商陆独自分离生长,即使走在道路中间也无妨。"而象辞却说:"在中间行走没有过失,心中还没有充满光辉。"孔夫子在这里传达给人的意味真是深刻啊!

8.方说^①而止,节之义也。

——《程氏易传·节传》

【注释】①说:通"悦",喜悦。
【译文】刚刚喜悦就要节制,这就是节卦"节"的含义。

9.《节》之九二,不正之节^①也。以刚中正^②为节,如惩忿窒欲、损过抑有余是也。不正之节,如啬节^③于用,懦节^④于行是也。

——《程氏易传·节传》

【注释】①不正之节:指节卦九二阳爻居于阴位,故不正。②刚中正:指节卦九五阳爻居于上卦阳位,故正。刚,居于上卦。中,以阳爻居于阳位。③啬节:吝啬地节俭。④懦节:懦弱地节制。
【译文】节卦的九二爻,是阳爻居于阴位,所以是不正的"节"。而节卦的九五爻是阳爻居于上卦阳位,所以是正的"节",正的"节"就比如抑制愤怒、窒塞欲望、减少过度的且抑制多余的。而不正的"节",比如吝啬地节约用度,懦弱地节制行为这些就是。

10.人而无克伐怨欲①,惟仁者能之。有之而能制其情不行焉,斯亦难能也,谓之仁则未可也。此原宪②之问,夫子答以知其为难,而不知其为仁。此圣人开示③之深也。

——《程氏经说·论语解》

【注释】①克伐怨欲:指好胜、自夸、怨恨、贪婪四种恶德。②原宪:字子思,春秋时宋国人,孔门七十二贤之一。③开示:开阐明示。

【译文】人能没有好胜、自夸、怨恨、贪婪这四种毛病,只有有仁德的人才能做到。如果有这些毛病,却能制约自己的情感使之不发作,这也是难能可贵的,称作仁者就不可以了。这是子思向孔子的提问,孔子回答他,知道这种行为是难得的,却不知道这种行为就是"仁"。这里可见圣人,点化明示后辈学人是多么深刻啊!

11.明道先生曰:义理与客气①常相胜②,只看消长分数多少,为君子小人之别。义理所得渐多,则自然知得③。客气消散得渐少,消尽者是大贤。

——《二程遗书》卷一

【注释】①客气:中医指外界的邪气,在外为"客",这里指一时的意气、偏激的情绪。②相胜:相互压服、制约。③知得:知道自己的所得。

【译文】程颢先生说:义理和意气常常相互斗争压制,只要看看双方削减和增长的比例是多少,就可以区分出君子和小人。如果获得的义理渐渐增多,那么自然知道自己的收获。如果意气消散得渐渐稀少，直到消散干净的人就是大贤之人。

12.或谓：人莫不知和柔宽缓，然临事则反至于暴厉。曰：只是志不胜气，气反动其心也。

——《二程遗书》卷十七

【译文】有人说：人没有不知道应该柔和宽缓的，然而事到临头却反而变得暴躁凶戾。程颐说：这只是因为自己的心志不能战胜偏激的意气，使得偏激的意气反而扰动了自己的心。

13.人不能祛思虑，只是吝①。吝，故无浩然之气。

——《二程遗书》卷十五

【注释】①吝：悭吝，这里指气度狭小，小气。

【译文】人不能祛除自己的纷杂思虑，只是因为气度狭小。气度狭小，所以没有磅礴浩大的气质。

14.治怒为难，治惧亦难。克己可以治怒，明理可以治惧。

——《二程遗书》卷一

【译文】改正易怒的毛病很难，改正恐惧的毛病也很难。克制私欲可以改正易怒的毛病，明白正理可以改正恐惧的毛病。

15.尧夫①解"他山之石,可以攻玉":玉者,温润之物,若将两块玉来相磨,必磨不成。须是得他个粗砺底物,方磨得出。譬如君子与小人处②,为小人侵陵③,则修省④畏避,动心忍性⑤,增益⑥预防,如此便道理出来。

——《二程遗书》卷二上

【注释】①尧夫:邵雍,字尧夫,北宋著名理学家、易学家、诗人,与周敦颐、张载、程颢、程颐并称"北宋五子"。②处:相处。③侵陵:侵犯欺凌。④修省:修养省察。⑤动心忍性:动心,使内心受到震动。忍性,使意志变得坚韧。⑥增益:增进、加多(各种能力)。

【译文】邵雍解释"他山之石,可以攻玉"这句话说:玉,是温润的东西,如果拿两块玉石相互打磨,一定不能磨成玉。应该用一个别的粗砺的东西,才能磨成玉。比如君子和小人相处,君子被小人侵犯欺凌,那么君子就要修养省察而敬畏回避、震动自心而坚韧意志,增进能力而防备不测,这样去做圣贤的道理就能够看出来了。

16.目畏尖物,此事不得放过,便与克下①。室中率②置尖物,须以理胜他。尖必不刺人也,何畏之有?

——《二程遗书》卷二下

【注释】①克下:克服。②率:全,都。

【译文】眼睛害怕看到尖锐的东西,这个问题不能放过去,就要克服它。在房间里全放上尖锐的东西,应该以正理去战胜这种畏惧心理。如果心想尖锐的东西一定不会刺人,还有什么可畏惧的呢?

17.明道先生曰:责上责下而中自恕己,岂可任职分①?

——《二程遗书》卷五

【注释】①职分:职务上应尽的本分。

【译文】程颢先生说:苛责上级苛责下级,却在中间宽恕自己,这样的人怎么可以担任职务呢?

18."舍己从人①"最为难事。"己"者,我之所有,虽痛舍之,犹惧守己者固而从人者轻也。

——《二程遗书》卷九

【注释】①舍己从人:放弃自己的意见,服从众人的主张。

【译文】"放弃自己的主见,听从众人的主张"这是最难的事情。"己"是我自己所持有的想法,即使痛心割舍,也应该担心坚持自己意见过于固执而听从他人意见过于轻微。

19.九德①最好。

——《二程遗书》卷七

【注释】①九德:指《尚书·皋陶谟》中"宽而栗、柔而立、愿而恭、乱而敬、扰而毅、直而温、简而廉、刚而塞、强而义"九种美德。

【译文】《尚书·皋陶谟》中的九种美德最好。

20.饥食渴饮,冬裘夏葛①,若著些私吝心在,便是废天职。

——《二程遗书》卷六

【注释】①冬裘夏葛:冬天穿皮裘,夏天穿葛衣。裘,皮衣。葛,葛麻衣。

【译文】饿了吃饭渴了喝水,冬穿皮裘夏穿葛衣,如果夹杂进去一些自私悭吝之心,就是废弃了上天所赋予的本分。

21."猎,自谓今无此好。"周茂叔曰:"何言之易也?但此心潜隐未发,一日萌动,复如前矣。"后十二年,因见,果知未也。

【译文】程颢曾说:"打猎,我自以为现在已经没有这个爱好了。"周敦颐说:"你怎么说得这么轻易呢?只是这种心思还潜伏隐藏着没有发作,有一天萌动发作了,就又和以前一样了。"以后十二年,程颢因为见到打猎而心生萌动,果然知道还没有断除这种爱好。

22.伊川先生曰:大抵人有身,便有自私之理,宜①其与道难一②。

——《二程遗书》卷三

【注释】①宜：当然，无怪。②一：合一。

【译文】程颐先生说：大体上说人有了身体，就有了自私的道理，无怪乎他们和大道难以合而为一。

23.罪己责躬①不可无，然亦不当长留在心胸为悔。

——《二程遗书》卷三

【注释】①罪己责躬：罪己，归罪于自己。责躬，反躬自责。

【译文】有了过失，引咎于己、反躬自责是不可缺少的，然而也不应该将其长久滞留在心胸之间成为悔恨。

24.所欲不必沉溺，只有所向便是欲。

——《二程遗书》卷十五

【译文】不是沉迷其中才叫欲望，只要有了趋向就是欲望。

25.明道先生曰：子路亦百世之师。（本注：人告之以有过则喜。）

——《二程遗书》卷三

【译文】程颢先生说：子路也是百世之师。（本注：别人给他告知他的过失他就喜悦。）

26.人语言紧急，莫是气不定否？曰：此亦当习，习到自然缓时，便是气质变也。学至气质变，方是有功。

——《二程遗书》卷十八

【译文】问：人说话紧迫急躁，难道是气性不稳定吗？程颐说：这也应当要修习，修习到说话自然和缓的时候，就是自己气质转变了。修学到了气质转变的境地，才是有了功效。

27.问：不迁怒，不贰过，何也？《语录》有怒甲不移乙之说，是否？伊川先生曰：是。曰：若此则甚易，何待颜子而后能？曰：只被说得粗了，诸君便道易。此莫是最难？须是理会得因何不迁怒。如舜之诛四凶，怒在四凶，舜何与焉？盖因是人有可怒之事而怒之，圣人之心本无怒也。譬如明镜，好物来时便见是好，恶物来时便见是恶，镜何尝有好恶也？世之人固有怒于室而色①于市。且如怒一人，对那人说话能无怒色否？有能怒一人而不怒别人者，能忍得如此，已是煞知义理。若圣人因物②而未尝有怒，此莫是甚难？君子役物，小人役于物。今见可喜可怒之事，自家著一分陪奉他，此亦劳矣。圣人之心如止水。

——《二程遗书》卷十八

【注释】①色：将脸色、神态、样貌等表现出来。②因物：此指因外物可怒而应之以怒。

【译文】问：不迁怒于人、不重复犯错，这是什么道理呢？先生

《语录》中有对甲发怒而不转移到乙身上的说法，是这样吗？程颐说：是的。问：如果这样就很容易做到了，哪里要等到像颜回这样的贤人才能做到呢？程颐说：只是因为说得粗浅了，各位就说容易，这难道不是最困难的事？要能体悟到颜回为什么不会迁怒于人。比如像舜制伏了共工、驩兜、三苗、鲧这"四凶"，舜发怒的原因在于"四凶"本身，这与舜有什么关系呢？都是因为这些人做了可让人发怒的事，舜才对其发怒，圣人的内心原本是没有怒气的。就好像一面明镜，好的东西来了看见的就是好东西，坏的东西来了看见的就是坏东西，镜子本身何尝有好和坏之分呢？世间的人，本来就有在房间发怒而且到闹市还给人脸色看的。比如对一个人发怒，那么对那个人说话能做到没有怒色吗？有人能做到对一个人发怒就不向他人发怒，能够忍到这种地步，已经是很懂得圣贤义理了。像圣人是因为外物有可怒之处而发怒，自心却未曾有怒气，这难道不是非常难以做到的吗？君子之心能够役使外物，小人之心却被外物役使。今天如果看到有可喜或者可怒的事，自己就用一分的喜或怒去奉陪于它，这样也太劳心了。圣人的心就像静止的水一样。

28.人之视最先，非礼而视，则所谓开目便错了。次听、次言、次动，有先后之序。人能克己，则心广体胖，仰不愧，俯不怍①，其乐可知。有息则馁②矣。

——《二程外书》卷三

【注释】①怍：惭愧。②馁：本以为饥饿，这里指气不足。

【译文】视、听、言、动之中,视是在最前面的,不符合礼法而看,就是所谓一睁开眼就错了。其次是听,其次是言,其次是动,有先后的次序。人如果能克服私欲,就会心地宽广、体貌舒泰,上不愧于天,下不愧于人,其中真乐可想而知。如果这种修养中止了自己的气就会不足。

29.圣人责己感也处多,责人应也处少。

——《二程外书》卷七

【译文】圣人要求自己感发他人的地方多,要求他人回应自己的地方少。

30.谢子^①与伊川先生别一年,往见之,伊川曰:相别一年,做得甚工夫?谢曰:也只去个"矜"字。曰:何故?曰:子细检点得来,病痛尽在这里。若按伏得这个罪过,方有向进^②处。伊川点头,因语在坐同志者曰:此人为学,切问近思者也。

——《二程外书》卷十二

【注释】①谢子:指谢良佐。②向进:进步的方向。

【译文】谢良佐与程颐先生分别一年后,再次去拜见程颐。程颐说:相别一年,你修学做什么功夫呢?谢良佐说:也只是去掉了自夸的毛病。程颐问:什么原因呢?谢良佐回答:仔细检点起来,一切病痛都在这里。如果能够克制降伏了这个罪过，修学才有进步的方向。程颐点头，趁机告诉在座的志同道合的人们：这个人修学，能切合自身发问而且近取身边之事思考啊！

31.思叔①诟詈②仆夫，伊川曰：何不动心忍性？思叔惭谢③。

——《二程外书》卷十二

【注释】①思叔：张绎之字。②诟詈：辱骂。③惭谢：惭愧谢罪。
译文：张绎辱骂仆人，程颐说：为什么不震动自心、坚韧意志？张绎惭愧谢罪。

32.见贤便思齐，有为者亦若是；见不贤而内自省，盖莫不在己。

——《二程外书》卷二

【译文】看见贤德之人，自己也要想同样成为贤德之人，即使有所作为的人也要像这样；看见没有贤德的人就在自己内心反省，因为这些问题没有不在自己身上的。

33.横渠先生曰：湛一①，气之本；攻取②，气之欲。口腹于饮食，鼻舌于臭味③，皆攻取之性也。知德者④属厌⑤而已，不以嗜欲累其心，不以小害大、末丧本焉尔。

——张载《正蒙·诚明》

【注释】①湛一：指太和之气的湛然纯一。②攻取：此指身体气动引发人的感官追求种种欲望。③臭味：味道。④知德者：明白道德之人。⑤属厌：饱足。属，足。厌，饱。

【译文】张载先生说：湛然纯一，是气的本体；求取外物，是气的欲求。口腹对于饮食，鼻舌对于味道，都是求取外物的性质。明白道德之人懂得适足，不让嗜好欲望牵累自己的本心，不以小事损害大事、因末节丧失根本。

34.纤恶必除，善斯成性矣；察恶未尽，虽善必粗矣。

——张载《正蒙·诚明》

【译文】纤毫的恶也一定要除尽，善才能成为本性；检察自身的恶没有净尽，即使有善，也一定是粗而不精的。

35.恶不仁，故不善未尝不知。徒好仁而不恶不仁，则习不察①、行不著②。是故徒善未必尽义，徒是未必尽仁，好仁而恶不仁，然后尽仁义之道。

——张载《正蒙·中正》

【注释】①习不察：自己所修习的正确与否不能明察。②行不著：自己践行的成效不显著。

【译文】厌恶不仁的事，所以不善的事未曾有不知道的。只是喜好仁而不厌恶不仁，那么修习正误无从察觉，践行成效也不显著，所以仅仅是善，就未必完全符合"义"；仅仅是正确，就未必完全符合"仁"。喜好仁而厌恶不仁，然后才能穷尽仁义的道理。

36.责己者，当知无天下国家皆非之理。故学至于不尤人①，学之至也。

——张载《正蒙·中正》

【注释】①尤人：怨恨、归咎于他人。

【译文】要求、反省自我的人，应当知道没有天下国家所有人都不对的道理。所以修学到不归咎埋怨他人，就是修学的至高境界了。

37.有潜心于道，忽忽①为他虑②引去者，此气③也。旧习缠绕，未能脱洒，毕竟无益，但乐于旧习耳。古人欲得朋友与琴瑟简编④，常使心在于此。惟圣人知朋友之取益为多，故乐得朋友之来。

——张载《论语说》

【注释】①忽忽：倏忽，急速。②他虑：别的思虑。③气：指引动自心驱向外物的"客气"。④简编：串连竹简的带子，泛指书籍、典籍。

【译文】有的人潜心学道，却蓦然之间被其他杂虑引走了，这是内心受到外界"客气"的原因。旧有的习气缠绕自心，不能自在洒脱，最终也没有什么益处，只是因为自己乐于旧有的习气。古人想要得到朋友和琴瑟书籍，常常使自己的心念集中在这上面。只有圣人知道从朋友那里可以获得的益处多，所以乐于朋友的到来。

38. 矫轻①警惰。

—— 张载《横渠语录》

【注释】①矫轻：矫正轻浮之风。
【译文】矫正轻浮之风，警戒怠惰之气。

39. "仁之难成久矣！人人失其所好。"盖人人有利欲之心，与学正相背驰。故学者要寡欲。

—— 张载《经学理窟·学大原上》

【译文】《礼记·表记》上说："仁德难以成就时日已久了！人人都失去了喜好仁德之心。"因为人人都有自利欲求之心，这与学道正好背道而驰。所以学道的人要少欲。

40. 君子不必避他人之言，以为太柔太弱。至于瞻视亦有节，视有上下，视高则气高，视下则心柔，故视国君者，不离绅带①之中。学者先须去其客气。其为人刚行②，终不肯进，"堂堂乎张③也，难与并为仁矣。"盖目者，人之所常用，且心常托之，视之上下。且试之，己之敬傲，必见于视。所以欲下其视者，欲柔其心也。柔其心，则听言敬且信。人之有朋友，不为燕安④，所以辅佐其仁。今之朋友，择其善柔以相与，拍肩执袂以为气合，一言不合，怒气相加。朋友之际，欲其相下⑤不倦。故于朋友之间，主其敬者日相亲与，得效最速。仲尼尝曰："吾见其居于位也，与先生并行也，非求益者，欲速成者。"则学者先须温柔，温柔则可以进学。《诗》曰："温温恭人，惟德之基。"盖其所益之多。

——张载《经学理窟·气质》

【注释】①绅带：古时士大夫束腰之大带。②刚行：刚强。③张：子张，颛孙师，复姓颛孙，名师，字子张，春秋末年陈国人，孔门十二哲之一。④燕安：安逸舒乐。⑤相下：互相谦让。

【译文】君子不必避讳他人的言论，别人认为自己太过柔弱也不须在意。至于一瞻一视也有礼节，看有上下之分，看得高意气就高，看得低心就柔和，所以看国君时，视线不会偏离绅带的中线。学道的人先应该去除能引发私欲的"客气"。一个人为人刚强，最终就不肯进步于道。曾子说"容貌庄严大方的子张，难以和他一起修进仁德"。眼睛是人常常使用的，而且心依托它看上看下。且试着验证一下，自己内心的恭敬和傲慢，一定可以从视线当中表现出来。所以要放低视线，就是想让内心柔和。使内心柔和，那么倾听说话就恭敬且诚信了。人有朋友，不是为了安逸快乐，而是要互相辅佐增进仁德。今天的朋友，都是选择与那些外表善柔的人相交，拍拍肩膀拉拉袖子以为意气相投，但一句话不合，就怒气相向。朋友之间，应该互相谦恭没有厌倦。所以朋友之间,能以恭敬为主而相交的就日渐亲密,修进德业也见效最快。孔子曾说阙党的童子"我看见他坐在不应坐的正位上,和长辈并排行走,这不是追求学问进益的人,是想急于求成的人。"所以学道的人先应该要温文和柔,温文和柔才可以增进修学。《诗经》上说:"温文和柔、谦恭于人,这是德行的根基。"因为这样所获得的益处就很多。

41.世学^①不讲,男女从幼便骄惰坏了,到长^②益凶狠。只为未尝为子弟之事^③,则于其亲已有物我,不肯屈下。病根常在,又随所居而长,至死只依旧。为子弟,则不能安洒扫应对;在朋友,则不能下朋友;有官长,则不能下官长;为宰相,则不能下天下之贤。甚则至于徇私意,义理都丧。也只为病根不去,随所居所接^④而长。人须一事事消了病,则义理常胜。

——张载《横渠语录》

【注释】①世学:犹家学,世代相传的学问。②长:长成。③子弟之事:古时后生晚辈应尽的本分和所做之事,如孔子所说"弟子入则孝,出则弟,谨而信,泛爱众,而亲仁"以及洒扫、应对、进退等。④接:与外界交接应对。

【译文】世代家学不讲,男女从小就骄慢怠惰坏了,到长大后更加凶狠暴戾。只是因为没有尽过晚辈洒扫、应对、进退的本分,就连自己的父母都已经有了彼此物我之分,不肯屈身向下。这样德行修养上的病根常常都在,又随着生活起居滋长,到死依旧未变。作为后生晚辈,却不能洒扫庭院、应对宾客;在朋友之间,却不能恭敬朋友;有上级长官,却不能尊敬长官;作为宰相,却不能礼遇天下的贤才。甚至发展到徇己私欲、丧尽义理。这也只是因为德行修养的病根没有去除,随着自己起居和交接而滋长。人应该一件事一件事地消除自己的病患,那么义理之心就会常常超胜私欲之心。

42.凡所当为,一事意不过①,则推类,如此善也。一事意得过,以为且休,则百事废矣。

—— 张载《经学理窟·学大原下》

【注释】①意不过:指心不安。

【译文】凡是应当做的事,一件事上不能心安,就以此类推,这样做就好。如果一件事情能心安,以为就完了,那么一切事都荒废了。

卷六 齐家之道

1.伊川先生曰：弟子之职，力有余则学文。不修其职而学文，非为己之学①也。

——《程氏经说·论语解》

【注释】①为己之学：为提高自己道德修养而修学。

【译文】程颐先生说：年幼晚辈尽了本职，精力有余就学习文献经典。如果没有进修自己的本职就去学习文献，这不是为自己道德修养的学习。

2.孟子曰："事亲若曾子可也。"未尝以曾子之孝为有余也。盖子之身所能为者，皆所当为也。

——《程氏易传·师传》

【译文】孟子说："侍奉父母像曾子那样就可以了。"孟子没有认为曾子的那种孝敬有过分的地方。因为儿女自身能够为父母做到的，都应当去做到。

3. "干母之蛊①，不可贞②。"子之于母，当以柔巽③辅导之，使得于义，不顺而致败蛊④，则子之罪也。从容将顺，岂无道乎？若伸己刚阳之道，遽然矫拂⑤则伤恩，所害大矣，亦安能入乎？在乎屈己下意，巽顺相承，使之身正事治而已。刚阳之臣事柔弱之君，义亦相近。

——《二程易传·蛊传》

【注释】①干母之蛊：匡正母亲的弊端。蛊，此指弊乱过失。②贞：保持实行。③柔巽：柔顺。④败蛊：败坏，祸乱。⑤矫拂：拂逆，违背。

【译文】《周易·蛊卦》九二爻辞说："匡正母亲的弊端，情势难行不可强力而行。"儿子对于母亲，应当柔顺地辅佐引导她，使其合于义理之正。儿子不柔顺而导致事情败坏，那是儿子的罪过。从容柔顺地去做，难道还会没有办法做好吗？如果伸展自己的阳刚之道，急切地纠正母亲的行为，伤害就很大，而且怎么能让母亲接受呢？儿子应该做的，在于屈压自己的意气，柔顺地承事母亲，使她自身能够正确处理事务而已。阳刚的臣子事奉柔弱的君王，道理也与此相近。

4.《蛊》之九三，以阳处刚①而不中②，刚之过也，故小有悔。然在《巽》体，不为无顺。顺，事亲之本也，又居得正③，故无大咎。然有小悔，已非善事亲也。

——《程氏易传·蛊传》

【注释】①以阳处刚:指蛊卦九三爻为阳爻,又处在刚位(第三爻为刚位)。②不中:指蛊卦九三爻处在下卦上位,故不中。③正:指蛊卦九三爻为阳爻处在阳位,故正。

【译文】蛊卦的九三爻,以阳爻处在刚位却不在下卦中位,这是阳刚太过了,所以稍有缺憾。然而这一爻在巽卦的卦体上,却不是没有柔顺。柔顺,是事奉父母的根本。蛊卦九三爻又是阳爻处在阳位,所以是正位,所以虽然没有大的过咎,却有小的缺憾,已经不是善于事奉父母之道了。

5.正伦理,笃恩义,《家人》之道也。

——《程氏易传·家人传》

【译文】使伦常之理中正,让恩情道义笃实,这是家人卦揭示的道理。

6.人之处家,在骨肉父子之间,大率以情胜礼,以恩夺义。惟刚立之人,则能不以私爱失其正理,故《家人》卦大要以刚为善①。

——《程氏易传·家人传》

【注释】①以刚为善:指家人卦九三、九五、上九三阳爻皆吉。

【译文】人与家人相处,在骨肉父子之间,大多以亲情胜于礼法,以恩爱夺除义理。只有刚健卓立的人,才能不因私爱废失正理,所以家人卦大体上以阳刚为佳。

7.《家人》上九爻辞,谓治家当有威严,而夫子又复戒云,当先严其身也。威严不先行于己,则人怨而不服。

——《程氏易传·家人传》

【译文】家人卦上九爻辞中,说到治理家庭应当有威严,而孔夫子又告诫说,应当先严格要求自身。威严如果不先在自己身上实行,那么他人就会有怨而且不服气。

8.《归妹》九二,守其幽贞①,未失夫妇常正之道。世人以媟狎②为常,故以贞静为变常,不知乃常久之道也。

——《程氏易传·归妹传》

【注释】①幽贞:幽静贞正。②媟狎:狎昵,不庄重。
【译文】归妹卦的九二爻,守持幽静贞正,没有丧失夫妇之间伦常中正之道。世人以狎昵为常态,所以把贞静当做常态之变,不知道贞静才是能够保持长久的方法。

9.世人多慎于择婿,而忽于择妇。其实婿易见,妇难知,所系甚重,岂可忽哉?

——《二程遗书》卷一

【译文】世人大多慎重选择女婿,却忽视了慎重选择儿媳。其实女婿品行容易看见,儿媳品行却难以知晓,而且儿媳对家庭关系重大,怎么能轻忽呢?

10.人无父母,生日当倍悲痛,更安忍置酒张乐①以为乐? 若具庆②者,可矣。

——《二程遗书》卷六

【注释】①张乐:置乐,奏乐。②具庆:父母俱存。

【译文】人没有了父母,在自己生日那天应当加倍悲痛,怎么还能忍心办酒奏乐来取乐呢? 如果父母俱存的人,可以这样做。

11.问:《行状》①云:"尽性至命②,必本于孝弟。"不识孝弟何以能尽性至命也? 曰:后人便将性命别作一般事说了。性命孝弟,只是一统底事,就孝弟中便可尽性至命。如洒扫应对与尽性至命,亦是一统底事,无有本末,无有精粗,却被后来人言性命者,别作一般高远说。故举孝弟,是于人切近者言之。然今时非无孝弟之人,而不能尽性至命者,由③之而不知也。

——《二程遗书》卷十八

【注释】①《行状》:指程颐所作的《明道先生行状》。②尽性至命:源自《周易·说卦传》"穷理尽性,以至于命",指充分发挥自己的本善之性,以上达于天命。③由：遵从，遵照。

【译文】问：《明道先生行状》中说："穷尽本性、上达天命，一定以孝悌作为根本。"如果连孝悌都不认识，怎么能做到穷尽本性、上达天命呢？程颐说：后世的人就把性命当做另一回事说了。性命、孝悌，只是统一的事，在孝悌之中就可以穷尽本性、上达天命。比如洒扫庭院、应对宾客，和穷尽本性、上达天命也是统一的事，没有本末之分，没有精粗之别，却被后来谈论性命的人，另外作出一种高深远博的说法。所以举出孝悌，是就人切近的地方而说。然而今天不是没有孝悌的人，但他们不能穷尽本性、上达天命，是因为他们只是照着去做却不知道道理所在。

12.问：第五伦①视其子之疾与兄子之疾不同，自谓之私，如何？曰：不待安寝与不安寝，只不起与十起，便是私也。父子之爱本是公，才著些心做，便是私也。（本注：《后汉·第五伦传》：或问伦曰：公有私乎？对曰：吾兄子尝病，一夜十起，退而安寝。吾子有疾，虽不省视，而竟夕不眠。若是者，岂可谓无私乎？）又问：视己子与兄子有间②否？曰：圣人立法，曰"兄弟之子犹子也"，是欲视之犹子也。又问：天性自有轻重，疑若有间然？曰：只为今人以私心看了。孔子曰："父子之道，天性也。"此只就孝上说，故言父子天性。若君臣、兄弟、宾主、朋友之类，亦岂不是天性？只为今人小看，却不推其本所由来故尔。己之子与兄之子，所争几何③？是同出于父者也。只为兄弟异形，故以兄弟为手足。人多以异形故，亲己之子，异于兄弟之子，甚不是也。又问：孔子以公冶长④不及南容⑤，故以兄之子妻⑥南容，以己之子妻公冶长，何也？曰：此亦以己之私心看圣人也。凡人避嫌者，皆内不足也。圣人自至公，何更避嫌？凡嫁女，各量其才而求配，或兄之子不甚美，必择其相称者为之配；己之子美，必择其才美者为之配，岂更避嫌耶？若孔子事，或是年不相若，或时有先后，皆不可知。以孔子为避嫌，则大不是。如避嫌事，贤者且不为，况圣人乎？

——《二程遗书》卷十八

【注释】①第五伦：复姓"第五"，字伯鱼，京兆长陵人，东汉时期大臣。②间：嫌隙，隔阂。③所争几何：相差有多少。争，相差。④公冶长：名长，字子长、子芝，春秋时鲁国人，孔门七十二贤之一。⑤南容：南宫适，名韬，字子容，又称南宫括、南容，春秋时鲁国人，孔门七十二贤之一。⑥妻：以女嫁人。

【译文】问：第五伦照看他儿子生病时和照看他兄长儿子生病时不同，他自己说有私心，这是怎么样的呢？程颐说：不必等到说他安寝和不安寝的区别，只从他一夜不起和一夜十起，就可以看出有自私之心。父子之间的亲爱本来是公而无私的，一旦刻意用心去做，就是有私心了。（本注：《后汉·第五伦传》：有人问第五伦：您有私心吗？第五伦回答：我哥哥的儿子曾经生病，我一晚起来十次去探视他，回去以后就安睡了。我的儿子生病时，我虽然没有去探视，却一整晚都没有睡着。像这样，怎么能说是没有私心呢？）又问：看待自己的儿子和看待兄长的儿子有区别吗？程颐说：圣人确立礼法，说"兄弟的孩子和自己的孩子一样",这就是想要人们把兄弟的孩子当做自己的孩子看待。又问:人的天性之中自然就有自己孩子和兄弟孩子轻重的不同,是不是应该有差别呢?程颐说:只因为今天的人用一己私心去看待了。孔子说:"父子之道,源自天性。"这只是从"孝"这方面说的,所以说父子之道出乎天性,其他如君臣、兄弟、主客、朋友这些伦常,难道也不是出乎天性吗?只是因为今天的人目光短浅,不知道推究本源来由罢了。自己的孩子和兄长的孩子,相差有多少呢?他们都是自己父亲的后代啊!只是因为兄弟不是同一形体,所以把兄弟看作手足。人们大多因为形体不同,亲爱自己的孩子与兄弟的孩子有所差别,这非常不对。又问:孔子因为公冶长比不上南宫适,所以把兄长的女儿嫁给南宫适,把自己的女儿嫁给公冶长,这是为什么呢?程颐说:这也是用自己的私心去看待圣人。大凡人有避嫌的,都是内心不能安宁。圣人本来就是至公的,何必还要避嫌呢?凡是嫁女,各人都是度量各自才德,选择适合的相配,或许兄长的女儿才德不够美善,一定要选择和她才德相称的人与她相配;或许自己的女儿才德美善,一定要选择才德也美善的人与她相配。难道还要避嫌吗?像孔子嫁女的事,之所以作出这样的选择,或许是年龄不相仿,或许是时间有先后,都是不清楚的。认为孔子是避嫌,就大错特错了。像避嫌这样的事,贤人尚且都不会做,何况是圣人呢?

13.今人多不知兄弟之爱。且如闾阎①小人,得一食必先以食父母,夫何故?以父母之口重于己之口也。得一衣必先以衣父母,夫何故? 以父母之体重于己之体也。至于犬马亦然,待父母之犬马,必异乎己之犬马也。独爱父母之子,却轻于己之子,甚者至若仇敌。举世皆如此,惑之甚矣。

——《二程遗书》卷二十二下

【注释】①原指里巷内外的门,后多泛指民间、平民百姓。

【译文】今天的人大多都不知道兄弟之间的亲爱。就如乡间小民,得到一点食物一定先给父母吃,这是什么原因? 因为父母的口腹比自己的口腹重要。他们得到一件衣服一定先给父母穿,这是什么原因? 因为父母的身体比自己的身体重要。至于对待狗马牲畜也是一样,他们对待父母的狗马牲畜,一定和自己的狗马牲畜不同。只有爱父母的子女比爱自己的子女爱得轻,严重的到了看作仇敌一般的地步。整个天下都是如此,太让人感到疑惑了。

14.病卧于床,委之庸医,比之不慈不孝。事亲者,亦不可不知医。

——《二程外书》卷十二

【译文】晚辈或长辈亲人卧病在床,却把他们交给庸医,这就同不慈爱后辈、不孝顺长辈是类似的。事奉父母,也不可以不懂医理。

15.程子①葬父,使周恭叔②主客③。客欲酒,恭叔以告,先生曰："勿陷人于恶④。"

——《二程外书》卷七

【注释】①程子：指程颐。②周恭叔：周行己，字恭叔，世称浮沚先生，程颐著名弟子。③主客：主持接待宾客。④陷人于恶：陷人于罪恶之中。因《礼记》中载，行吊之日，不饮酒食肉。

【译文】程颐为父亲举办葬礼，让周行己主持接待宾客。有宾客想要喝酒，周行己去禀告程颐，程颐先生说："不要陷他人于罪恶之中。"

16.买乳婢①，多不得已。或不能自乳，必使人。然食己子而杀人之子，非道。必不得已，用二子乳食三子，足备他虞②。或乳母病且死，则不为害，又不为己子杀人之子，但有所费。若不幸致误其子，害孰大焉？

——《二程外书》卷十

【注释】①乳婢：乳母，奶妈。②虞：忧患。

【译文】买入乳母，大多是出于不得已。有的是因为自己不能哺乳，一定要让别人替她哺乳。然而为了养活自己的孩子就去危害别人的孩子，这不符合道义。确实不得已的时候，可以用两个乳母哺乳三个孩子，这样足以防范其他意外。就算乳母生病快死了，也没有大的妨害，又不需要为了自己的孩子去危害别人的孩子，只是花费多一些。如果发生不幸误害了乳母孩子，这种危害与多花费些钱财相比，哪个危害更大呢?

17.先公太中①讳珦,字伯温。前后五得任子②,以均诸父子孙。嫁遣孤女,必尽其力。所得俸钱,分赡亲戚之贫者。伯母刘氏寡居,公奉养甚至。其女之夫死,公迎从女兄③以归,教养其子,均于子侄。既而女兄之女又寡,公惧女兄之悲思,又取甥女以归嫁之。时小官禄薄,克己为义,人以为难。公慈恕而刚断,平居与幼贱处,惟恐有伤其意,至于犯义理,则不假④也。左右使令之人,无日不察其饥饱寒燠⑤。娶侯氏,侯夫人事舅姑以孝谨称,与先公相待如宾客。先公赖其内助,礼敬尤至。而夫人谦顺自牧⑥,虽小事未尝专,必禀而后行。仁恕宽厚,抚爱诸庶,不异己出。从叔幼姑,夫人存视,常均己子。治家有法,不严而整。不喜笞扑奴婢,视小臧获⑦如儿女。诸子或加呵责,必戒之,曰:"贵贱虽殊,人则一也。汝如是大时,能为此事否?"先公凡有所怒,必为之宽解,唯诸儿有过,则不掩也。常曰:"子之所以不肖者,由母蔽其过而父不知也。"夫人男子六人,所存惟二,其慈爱可谓至矣,然于教之之道,不少假也。才数岁,行而或踣⑧,家人走前扶抱,恐其惊啼,夫人未尝不呵责曰:"汝若安徐,宁至踣乎?"饮食常置之坐侧。尝食絮羹⑨,皆叱止之,曰:"幼求称欲,长当何如?"虽使令辈,不得以恶言骂之。故颐兄弟平生于饮食衣服无所择,不能恶言骂人,非性然也,教之使然也。与人争忿,虽直不右，曰："患其不能屈，不患其不能伸。"及稍长，常使从善师友游。虽居贫，或欲延客⑩，则喜而为之具。夫人七八岁时，诵古诗曰："女子不夜出，夜出秉明烛。"自是日暮则不复出房阁。既长，好文而不为辞章，见世之妇女以文章笔札传于人者，则深以为非。

——《二程文集》卷十二

【注释】①太中：太中大夫，官名，掌论议，汉以后各代多沿置。②任子：因父兄的功绩，得保任授予官职。③女兄：姐姐，此指堂姐。④假：宽容，宽恕。⑤寒燠：冷热。燠，热。⑥自牧：自我修养。牧，治理，这里引申为修养。⑦臧获：奴婢。⑧踣：跌倒。⑨尝食絮羹：尝食，预先品尝食品的味道。絮羹，加盐、梅于羹中调味。⑩延客：迎请宾客。

【译文】程颐说：我的先父是太中大夫，名珦，字伯温。他前后五次因功得到朝廷给子孙官职的机会，都均分给我伯父叔父的子孙了。他出嫁伯父叔父亡留的女儿，也一定竭尽全力。他拿到的俸钱，要分给亲戚中贫困的人。他的伯母刘氏丧夫寡居，他奉养她十分周全。伯母女儿的丈夫死了，他迎接这位堂姐回家，教导养育她的孩子，和对待自己儿侄之辈没有区别。接着这位堂姐的女儿又守寡了，他担心堂姐悲痛思念，又把这位外甥女接回来改嫁他人。当时他官职微小、俸禄微薄，能够不顾自己去行道义之事，人们都认为这是很难做到的。先父慈爱宽恕而又刚毅果断，平时与年幼晚辈和地位低下之人相处，唯恐会伤害他们的感情，到了有人做了违犯义理的事情，他却不会宽恕。他对身边使唤的仆人，没有一天不察问他们的饥寒饱暖。他娶了侯氏为妻，侯夫人事奉公婆以孝顺恭谨著称，与先父相敬如宾。先父依靠她的内助，对她礼敬尤为周到。而夫人以谦恭温顺自我修养，即使是微小的事也未曾自作主张，一定向先父禀告后才去做。她仁德温恕、宽厚待人，抚育关爱各庶子，和自己生的嫡子没有区别。我的堂叔幼年亡失父母的，夫人照看抚养，一直和自己的孩子均等。她治家有方，不威严却能整肃。她不喜欢责打奴婢，看待年幼的奴婢如自己的儿女一般。孩子们有的呵斥训责年幼奴婢，她一定会告诫说："人的地位高低虽有不同，但作为一个人都是一样的。你像这么大的时候，能做这样的事吗？"先父但凡动怒的时候，她一定会为他宽心缓解，只有儿子们有了过错时，她就不再隐瞒遮掩。她常说："孩子之所以不肖无德，就是因为母亲隐瞒他的过错，而使他的父亲不知道。"夫人有儿子六个，存活的只有两个，她对于儿子的慈爱可以说是到极点了，然而对于教育儿子的方法上，她一点儿也不宽纵。孩子才几岁，走路的时候有时跌倒了，家里的仆人走到前面扶起抱着，害怕孩子受惊哭喊，夫人没有一次不会呵责说道："你如果安稳慢走，怎么会跌倒呢！"吃饭时她常常让孩子坐在自己旁边。孩子如果先尝后吃，或者在羹中添加调味品，她都会叱责制止，说："小时候就追求满足口腹之欲，长大了该是什么样子呢？"即使是使唤的仆人，也不会用恶毒的言语去辱骂。所以我程颐和兄弟们平生对于饮食、衣服等生活用品没有什么挑剔，也不会恶语骂人，不是我们天性就是这样，而是母亲的教养使我们这样的。孩子和人纷争斗气，即使孩子有理她也不偏袒，她说："担心的是他不能屈，不担心他不能伸。"孩子稍长大一些后，她常常让他跟随好的老师朋友交游学习。即使身在贫穷，有时孩子想要迎请贵客，她也高兴地替孩子张罗准备。夫人在七八岁时读诵古诗，有两句是："女子不夜出，夜出秉明烛。"从那以后，一到旁晚太阳落山她就不再出闺房了。长大以后，她喜欢诗文却不作诗文，看见世间妇女以文章笔墨流传于人的，她深以为是不对的。

18.横渠先生尝曰：事亲奉祭，岂可使人为之？

——《横渠文集》卷十五

【译文】张载先生曾经说：事奉父母、祭奠父母，怎么能够让人代替自己去做呢？

19.舜之事亲有不悦者，为父顽母嚚①，不近人情。若中人之性，其爱恶略无害理，姑必顺之。亲之故旧，所喜者当极力招致，以悦其心。凡于父母宾客之奉，必极力营办，亦不计家之有无。然为养，又须使不知其勉强劳苦，苟使见其为而不易，则亦不安矣。

——张载《礼记说》

【注释】①父顽母嚚：父亲愚顽，母亲暴虐。

【译文】舜那样的事奉父母，父母尚且有不高兴的地方，是因为他的父亲愚顽、母亲暴虐，二人不近人情。如果父母性情适中，他们的好恶只要大致不妨害义理，姑且要顺从他们。父母的故交旧友，他们以前喜欢来往的人应该尽力召请，以愉悦他们内心。凡是父母宾客的奉养，一定要极力置办，也不计较家里有没有。然而这样奉养又不应该让他们知道儿女勉力而为的劳苦，如果让他们看到儿女置办很不容易，那么也会让他们心不能安。

20.《斯干》①诗言："兄及弟矣，式②相好矣，无相犹矣。"言兄弟宜相好，不要相学。犹，似也。人情大抵患在施之不见报则辍③，故恩不能终。不要相学，已施之而已。

——张载《诗说》

【注释】①《斯干》：《诗经·小雅》的篇名。②式：句首语气词，无实义。③辍：中止，停止。

【译文】《斯干》诗说："兄弟之间，应该要相好，不要相犹。"这是说兄弟之间应该友爱和睦，但不要学习不好的地方。犹，就是似。人情大多担心的是施恩给人却得不到回报，这样就中断了来往，所以使恩德不能保持始终。不要学习这种做法，自己只管施恩就是了。

21."人不为《周南》、《召南》，其犹正墙面而立。"常深思此言，诚是。不从此行，甚隔著事，向前推不去。盖至亲至近，莫甚于此，故须从此始。

——张载《诗说》

【译文】"人不学习《诗经》中的《周南》、《召南》,就好像面对墙壁站立着。"我常常深思这句话,确实是这样。如果不从这里做起,就好像被很多事物阻隔着,向前推不开来。对自身修养至亲至近的,没有超过这个的了,所以应该从这里做起。

22.婢仆始至者,本怀勉勉敬心①,若到所提掇②更谨则加谨,慢则弃其本心,便习以性成③。故仕者,入治朝则德日进,入乱朝则德日退,只观在上者有可学无可学尔。

——张载《经学理窟·学大原上》

【注释】①勉勉敬心:尽心尽力、恭敬之心。②提掇:本意为提拉、提举,这里指督促指点。③习以性成:沿习使之成为习惯个性。

【译文】奴婢仆人刚刚到来时,本来怀着尽心尽力的恭敬之心,如果主人有所督促指点他们就会谨慎又谨慎,如果主人懈慢他们就会丧失本心,然后就养成了怠惰的习惯。所以当官的人,如果进入开明的朝廷自己的德行就会日渐进步,如果进入昏乱的朝廷自己的德行就会日渐退步,这只看在上领导的人有没有可学之处了。

卷七 出处进退辞受之义

1.伊川先生曰：贤者在下，岂可自进以求于君？苟自求之，必无能信用①之理。古人之所以必待人君致敬尽礼而后往者，非欲自为尊大，盖其尊德乐道之心不如是，不足与有为也。

——《程氏易传·蒙传》

【注释】①信用：相信任用。

【译文】程颐先生说：贤人处在下位，怎么可以在君王之前自荐请求晋升呢？如果自荐请求晋升，君王一定没有相信任用的道理。古人之所以一定要等到君王用完备的礼仪恭敬迎请才去就职，不是想妄自尊大，而是因为如果君王没有这样的尊重德能、喜好道义之心，就不足以与他一起有所作为。

2.君子之需时①也，安静自守。志虽有须，而恬然若将终身焉，乃能用常②也。虽不进而志动者，不能安其常也。

——《程氏易传·需传》

【注释】①需时：等待时机。②用常：指守持常道不失。

【译文】君子等待时机，要安静地自我守持。心志虽然有所追求，却能恬然自适好像终生都要这样，这才能守持常道不失。虽然身体没有追求上进但心志已经动摇的人，不能安于常道。

3.《比》："吉，原筮①，元永贞②，无咎。"《传》曰：人相亲比③，必有其道。苟非其道，则有悔咎。故必推原占决④其可比者而比之，所比得"元永贞"，则无咎。元，谓有君长之道；永，谓可以常久；贞，谓得正道。上之比下，必有此三者；下之从上，必求此三者，则无咎也。

——《程氏易传·比传》

【注释】①原筮：原来的筮辞。②元永贞：元，首要，起始。永，常久。贞，中正。③亲比：亲近依附。比，接近，亲和。④占决：以占卜推断事情。

【译文】《周易·比卦》卦辞说："吉祥，原来的筮辞是具备'元永贞'，就没有过患。"《程氏易传》中说：人之间的亲近比附，一定有其原则。如果不符合这个原则，就会有悔恨过患。所以一定要推究原来的占断，选择可以亲附的去亲附，所亲附的事物符合"元永贞"的原则，就没有过患。元，是说有君主首领之道；永，是说可以保持常久；贞，是说处于中正之道。上位的人要使下位的人亲附自己，一定要具备这三种品德；下位的人随从上位的人，一定得要求上位的人具备这三种品德，这样就不会有过患。

4.《履》之初九曰："素履①往，无咎。"《传》曰：夫人不能自安于贫贱之素，则其进也，乃贪躁而动，求去乎贫贱耳，非欲有为也。既得其进，骄溢必矣，故往则有咎。贤者则安履其素②，其处也乐，其进也将有为也，故得其进，则有为而无不善。若欲贵之心与行道之心交战于中，岂能安履其素乎？

——《程氏易传·履传》

【注释】①素履：穿着洁白无彩的鞋，后比喻质朴无华、清白自守的处世态度。素，纯白色。②安履其素：安处于清素之中。

【译文】《周易·履卦》的初九爻辞说："穿着洁白无华的鞋出去，没有过患。"《程氏易传》中说：人如果不能自己安于贫贱清素，那么他的求进就是因贪心浮躁而动，是想要摆脱自己的贫贱，而不是想要有所作为。这样的人一旦已经得到晋升，一定会骄慢横溢，所以出去就会有过患。贤人就会安于清素的生活，他处在贫贱清素中是快乐的，他要求得晋升也会有所作为。所以他一旦晋升，就会有所作为而且没有什么做不好的。如果是想要求得显贵的心和实行圣贤之道的心在内心中相互交战，这样怎么能安于清素之中呢？

5.大人于否①之时，守其正节，不杂乱于小人之群类，身虽否而道之亨也，故曰："大人否，亨。"不以道而身亨，乃道否也。

——《程氏易传·否传》

【注释】①否：坏，恶，这里引申为逆境。

【译文】有德行学问的人在困厄之中的时候,守持中正的节操,不混杂在无才无德的小民群类之中,自身虽然困厄但圣道却亨通,所以《周易·否卦》六二爻辞说:"有德行学问的人身处困厄,是吉祥亨通的。"如果不依循圣道而使自身亨通,这样就是把圣道败坏了。

6.人之所随,得正则远邪,从非则失是,无两从①之理。《随》之六二,苟系初,则失五矣,故《象》曰:"弗兼与②也。"所以戒人从正,当专一也。

——《程氏易传·随传》

【注释】①两从:同时依从两事。②兼与:兼得,同时结交两事。

【译文】人选择伴随在身边的事物,是得到正的自己就能远离邪的,依从错的自己就失去对的,没有同时依从邪正或是非的道理。随卦的六二爻,如果只系在初爻,就失去了其他五爻,所以象辞说:"不能兼得。"所以要告诫人们依从正道应当专一心志。

7.君子所贵,世俗所羞;世俗所贵,君子所贱。故曰:"贲①其趾,舍车而徒②。"

——《程氏易传·贲传》

【注释】①贲:修饰,美饰。②徒:徒步行走。

【译文】君子所看重的,是世俗所羞耻的;世俗所看重的,是君子所鄙视的。所以《周易·贲卦》初九爻辞说:"将脚装饰得很美,就丢下车子徒步行走。"

8.《蛊》之上九曰:"不事王侯①,高尚其事。"《象》曰:"不事王侯,志可则②也。"《传》曰:士之自高尚,亦非一道③:有怀抱道德,不偶于时④,而高洁自守者;有知止足⑤之道,退而自保者;有量能度分⑥,安于不求知⑦者;有清介自守,不屑天下之事,独洁其身者。所处虽有得失小大之殊,皆自高尚其事者也。《象》所谓"志可则"者,进退合道者也。

——《程氏易传·蛊传》

【注释】①不事王侯:不事奉王侯,指不出仕做官。②则:作为准则,即效法之意。③一道:这里指一种情况。④不偶于时:不合时宜。偶,匹配,相合。⑤止足:知止知足。⑥量能度分:衡量自己才能,计度自己天分。⑦求知:追求为他人所知,追求显达。

【译文】《周易·蛊卦》的上九爻辞说:"不做官事奉王侯而隐退,是高尚的事。"象辞说:"不做官事奉王侯,这种志向可以作为效法的准则。"《程氏易传》上说:士人自为高尚的,也不是一种情况:有胸怀大德却不合时势而高洁自守的人,有知止知足、功成身退以求自保的人,有度量自己才能天分不足而安于不求显达的人,有清介自守、不屑天下碌碌之事而独善其身的人。他们所处的境界,虽然有得失、大小的不同,然而他们都是使自己行为高尚的人。象辞所说的"志向可以作为效法的准则",是因为他们出仕引退都合于圣贤之道。

9.《遁》者,阴之始长,君子知微,固当深戒。而圣人之意,未便遽已也,故有"与时行①,小利贞②"之教。圣贤之于天下，虽知道之将废，岂肯坐视其乱而不救？必区区③致力于未极之间，强此之衰，艰彼之进，图④其暂安。苟得为之，孔孟之所屑为也，王允⑤、谢安⑥之于汉晋是也。

——《程氏易传·遯传》

【注释】①与时行：随顺时势而行。②小利贞：小有利益的占断。③区区：坚执，勤苦。④图：筹划，谋求。⑤王允：字子师，太原祁人，东汉末年大臣。东汉大势已去，他仍谋求诛杀宦官及董卓。⑥谢安：字安石，陈郡阳夏人，东晋著名政治家，名士谢尚的从弟，领导晋军取得淝水之战的胜利，为风雨飘摇的东晋赢得数十年清平安和。

【译文】遯卦的"遯"，代表阴气开始滋长，君子明察几微，固然应当深以为戒。而圣人的意思并不是立刻停止，所以有"随顺时势而行，是小有利益的占断"这样的教导。圣贤对于天下大势，尽管知道大道即将被废止，但他怎么肯坐着看天下大乱而不拯救呢？他一定会尽心勤苦地致力于还没有变乱到极点之时，使衰弱的力量变得强大，使变乱的演进收到阻遏，以此来图谋天下暂时的安定。如果能做到，那么即使孔子、孟子这样的圣贤也肯去做，就像王允在东汉末、谢安在东晋末所做的就是如此啊！

10.《明夷》初九，事未显而处甚艰，非见几之明①不能也。如是，则世俗孰不疑怪②？然君子不以世俗之见怪而迟疑其行也。若俟众人尽识，则伤已及而不能去已。

——《程氏易传·明夷传》

【注释】①见几之明：明察几微的智慧。②疑怪：奇怪，诧异。

【译文】明夷卦的初九爻,代表事情还没有形成但处境十分艰难,不是有明察几微的智慧就不能看出这一点。如果君子此时避身而去,世俗一般人哪有不惊奇诧异的呢?然而君子不能因为世俗人觉得怪异就拖延质疑自己的行为。如果等到众人都能看清楚的时候再行动,伤害就会已经到来而不能躲开了。

11.《晋》之初六,在下而始进,岂遽能深见信于上?苟上未见信,则当安中自守,雍容宽裕,无急于求上之信也。苟欲信之心切,非汲汲①以失其守,则悻悻②以伤于义矣。故曰:"晋如③,摧如④,贞吉。罔孚⑤,裕⑥无咎。"然圣人又恐后之人不达宽裕之义,居位者废职失守以为裕,故特云初六"裕则无咎"者,始进未受命当职任故也。若有官守,不信于上而失其职,一日不可居也。然事非一概,久速唯时,亦容⑦有为之兆者。

——《程氏易传·晋传》

【注释】①汲汲:尽力钻营求取名利,不知停止。②悻悻:愤恨难平的样子。③晋如:进长、晋升。④摧如:遭受催折阻碍。⑤罔孚:没有信用,不能取信。⑥裕:从容优裕。⑦容:等待。

【译文】晋卦的初六爻,居于最下而刚开始进升,怎么立刻就能深切取信于上位之人?如果上位之人还没有信任,就应当安心地自我守持正道,温和庄重又从容优裕,不要急于求得上位之人的信任。如果想要被上位之人信任的心太过急切,不是因碌碌钻营于名利而失去了自我的操守,就是因自心愤愤不平而伤害了义理的修养。

所以初六的爻辞说："晋升之势，受到摧折阻挠，坚守中正就吉祥。然而还未能取信于人，如果心态从容优裕就没有过患。"然而圣人又担心后世的人不能通达"从容优裕"的含义，而认为有官位的人废弃职守就是从容优裕，所以特地说明了初六爻辞的"从容优裕就没有过患"，是针对刚刚晋升还没有正式受命任职的人而言的。如果是有官职的人，不能取信于上位的领导而失去自己的职守，这样一天都过不下去。然而事情也不能一概而论，要宽缓还是快速只要看时宜而行，也应等待事情的征兆出现而定。

12.不正而合，未有久而不离者也；合以正道，自无终睽①之理。故贤者顺理而安行，智者知几而固守。

——《程氏易传·睽传》

【注释】①睽：违背，分离。

【译文】以不正之道相合，没有时间久了却不分离的；以正道相合，自然没有最终分离的道理。所以贤人循顺整理安然而行，智者观察几微固守正道。

13.君子当困穷之时，既尽其防虑①之道而不得免，则命也。当推致其命②以遂其志。知命之当然也，则穷塞③祸患不以动其心，行吾义而已。苟不知命，则恐惧于险难，陨获④于穷厄，所守亡矣，安能遂其为善之志乎？

——《程氏易传·困传》

【注释】①防虑：因有所顾虑而提防。②推致其命：推究穷尽天命。③穷塞：困厄受阻。④陨获：丧失志气。

【译文】君子在困顿穷厄之时，已经穷尽思考规避的方法而仍不能避免，就是命运使然了。应当推究穷尽天命以实现自己的志愿。如果明白了天命本来应当如此，那么穷厄、阻难、祸患都不能动摇心志，只要去践行自己的道义之事而已。如果不明白天命所在，就会对险难感到恐惧，在穷厄中丧失志气，自己的操守也丧失了，怎么能实现自己行善的志愿呢？

14.寒士①之妻，弱国之臣，各安其正而已。苟择势②而从，则恶之大者，不容于世矣。

——《程氏易传·困传》

【注释】①寒士：家境贫寒、身份卑微的人。②势：权势，威势。

【译文】寒门士子的妻子、弱小国家的臣子，要各自安于其正道之上。如果选择有威势的去依从，就是大恶的行为，不会被天下所容。

15.《井》之九三，渫治①而不见食，乃人有才智而不见用，以不得行②为忧恻也。盖刚而不中③，故切于施为④，异乎"用⑤之则行，舍⑥之则藏"者矣。

——《程氏易传·井传》

【注释】①渫治：过滤澄清。渫，淘去污泥。②不得行：不能有所作为。③刚而不中：九三爻为阳爻居阳位，故刚；九三爻居下卦之上位，故不中。④切于施为：迫切地想要施展才能、有所作为。⑤用：任用。⑥舍：弃舍，不予任用。

【译文】井卦的九三爻辞说，水被过滤澄清了但人们却不饮用，这就好像人有才华智慧却不被重用，因自己抱负不能施行而忧伤痛心。九三爻是以阳爻处于刚位，但却不在下卦之中位，所以代表要迫切地去施展才能、有所作为，这和孔子说的"任用就去实行，不任用就去归隐"就不同了。

16.《革》之六二，中正①则无偏蔽，文明②则尽事理，应上③则得权势，体顺④则无违悖。时可矣，位得矣，才足矣，处革之至善者也。必待上下之信，故"巳日⑤乃革⑥之"也。如二之才德，当进行其道，则吉而无咎也；不进，则失可为之时，为有咎也。

——《程氏易传·革传》

【注释】① 中正：革卦六二阴爻居下卦之中位，故中；以阴爻居阴位，故正。②文明：革卦下卦为离卦，离卦代表文明。文明，事物的纹理脉络明白清晰。③应上：指革卦六二爻居下卦之中位，与上卦之中位、代表尊位的九五爻正应，故称"应上"。④体顺：革卦六二爻为阴爻居阴位，体位均属柔顺。⑤巳日：一说为天干之"已"日；一说为天命已至之"已"日；一说为祭祀之日，"巳"通"祀"。⑥革：变革。

【译文】革卦的六二爻，居下卦中位故"中"，以阴爻居阴位故"正"，中正就没有偏颇障蔽；下卦为离卦，离卦代表事理清楚，事理清楚就能穷尽万事万理；下卦之中的六二爻与上卦之中处于"尊位"的九五爻正应，上应九五所以得到权势；六为阴爻，二为阴位，体位柔顺，体位柔顺所以没有违反悖逆的事。时机可行，权位得到，才能具足，这是处在变革最佳的条件之下。一定要等到上下都信任才可变革，所以说"祭祀的那天就举行变革"。像六二爻这样的才德，应当推进它的原理准则，这样就吉祥而没有过患了。如果不推进就失去了可以施行作为的时机，那样就有过患了。

17.鼎之有实①，乃人之有才业也，当慎所趋向。不慎所往，则亦陷于非义。故曰："鼎有实，慎所之②也。"

——《程氏易传·鼎传》

【注释】①实：实物。②之：去，往。

【译文】鼎中盛有实物，象征人有才能功业，应当谨慎决定去向。如果不慎重决定所要去的地方，也会陷入不合道义的境地之中。所以象辞说："鼎中有实物，要谨慎选择去向。"

18.士之处高位，则有拯而无随；在下位，则有当拯，有当随，有拯之不得而后随。

——《程氏易传·艮传》

【译文】士子处在高位上的，对于过失弊端就应该扶助而不要随顺；士子处在下位的，对于过失弊端就应该既有扶助、又有随顺，或者是扶助没有成功而后随顺。

19."君子思不出其位。"位者,所处之分①也。万事各有其所,得其所则止而安。若当行而止,当速而久②,或过或不及,皆出其位也,况逾分非据③乎?

——《程氏易传·艮传》

【注释】①分:职分,本分。②久:迟缓。③非据:占据不应占据的位置。

【译文】《周易·艮卦》的象辞说:"君子的心思不要超出自己的本位。"本位,是说自己所处的职分范围。万事都有各自的处所,有了各自的处所就能静止而安定。如果应当行进却止步、应当快速却迟缓,或者过度或者不足,这都是超出了自己的本位,何况逾越自己的职分占据本不应占据的位置呢?

20.人之止,难于久终,故节或移于晚,守或失于终,事或废于久,人之所同患也。《艮》之上九,敦厚于终,止道之至善也,故曰:"敦艮①,吉。"

——《程氏易传·艮传》

【注释】①敦艮:止于敦厚。艮,止。

【译文】人的专一,难以长久保持、始终一贯,所以有的人的气节在晚年变易,有的人的操守在最后失去,有的事情因时间长久而荒废,这是人们的通病。艮卦的上九爻,象征敦厚保持始终,这是专一之道到达了最好的境界,所以象辞说:"止于敦厚,吉祥。"

21.《中孚》之初九曰:"虞①吉。"《象》曰:"志未变也。"《传》曰:当信之始,志未有所从,而虞度②所信,则得其正,是以吉也。志有所从,则是变动,虞之不得其正矣。

——《程氏易传·中孚传》

【注释】①虞:预料,推测。②虞度:谋虑。

【译文】《周易·中孚卦》的初九爻辞说:"推测结果为吉。"象辞说:"心志没有变化。"《程氏易传》说:当信任刚刚开始之时,心志并没有依从某一方,这样考虑所信任的事物,就可以得到正确的结论,所以是吉。心志有所依从,就是有变动了,这样推测就无法得到正确的结论了。

22.贤者惟知义而已,命在其中。中人以下,乃以命处义①,如言"求之有道,得之有命,是求无益于得。"知命之不可求,故自处以不求。若贤者则求之以道,得之以义,不必言命。

——《二程遗书》卷一

【注释】①以命处义:以命定的观点看待义。

【译文】贤人只知道"义"而已,天命就自然在其中。学问修养中等以下的人,就以命定的观点看待"义",比如孟子说的"追求要按照一定的原理准则,获得是由天命决定,追求本身对于获得没有什么帮助。"如果知道天命是不可强求的,就会自我安处、不再苛求。如果是贤人，就以一定的原理准则来追求，以符合义礼的方式去获得，不必谈天命决定有无。

23.人之于患难，只有一个处置，尽人谋之后，却须泰然处之。有人遇一事，则心心念念不肯舍，毕竟何益？若不会处置了放下，便是无义无命也。

——《二程遗书》卷二上

【译文】人对待患难，只应做一个处置，就是尽心谋虑之后，就应该泰然处之了。有的人遇到一件事情，就会心心念念不肯舍离，这样最终会有什么好处呢？如果不会处置过了就放下，就是不懂"义"也不懂"命"了。

24.门人有居太学①而欲归应乡举②者，问其故，曰：蔡人③鲜习《戴记》④，决科⑤之利也。先生曰：汝之是心，已不可入于尧舜之道矣。夫子贡⑥之高识，曷尝规规⑦于货利哉？特于丰约⑧之间，不能无留情⑨耳。且贫富有命，彼乃留情于其间，多见其不信道也，故圣人谓之"不受命"。有志于道者，要当去此心而后可与语也。

——《二程遗书》卷四

【注释】①太学：中国古代中央政府设立的最高学府，始于汉代。②乡举：乡贡、乡试。③蔡人：上蔡地方的人。④《戴记》：《大戴礼记》，前人多谓其书成于西汉末礼学家戴德（世称"大戴"）之手，现代学者研究论定成书应在东汉中期，很可能是大戴后学为传习《士礼》编定的参考资料汇集。

⑤决科:谓参加射策,决定科第,后指参加科举考试。⑥子贡:端木赐,字子贡,春秋末年卫国人,"孔门十哲"之一,孔子曾称其为"瑚琏之器"。⑦规规:见识浅陋拘泥。⑧丰约:丰裕与简约,指贫富。⑨留情:用情,动情。

【译文】程颐的门人有在太学读书而想回乡应举的,问其原因,他说:家乡上蔡的人很少有研习《大戴礼记》的,这样对我应举有利。程颐先生说:你这样的心,已经不能进入尧舜之道了。像子贡那样的高远见识,何曾浅陋地拘泥于商货财利呢?只是在物质的丰裕和贫乏之间,他还不能做到毫不动情而已。况且人的贫富自有天命,他却留情于贫富之间,大体上可见他并非真信圣贤之道,所以圣人说他"不禀受天命"。有志于求道的人,应当去除这种心理才能与他谈论大道。

25.人苟有"朝闻道,夕死可矣"之志,则不肯一日安于所不安也。何止一日,须臾不能。如曾子易箦①,须要如此乃安。人不能若此者,只为不见实理。实理者,实见得是,实见得非。凡实理,得之于心自别。若耳闻口道者,心实不见;若见得,必不肯安于所不安。人之一身,尽有所不肯为,及至他事又不然。若士者,虽杀之使为穿窬②,必不为,其他事未必然。至如执卷者,莫不知说礼义。又如王公大人,皆能言轩冕③外物,及其临利害,则不知就义理,却就富贵。如此者,只是说得,不实见。及其蹈水火,则人皆避之,是实见得。须是有"见不善如探汤④"之心,则自然别。昔曾经伤于虎者,他人语虎,则虽三尺童子皆知虎之可畏,终不似曾经伤者神色慑惧、至诚畏之，是实见得也。得之于心，是谓有德，不待勉强。然学者则须勉强。古人有捐躯陨命者，若不实见得，则乌能如此？须是实见得生不重于义，生不安于死也，故有杀身成仁，只是成就一个"是"而已。

——《二程遗书》卷十五

【注释】①曾子易箦：曾子弥留之际，用了季孙所送的大夫专用的席子，为遵循礼法，他依然命令儿子给他更换席子，刚换完，他就无憾而终了。箦，竹席。②穿窬：指钻墙洞、翻墙头的盗窃行为。窬，通"逾"，从墙上爬过。③轩冕：原指古时大夫以上官员的车乘和冕服，后引申为借指官位爵禄、国君或显贵者。④探汤：以手探试沸水。汤，沸水。

【译文】人如果有"早上听闻圣贤大道，哪怕晚上死了也值得"的志向，那么就一天也不肯安处在不应安处的地方。何止一天，就是片刻也做不到。比如曾子临终依礼换去大夫的竹席，应当要这样做才能心安。人如果不能这样做，只是因为他还不明真实之理。真实之理，就是确实明白什么是"是"，确实明白什么是"非"。但凡真实之理由自心获知，自然各不相同。如果只是耳朵听到、口中说出的，自心确实还没有明白；如果心里明白，一定不肯安处在不应安处的地方。人的一身，有的是遇到某些事不肯做、等遇到其他事又不一样的情况。比如士子，即使以杀他威胁他去做凿洞翻墙这样的偷盗之事，他也一定不会做，而遇到其他的事情却未必能这样。至于像手拿书本的读书人，没有一个不知道谈论礼义的。又如王宫大臣，都能说官爵利禄、富贵名利是身外之物，等到面临利害抉择之时，却不知道选择义理之道，而要选择富贵利禄。像这样的人就只是嘴上说说，不是确实明白了真实之理。如果遇到脚踩进水火之中的情况，那么人人都知道躲避，这是确实明白了利弊得失。人应该有"看见不善之事如同伸手探试沸水"这样的心，就自然与普通人不同了。以前曾被老虎伤过的人，那么他人谈论老虎之时，尽管三尺的童子都知道老虎可怕，终究也不像曾经被老虎伤过的人那样神情恐惧、着实害怕，是因为他是确实明白了老虎的可怕。如果心中悟得了真实之理，就称作有德，不需要勉强。然而学道的人还是要从勉力而为开始。古人有为道义之事捐躯殒命的，如果不是确实明白了真实之理，怎么能做到呢？一定是确实明白了生命不如大义重要、生存不如赴死安心，所以才有杀身成仁的抉择，这只是成就了一个大"是"而已。

26.孟子辨舜、跖①之分，只在义利之间。言"间"者，谓相去不甚远，所争②毫末尔。义与利，只是个公与私也，才出义便以利言也。只那计较，便是为有利害。若无利害，何用计较？利害者，天下之常情也。人皆知趋利而避害，圣人则更不论利害，惟看义当为不当为，便是命在其中也。

——《二程遗书》卷十七

【注释】①跖：盗跖，原名展雄，又名柳下跖、桀跖，传说是春秋时期率领盗匪数千人的大盗。②争：差，欠。

【译文】孟子辨明舜和盗跖的区分，就只在义和利之间而已。说"间"，就是说相差不是很多，所差只有毫末之微。义和利只是公和私罢了，刚刚超出了义就是以利论说了。只因为那种计较就是有利害的表现，如果没有利害，何必要计较呢？利害，是天下的常情。人们都知道趋利避害，圣人就不再谈论利害，只依礼义看事情该不该做，这样天命也就在其中了。

27.大凡儒者，未敢望深造于道，且只得所存正、分别善恶、识廉耻，如此等人多，亦须渐好。

——《二程遗书》卷十七

【译文】但凡一般的儒生，不敢期望他们能够在圣贤之道上有深厚的造诣，暂且只要存心端正、明辨善恶、知晓廉耻，像这样的人多了，天下风气也应该会渐渐好转。

28.赵景平①问："子罕言利"，所谓利者，何利？曰：不独财利之利，凡有利心，便不可。如作一事，须寻自家稳便处，皆利心也。圣人以义为利，义安处便为利。如释氏之学，皆本于利，故便不是。

——《二程遗书》卷十六

【注释】①赵景平：程颐门人，生平不详。

【译文】赵景平问：孔子很少谈论利，所谓的"利"究竟是什么利呢？程颐说：不仅仅是财利的利，凡是有求取利益的心，就不可以。比如做一件事情，就要找到对自己稳妥便利的下手处，这都是求取利益之心。圣人把义看作利，得义理之安就是得到利益。至于像佛教的学说，都是从利益为出发点的，所以就不正确。

29.问：邢七①久从先生，想都无知识，后来极狼狈。先生曰：谓之全无知则不可，只是义理不能胜利欲之心，便至如此也。

——《二程遗书》卷十九

【注释】①邢七：邢恕，字和叔，郑州原武人，早年从二程学，举进士，趋附权臣，构陷多人，人称"四凶"之一。

【译文】问：刑恕长期依从先生学道，想来都没有学到什么知识，所以后来才弄权身败、狼狈不堪。程颐先生说：说他完全没有知识也不可以，只是他的义理之心不能战胜利欲之心，所以就到了这种境地。

30.谢湜①自蜀之京师，过洛而见程子。子曰：尔将何之？曰：将试教官②。子弗答。湜曰：何如？子曰：吾尝买婢，欲试之，其母怒而弗许，曰："吾女非可试者也。"今尔求为人师而试之，必为此媪③笑也。湜遂不行。

——《二程遗书》卷二十一上

【注释】①谢湜：字持正，四川金堂人，雾隐先生谢守中之子，神宗元年中进士，官至国子博士。②教官：古时掌管教诲晓谕的官员通称为"教官"。③媪：年老妇女。

【译文】谢湜从蜀中到京师去，途经洛阳就去拜见程颐先生。先生说：你准备到哪里去？谢湜说：我要去试用做掌管教化晓谕的教官。先生没有回答。谢湜说：怎么样呢？先生说：我曾经买了一个婢女，想要试用一下，她的母亲很生气，不答应，她说："我的女儿不是可以被试用的人。"现在你想成为人师却要被人家试用，一定会被那个老妇人嘲笑。谢湜于是就没有去。

31.先生在讲筵，不曾请俸，诸公遂牒①户部，问不支俸钱。户部索前任历子②，先生云：某起自草莱③，无前任历子。（本注：旧例：初入京官时，用下状④出给料钱历。先生不请，其意谓朝廷起我，便当"廪人继粟、庖人继肉⑤"也。）遂令户部自为出券历⑥，又不为妻求封⑦。范纯甫⑧问其故，先生曰：某当时起自草莱，三辞然后受命，岂有今日乃为妻求封之理？问：今人陈乞恩例⑨，义当然否？人皆以为本分，不为害。先生曰：只为而今士大夫道得个"乞"字惯，却动不动又是乞也。因问：陈乞封父祖如何？先生曰：此事体又别。再三请益，但云：其说甚长，待别时说。

——《二程遗书》卷十九

【注释】①牒：呈递公文证件。②历子：宋代料粮院掌发俸禄，有料钱历，据状注明各官授官日月，发给本人，凭以赴户部领支俸钱。料钱历即"历子"。③草莱：本义田野、杂草，此指平民、未出仕为官者。④下状：投递状子，此指以接到的状子作为户部办理"料钱历"的证明。⑤廪人继粟、庖人继肉：出自《孟子·万章下》，指国君对投奔的贤士生活上的优待：让掌管粮仓的人送来谷米，让掌管膳食的人送来肉食。⑥券历：指料钱历。券，可作凭证之物。⑦封：赐封爵位、尊号。⑧范纯甫：范祖禹，字淳甫，又作醇甫、纯甫。⑨陈乞恩例：上陈皇帝，乞求恩赐。陈乞，向皇帝陈述请求。恩例，皇帝为宣示恩德而颁布的条例规定。

【译文】程颐先生在讲席讲学的时候，不曾向朝廷请领俸钱，各位做官的同仁就呈文给户部，询问为何没有给程颐支出俸钱。户部索要程颐原任职位上的料钱历，程颐先生说：我以乡野布衣的身份为朝廷起用，没有原任职位上的料钱历。（本注：按照旧例，刚到京师做官时，要递交状子作为出具料钱历的证明材料。程颐先生不请领俸钱，用意在于说朝廷既然起用我，就应当像孟子说的那样主动"让掌管仓库的人送来谷米，让掌管膳食的人送来肉食"。）于是他让户部自己出具了一份料钱历，但又没有为妻子求取封号。范祖禹问其原因，程颐先生说：我当时是以乡野布衣的身份而为朝廷召请，我再三推辞不掉然后才接受任命，哪有今天反而要为妻子求得封号的道理呢？问：今天的人上陈皇帝乞求封赐，从"义"上来讲是否是应该的呢？人们都把这种行为看作自己原本就有的权利，认为这样没有什么害处。程颐先生说：只是因为今天的士大夫说这个"乞"字说惯了，就动不动又去乞求封赐。又问：上陈皇帝乞求为父亲先祖封赐怎么样呢？程颐先生说：这件事性质又不同了。问者再三请教，程颐先生只是说：这话说起来太长了，等到其他时候再说吧。

32.汉策贤良①，犹是人举②之，如公孙弘③者，犹强起之，乃就对④。至如后世贤良，乃自求举尔。若果有曰："我心只望廷对⑤，欲直言天下事"，则亦可尚已。若志富贵，则得志便骄纵，失志则便放旷⑥与悲愁而已。

——《二程遗书》卷一

【注释】①汉策贤良：指汉代选拔人才的察举制，有贤良方正科、贤良文学科。②人举：他人推举。③公孙弘：西汉名臣，名弘，字季，齐地菑川人，汉武帝时先后二次被国人推荐，征为博士。④就对：此指接受对答的要求。对，应对，对答。⑤廷对：此指在朝廷中当中应答皇帝的询问。⑥放旷：原指豪放旷达，此指放逸无度。

【译文】汉代选拔人才的政策贤良，还是要靠他人的举荐，比如公孙弘，还是朝廷强力召请，他才去应对的。至于像后世的贤良，却是自己要求举荐自己的。如果真的有个人说："我的心里只希望在朝廷中和皇帝应答讲论，想要直言自己对于天下之事的想法"，那么也还值得推崇。如果是志在追求富贵，那么得志之时就会骄慢放纵，失志之时就会放浪无度、悲伤忧愁罢了。

33.伊川先生曰：人多说某不教人习举业①，某何尝不教人习举业也？人若不习举业而望及第②，却是责天理而不修人事。但举业既可以及第即已，若更去上面尽力求必得之道③，是惑也。

——《二程遗书》卷十八

【注释】①习举业：学习应举的课业。②及第：科举考试考中。③必得之道：指一定考中的方法。

【译文】程颐先生说：人们大多说我不教人学习应举的课业，我何曾不教人学习应举的课业呢？人如果不学习应举的课业却期望能考中，就是苛责上天之理而不完善个人之事。然而应举的课业就已经可以让人考中了,如果还要进一步向上竭尽其力求取一定考中的方法,真是令人疑惑。

34.问:家贫亲老,应举求仕,不免有得失之累①,何修可以免此?伊川先生曰:此只是志不胜气②。若志胜,自无此累。家贫亲老,须用禄仕,然得之不得为有命。曰:在己固可,为亲奈何?曰:为己为亲,也只是一事。若不得,其如命何?孔子曰:"不知命,无以为君子。"人苟不知命,见患难必避,遇得丧必动,见利必趋,其何以为君子?

——《二程遗书》卷十八

【注释】①得失之累:患得患失,牵累自心。②志不胜气:凝定专一的心志不能战胜因物而动的气性。

【译文】问:家境贫寒、双亲年老,去应举求做官,难免会被患得患失的心理所牵累,怎么样做可以避免这种情况?程颐先生说:这只是心志不能战胜气性。如果心志胜出,自然就没有这种牵累。家境贫寒、双亲年老,需要做官领取俸禄来养家,然而能不能得到官职却在天命。问:在于自己得不得官职固然都是可以,如果是为了父母双亲那又怎么办呢?程颐说:为自己或为双亲,也只是一件事。如果得不到官职,这样的命运又能拿它怎么样呢?孔子说:"不知天命,就不能成为君子。"人如果不知道天命,见到患难之事一定会躲避,遇到得失之事一定会动心,看到利益之事一定会趋附,这样怎么能成为君子呢?

35.或谓科举事业夺人之功①,是不然。且一月之中,十日为举业,余日足可为学。然人不志此,必志于彼。故科举之事,不患妨功,惟患夺志②。

——《二程外书》卷十一

【注释】①夺人之功:指占用了人做学问的时间。②夺志:改变志向。

【译文】有人说科举的课业会占用人修学圣道的时间,不是这样的。就说在一月之中,十天学习科举的课业,剩下的时间足以用来修学圣道。然而人的志向不在这里,就一定在那里。所以科举这事,不担心它妨碍自己修学圣道,只担心它改变自己的志向。

36.横渠先生曰:世禄①之荣,王者所以录②有功,尊有德,爱之厚之,示恩遇③之不穷也。为人后者,所宜乐职劝功④,以服勤事任⑤;长廉远利⑥,以似述世风⑦。而近代公卿子孙,方且下比布衣,工声病⑧,售有司⑨,不知求仕非义,而反羞循理为无能;不知荫袭⑩为荣,而反以虚名为善继,诚何心哉!

——张载《横渠文集·策问第五》

【注释】①世禄:古代有世禄之制,贵族世代享有爵禄。②录:采取,任用。③恩遇:恩情礼遇。④乐职劝功:乐职,乐于本职工作。劝功,努力建功立业。劝,勤勉,努力。⑤服勤事任:服勤,勤劳地服持职事。事任,承担职务。⑥长廉远利:长养廉洁,远避利欲。⑦似述世风:承传世家风范。似,继承。述,传述,传承。⑧工声病:专门修正诗文声律上的毛病,这里指专门研究写作诗赋的技巧。诗学有四声八病之说,声病指诗文声律方面的问题。⑨售有司:考取官职。售,考试得中。有司,指官吏,古代设官分职,各有专司,故称。⑩荫袭:古时因先辈有功,子孙受其庇荫而承袭官位爵禄。

【译文】张载先生说:世代爵禄的荣耀,帝王用它来任用有功的人、尊崇有德的人,关爱、厚待他们,表示帝王的恩情礼遇是没有穷尽的。作为世家的后代,所应该做的是乐于职守、努力建功,以勤勉地服持承担本职工作;长养廉洁、远避利欲,以承传世家贵族的风范。然而近来数代的公卿子孙,却要降低身份与布衣寒士相比,专工诗文技巧,求取任用为官,不知道追求做官本来就不符合于大义,却反而把循理承袭看做羞耻,认为那样是无能。他们不知道因先辈功勋荫庇而承袭其官位爵禄是荣耀之事,却反而把追求科举虚名当作善于继承世家之业,这究竟是什么样的心理呢!

37.不资①其力而利其有,则能忘人之势②。

——张载《孟子说》

【注释】①资:以……为资,凭借。②势:势力,权势。

【译文】不借助他人的力量来做对自己有利的事,就能忘却他人的权势。

38.人多言安于贫贱,其实只是计穷力屈①才短②,不能营画③耳。若稍动得,恐未肯安之。须是诚知义理之乐于利欲也,乃能。

——张载《经学理窟·气质》

【注释】①计穷力屈：计谋、力量都用尽了。穷、屈，都是尽、竭之意。②才短：才识短浅。③营画：谋划。

【译文】人们多说自己安于贫贱，其实只是由于自己使尽手段、竭尽全力，但又才识短浅，不能谋划成功罢了。如果能稍微活动改变一下，恐怕是不肯安于现状的。应该要真正懂得义理的乐趣超过利欲的乐趣，才能做到安于贫贱。

39.天下事，大患只是畏人非笑①。不养车马，食粗衣恶，居贫贱，皆恐人非笑。不知当生则生、当死则死，今日万钟②、明日弃之，今日富贵、明日饥饿，亦不恤③，惟义所在。

—— 张载《经学理窟·自道》

【注释】①非笑：讥笑。②万钟：原指大量的粮食，后指优厚的俸禄、富裕的生活。钟，古量器名。③恤：忧虑。

【译文】天下的事，最怕的就是怕人讥笑。不养车马，吃穿粗劣，住处贫贱，都怕人讥笑。不知道当生就生、当死就死，今日万钟俸禄、明日抛弃一空，今日富贵荣华、明日饥饿落魄，这些都不去顾虑，只安于"义"所在之处。

卷八 治国平天下之道

1.濂溪先生曰：治天下有本，身之谓也；治天下有则，家之谓也。本必端，端本，诚心而已矣；则必善，善则，和亲而已矣。家难而天下易，家亲而天下疏也。家人离，必起于妇人，故《睽》次①《家人》，以"二女同居而志不同行"也。尧所以厘降②二女于妫汭③，舜可禅④乎？吾兹试矣。是治天下观于家，治家观身而已矣。身端，心诚之谓也；诚心，复其不善之动而已矣。不善之动，妄也；妄复，则无妄矣；无妄，则诚矣。故《无妄》次《复》，而曰"先王以茂对时⑤，育万物"，深哉！

—— 周敦颐《通书·家人睽复无妄》

【注释】①次：依次，接着。②厘降：此指下嫁。③妫汭：妫水隈曲之处，之舜所居之处，在今山西省永济市蒲州南。④禅：禅让。⑤以茂对时：以盛德配天，顺应时令。

【译文】周敦颐先生说：治理天下有根本，就是说从修身开始；治理天下有法则，就是说效法治家之则。根本一定要端正，端正根本在于自诚其心而已；法则一定要完善，完善法则在于使家人和睦而已。治家难而治理天下容易，因为家人亲近而天下疏远。家人离间不和，一定因妇人引起，所以睽卦紧跟家人卦之后，其《象辞》说："二女居住在一起，志向所行却不一致。"尧之所以把两个女儿在妫汭下嫁给舜，就是考虑是不是可以给舜禅让天下，他要通过两个女儿试探考验。所以能不能治理好天下就看能不能治好一家，能不能治好一家就看能不能修善自身。自身端正，说的是内心真诚；自心真诚，只是将不善的心行都恢复为本善而已。不善的心行，就是妄；妄恢复为本善，就没有妄了；没有妄，就真诚了。所以无妄卦紧接在复卦之后，其象辞说"先王以盛德配天，顺应时令，发育万物"，涵义深远啊！

2.明道先生尝言于神宗曰：得天理之正，极人伦之至者，尧舜之道也；用其私心，依仁义之偏者，霸者之事也。王道如砥①，本乎人情，出乎礼义，若履大路而行，无复回曲。霸者崎岖反侧于曲径之中，而卒不可与入尧舜之道。故诚心而王②，则王矣；假之而霸③，则霸矣。二者，其道不同，在审其初④而已。《易》所谓"差若毫厘，缪以千里"者，其初不可不审也。惟陛下稽⑤先圣之言，察人事之理，知尧舜之道备于己，反身而诚之，推之以及四海，则万世幸甚。

——《二程文集》卷一《论王霸札子》

【注释】①砥：本指磨刀石，此指道路平坦易行。②王：实行王道。③霸：推行霸业。④审其初：审视最初的心念。⑤稽：考核，核查。

【译文】程颢先生曾对宋神宗说：得天理中正之道，穷极人世伦常到达极致的，这是尧舜之道；运用一己私心，假借仁义之名却背离仁义而行，这是霸者事业。王道如磨刀石一样平坦易行，它以人之常情为根本，从礼义出发，就好像踏着大道前进，再没有曲折回环。霸者走在崎岖辗转、曲折回环的道路中，最终不能进入尧舜之道。所以诚心想要实行王道，王道就能实行；假借仁义之名图谋称霸，这就是霸业了。二者的道路不同，只在审视最初一念心思的不同而已。《周易》所说的"差之毫厘，谬以千里"，最初一念心思不可不去审察。只希望陛下考察先代圣人的言论，明察种种人情事理，明晓尧舜之道本来就具备于自身，然后反过来省察自身使自心真诚，再把这种修养推广遍及四海，那就是天下万世的荣幸了！

3.伊川先生曰：当世之务，所尤先者有三：一曰立志，二曰责任，三曰求贤。今虽纳嘉谋①，陈善算②，非君志先立，其能听而用之乎？君欲用之，非责任③宰辅④，其孰承而行之乎？君相协心，非贤者任职，其能施于天下乎？此三者，本也；制于事者，用也。三者之中，复以立志为本。所谓立志者，至诚一心，以道自任，以圣人之训为可必信，先王之治为可必行，不狃滞⑤于近规⑥，不迁惑⑦于众口，必期致天下如三代之世也。

——《二程文集》卷五《为家君应诏上英宗皇帝书》

【注释】①嘉谋：高明的经国谋略。②善算：优秀的策划。③责任：责成委任。④宰辅：辅政大臣，一般指宰相。⑤狃滞：因袭，拘泥。⑥近规：近世的习俗规则。⑦迁惑：改变和迷惑。

【译文】程颐先生说：当今时代的事情，尤其应该先做的有三件：一是立定志向，二是责成任命，三是求到贤才。现今即使广纳高明的经国谋略、陈示优秀的计谋策划，如果君王的志向不先树立，怎么能听取采用这些谋略计划呢？君王要想采取这些谋略计划，如果不是责成委任于宰辅大臣，那么谁能够承担此任而去推行此事呢？君王宰相同心协力，如果没有贤良之人担任职务，他们的政策谋略能够施行天下吗？这三件事是根本，用于事务决断处理的是应用。这三件事中，又以立定志向为根本。所谓立定志向，就是至为真诚、专一其心，把实行圣人之道作为自己的职责，认为圣人的训诫垂示必定可信，认为先王的治国之道必定可行，不墨守拘泥于近世陈规陋俗，观念不被舆论众说改变迷惑，希望一定能使天下实现如夏、商、周三代那样的大治。

4.《比》之九五曰："显比①，王用三驱②，失前禽③。"《传》曰：人君比天下之道，当显明其比道而已。如诚意以待物，恕己以及人，发政施仁，使天下蒙其惠泽，是人君亲比天下之道也。如是，天下孰不亲比于上？若乃暴④其小仁，违道干誉⑤，欲以求天下之比，其道亦已狭矣，其能得天下之比乎？王者显明其比道，天下自然来比。来者抚之，固不煦煦然⑥求比于物。若田之三驱，禽之去者从而不追，来者则取之也。此王道之大，所以其民皞皞⑦，而莫知为之者也。非惟人君比天下之道如此，大率人之相比莫不然。以臣于君言之，竭其忠诚，致其才力，乃显其比君之道也。用之与否，在君而已，不可阿谀逢迎，求其比己也。在朋友亦然，修身诚意以待之，亲己与否，在人而已，不可巧言令色⑧，曲从苟合⑨，以求人之比己也。于乡党亲戚，于众人，莫不皆然，"三驱，失前禽"之义也。

——《程氏易传·比传》

【注释】①显比：指臣子以光明之道辅佐其君。比，接近，亲附。②三驱：狩猎者从三面驱赶禽兽，凡向前跑的都让其逃掉，只捕那不从王命、不出反入的。这是古代王者狩猎的准则，以示其好生之德。③失前禽：指三面驱赶禽兽让向前跑的动物逃生。④暴：显露。⑤违道干誉：违背道义，求取名誉。⑥煦煦然：温煦和悦的样子。⑦皥皥：广大自得、心情舒畅的样子。⑧巧言令色：以花言巧语和媚态伪情来迷惑取悦他人。⑨曲从苟合：曲从，曲意顺从。苟合，附和，迎合。

【译文】《周易·比卦》的九五爻辞说："臣子以光明之道辅佐其君，君王狩猎时网开一面，从三面驱赶禽兽，让向前跑的禽兽得以逃生。"《程氏易传》中说：君王要使天下人归附自己的方法，就是应当明白显示出他的归附之道而已。比如以诚意待人接物，以恕己之心推及他人，推行明政、广施仁德，使天下人蒙受他的惠赐恩泽，这就是君王使天下归附自己的方法。如果这样做，天下人谁不会亲附君王？如果只是显露小仁小义，违背道义而追求虚名，想要使天下人归附自己，自己的道路也已经很狭窄了，怎么能得到天下人的归附呢？君王只要明白显示出自己的归附之道，天下人自然来归附。来归附的人就安抚他们，本不需要做出温煦和悦的样子来求得他人的归附。就好像狩猎的时候网开一面，从三面驱赶禽兽，向前跑走的禽兽就随它去不再追赶，没有向前跑走反而过来的才去猎捕。这正显示了王道的浩大，所以百姓才会怡然自得、心情舒泰，而不知这种结果是如何做到的。不是只有君王使天下人归附的方法是这样，大体上人之间的亲附结交也没有不是这样的。以臣子事奉君王来说，臣子竭尽自己的忠诚，穷极自己的才力，这就是显示他归附君王的方法。任用或不任用，决定权在于君王，不可以阿谀逢迎，追求君王亲信自己。与朋友相交也是一样，修养自身、内心真诚地去对待朋友，至于他人亲附结交自己与否，决定权在于他人，不可以巧言令色、曲意逢迎来追求他人亲附于自己。对待乡人亲戚、对待大众百姓，莫不如此，这就是"三面驱赶禽兽，让前面跑的禽兽逃生"的含义啊！

5.古之时，公卿大夫而下，位各称①其德，终身居之，得其分②也；位未称德，则君举而进之，士修其学，学至而君求之，皆非有预③于己也。农工商贾④，勤其事而所享有限⑤。故皆有定志，而天下之心可一。后世自庶士至于公卿，日志于尊荣，农工商贾，日志于富侈⑥。亿兆⑦之心，交骛于利，天下纷然，如之何其可一也？欲其不乱，难矣！

——《程氏易传·履传》

【注释】①称：匹配，相称。②分：指名位、职责、权利的限度。③预：预先安排。④农工商贾：农，农民。工，从事各种技艺的劳动者的总称。商贾，商人。⑤限：范围，分界。⑥富侈：财产极多。⑦亿兆：原指数量极多，此指庶民百姓、天下万民。

【译文】古时，自公卿大夫以下的官员，职位各与其德行相称，终身担任官职，名禄权责各如其分；职位过低而不与其德行相称的，国君就会举荐提拔他，士子修习学问，学有所成国君就请求他出仕，这都不是自己预先有所安排。农民、工匠、商人等各行各业的人，勤劳从事各自的本职工作，享受的权利也各有其范围限度。所以人们都有安定的心志，这样天下人的心就可以凝聚起来。后世从庶民士子到公卿大夫，天天把尊贵荣显作为自己的志向；农民、工匠、商人等各行各业的人，天天把富贵奢侈作为自己的志向。亿万生民，交相追名逐利，天下纷纷扰扰，像这样怎么能够凝聚人心呢？想要使天下不乱，太难了！

6.《泰》之九二曰："包荒①，用冯河②。"《传》曰：人情安肆③，则政舒缓，而法度废弛，庶事无节④。治之之道，必有包含荒秽之量，则其施为，宽裕详密，弊革事理，而人安之。若无含弘之度，有忿疾之心，则无深远之虑，有暴扰之患，深弊未去而近患已生矣。故在包荒也。自古泰治⑤之世，必渐至于衰替⑥，盖由狃习⑦安逸，因循而然。自非刚断之君，英烈之辅，不能挺特⑧奋发以革其弊也，故曰"用冯河"。或疑上云"包荒"，则是包含宽容；此云"用冯河"，则是奋发改革，似相反也。不知以含容之量，施刚果⑨之用，乃圣贤之为也。

——《程氏易传·泰传》

【注释】①包荒：包含荒秽，指度量宽大。②冯河：徒步涉水渡河。这里用来形容人刚毅果决的气概。③安肆：安乐放纵。④庶事无节：各种事物没有节度。⑤泰治：太平安定。⑥衰替：衰败。⑦狃习：熟习，习惯。⑧挺特：超群特出。⑨刚果：刚毅果断。

【译文】《周易·泰卦》的九二爻辞说："度量宽大，徒步过河。"《程氏易传》中说：人的情志安乐放纵，那么政令就会舒缓，法度就会懈废，完事就失去节度。治理的办法，是一定要有容纳繁芜的度量，这样施政作为，就会宽厚充裕而周详细密，弊端革除而万事理顺，人民就能得到安定。如果没有包容弘大的气度，却有忿怒憎恶的心，就会缺乏深谋远虑，而有暴乱纷扰的忧患，深重的弊病还没有革除，切近的祸患已经产生。所以治国理政之要在于要有容纳繁芜的度量。自古以来太平安定的时代，一定是渐渐衰败的，这是由人们在太平之世惯于安逸、因循守旧造成的。如果不是刚断的君王、英烈的辅臣，就不能卓然特出、奋发有为去革除弊病，所以说"要徒步过河"。有人疑惑，上文说的"容纳繁芜"是包容宽宏的意思，这里说的"要徒步过河"却是奋发改革的意思，好像这两种意思是相互矛盾的。他不知道以包含容纳的度量，实行刚毅果决的应用，这才是圣贤的作为。

7."观：盥①而不荐②，有孚③颙若④。"《传》曰：君子居上，为天下之表仪⑤，必极其庄敬。如始盥之初，勿使诚意少散。如既荐之后，则天下莫不尽其孚诚，颙然瞻仰之矣。

——《程氏易传·观传》

【注释】①盥：指祭祀前洗手。②荐：进献祭品。③孚：信服、敬仰。④颙若：尊敬仰慕的样子。⑤表仪：表率，模范。

【译文】《周易·观卦》卦辞说："观：祭祀前洗手，还没有献祭的时候，心存信仰，尊崇仰慕。"《程氏易传》中说：君子处在上位，是天下人的表率榜样，一定要穷极自己的庄重恭敬之风。就好像祭祀前刚开始洗手一样，不要让自己的诚心有丝毫的消散。这样等到已经献祭完毕，天下人就没有不尽心信服诚敬、尊崇瞻仰于你的。

8.凡天下至于一国一家，至于万事，所以不和合者，皆由有间也；无间，则合矣。以至天地之生，万物之成，皆合而后能遂；凡未合者，皆为有间也。若君臣、父子、亲戚、朋友之间，有离贰怨隙①者，盖谗邪②间于其间也；去其间隔而合之，则无不和且洽矣。《噬嗑》者，治天下之大用也。

——《程氏易传·噬嗑传》

【注释】①离贰怨隙：离贰，有叛离心、二心。怨隙，嫌隙。②谗邪：谗佞奸邪。

【译文】大凡从整个天下到一国、一家，再到万事，之所以有不和谐融洽，都是由于有了隔阂；如果没有隔阂，就能够和谐了。至于天地的生成，万物的化育，都要和谐才能实现。凡是不能和谐的，都是因为有了隔阂。像君臣、父子、亲戚、朋友之间，有异心嫌隙的，是因为谗佞奸邪之人在其中挑拨离间。消除离间隔阂而使其和谐，就没有不能和谐融洽相处的。噬嗑卦的道理，对治理天下有很大的作用。

9.《大畜》之六五曰:"豶豕①之牙,吉。"《传》曰:物有总摄②,事有机会③。圣人操得其要,则视亿兆之心犹一心,道④之斯行,止之则戢⑤,故不劳而治,其用若"豶豕之牙"也。豕,刚躁之物,若强制⑥其牙,则用力劳而不能止;若豶去其势,则牙虽存,而刚躁自止。君子法豶豕之义,知天下之恶不可以力制也,则察其机,持其要,塞绝其本原,故不假刑法严峻,而恶自止也。且如止盗,民有欲心,见利则动,苟不知教,而迫于饥寒,虽刑杀日施,其能胜亿兆利欲之心乎?圣人则知所以止之之道,不尚威刑,而修政教,使之有农桑⑦之业,知廉耻之道,虽赏之,不窃矣。

——《程氏易传·大畜传》

【注释】①豶豕:阉割过的猪。豕,猪。②总摄:主宰,总纲。③机会:关键,要害。④道:引导。⑤戢:停止。⑥强制:强力制服。⑦农桑:耕种田地,植桑养蚕,泛指农业生产。

【译文】《周易·大畜卦》的六五爻辞说:"阉割过的猪的牙齿,吉祥。"《程氏易传》中说:万物有总纲,万事有关键。圣人掌握了要领,所以看待亿万生民的心如同一心,引导他们前行,阻止他们停息,所以不劳心力就能治理好天下,这种运用就如"阉割过的猪的牙齿"一样。猪,是刚烈躁动的东西,如果强力制服它的利牙,那么即使费力辛劳也难以制服;如果把它阉割去势,那么它的利牙虽然还有,它的刚烈躁动之性却自然平息下来了。君子取法"阉割猪"的含义,明白天下的恶行不可以用暴力制服,就观察其枢机,把握其关键,阻塞断绝其源头，所以不必借助严刑峻法，恶行就自然平息了。就如消除盗窃这事，百姓有利欲之心，见到利益就心动，如果没有受到圣学教化，而为饥寒逼迫，即使刑罚杀戮日日施行，能够制止得了亿万生民的利欲之心吗？圣人就知道止息百姓利欲之心的办法，不推崇威严的刑罚，而完善政令教化，使百姓人人从事农业生产，懂得廉耻的道理，达到即使奖赏要他们去盗窃他们也不去的境地。

10. "解：利西南。无所往，其来复吉；有攸往，夙①吉。"《传》曰：西南，坤方。坤之体，广大平易。当天下之难方解，人始离艰苦，不可复以烦苛②严急治之，当济以宽大简易，乃其宜也。既解其难而安平无事矣，是"无所往"也，则当修复治道，正纪纲，明法度，进复先代明王之治，是"来复"也，谓反正理也。自古圣王救难定乱，其始未暇③遽为也，既安定，则为可久可继之治。自汉以下，乱既除，则不复有为，姑随时维持而已，故不能成善治，盖不知"来复"之义也。"有攸往，夙吉"，谓尚有当解之事，则早为之，乃吉也。当解而未尽者，不早去，则将复盛；事之复生者，不早为，则将渐大，故"夙则吉"也。

——《程氏易传·解传》

【注释】①夙：早。②烦苛：繁杂苛细，多指法令。③未暇：没有空闲，来不及。

【译文】《周易·解卦》的卦辞说："解：去西南方向有利。如果没有地方要去，返回原处吉利；如果有地方要去，早去吉利。"《程氏易传》中说：西南方，是坤的方位，坤的体性是广大平易。当天下灾难刚刚解除，人们才脱离了艰难困苦，不能再用繁杂严苛的法令去治理天下，应当以宽大简易的方法去扶助，这才是合宜的。灾难已经解除人民平安无事之时，就是"没有地方要去"，就应当完善恢复治理之道，严正纲纪，申明法度，进而恢复先代圣明君王实现天下大治的局面，这就是"返回原处"，也就是说返回到正理之中。自古以来圣明君王扶危济难、平定患乱，刚开始顾不上立刻去恢复圣治，等到天下已经安定，就会推行可以长久相继的治理之道。从汉朝以后，天下灾乱已经消除之后，就不再有所作为，只是随顺时势维持现状而已，所以不能实现大治，是因为不懂"返回原处"的义理啊！"如果有地方要去，早去吉利"，是说还有应当要解除的祸患，那么就要尽早解除才吉利。应当解除而没有彻底解除的祸患，如果不尽早消除，就会再次兴盛起来；事物重新发展起来，如果不尽早解决，就会逐渐发展壮大，所以说"早去吉利"。

11.夫有物必有则，父止于慈，子止于孝，君止于仁，臣止于敬，万物庶事，莫不各有其所。得其所则安，失其所则悖。圣人所以能使天下顺治①，非能为物作则②也，惟止之各于其所而已。

——《程氏易传·艮传》

【注释】①顺治：顺应自然之理而治理好天下。②作则：制定规则、法则。

【译文】只要有事物,就一定有其法则,如父亲应当专于慈爱,儿子应当专于孝顺,君王应当专于仁德,臣子应当专于恭敬,万事万物,没有不各有其本分的。尽到自己的本分就能安定,丧失自己的本分就会悖乱。圣人之所以能使天下顺应自然而治理安定,不是因为能为万事万物制定规则,而是使万事万物各自安于其本分而已。

12.《兑》,说①而能贞,是以上顺天理,下应人心,说道之至正至善者也。若夫"违道以干②百姓之誉"者,苟说之道,违道不顺天③,干誉非应人④,苟取一时之说耳,非君子之正道。君子之道,其说于民,如天地之施,感之于心而说服无斁⑤。

——《程氏易传·兑传》

【注释】①说:同"悦",取悦,后文"说"皆同此义。②干:求取。③顺天:顺应天命。④应人:合乎人心。⑤斁:厌倦,懈怠。

【译文】《周易·兑卦》的道理,是取悦于人而能守持正道,这样就能上随顺于天理,下合乎人心,这是取悦于人的方法中至为中正贤善的方法。至于那些违背正道而求取百姓赞誉的行为,是苟且取悦于人的方法,违背正道而不顺应天命,追求声名而不合乎人心,只是苟且赢得他人一时的欢悦而已,并不是君子的正道。君子之道,取悦百姓就好像是天地自然的惠赐,能感动人的内心,使人心悦诚服而不知厌倦。

13.天下之事,不进则退,无一定①之理。《济》之终,不进而止矣，无常止也，衰乱至矣，盖其道已穷极也。圣人至此奈何？曰：唯圣人为能通其变于未穷，不使至于极，尧舜是也，故有终而无乱。

——《程氏易传·既济传》

【注释】①一定：定于一处，固定不变。

【译文】天下的事，不是进就是退，没有固定不变的道理。既济卦的最后一爻，不能再前进就静止下来，但没有永恒的静止，静止而后衰乱就出现了，因为治理之道已经彻底用尽了。圣人到这里又能怎么办呢？回答是：只有圣人才能在治理之道还未穷尽的时候通达权变，不使其发展到彻底穷尽的地步，尧舜就是这样做的，所以他们最终让天下大治而没有变乱。

14.为民立君，所以养之也。养民之道，在爱其力。民力足则生养遂，生养遂，则教化行而风俗美，故为政以民力为重也。《春秋》凡用民力必书。其所兴作①，不时②害义，固为罪也。虽时且义必书，见劳民为重事也。后之人君知此义，则知慎重于用民力矣。然有用民力之大而不书者，为教之意深矣。僖公③修泮宫④、复閟宫⑤，非不用民力也，然而不书。二者，复古兴废⑥之大事，为国之先务，如是而用民力，乃所当用也。人君知此义，知为政之先后轻重矣。

——《程氏经说·春秋传》

【注释】①兴作：兴造建筑，兴建。②不时：违背时令。③僖公：鲁僖公，姬姓，名申，鲁庄公之子，春秋时期鲁国第十八任君主。④泮宫：高等学府，学官。⑤閟宫：宗庙祭祀之处，供奉周朝列代先祖。⑥复古兴废：恢复古迹，复兴衰废。

【译文】为人民设立君王，目的在于要养育人民。养育人民的方法，在于要爱惜民力。民力充足，那么休养生息才能实现，休养生息实现了，那么圣人的教化就能推行而且世间的风俗良善美好，所以治国理政要把民力看得很重要。《春秋》一书中，凡是君王动用民力的事一定有记载。如果君王兴建的工程违背农时而且危害大义，这原本就是罪过。即使兴建的工程合乎农时大义，《春秋》也一定记载，可见劳用民力是重大的事。后代的君王如果懂得了这个道理，就知道慎重地使用民力了。然而《春秋》中也有动用很大民力却没有记载的，其垂教后世的意义很深刻。比如鲁僖公修建泮宫、复原泮宫，并非没有动用民力，然而《春秋》并没有记载。因为这两件事是恢复古迹、复兴衰废的大事，是国家的首要政务，因此这种动用民力是应当动用的。君王如果明白了这个道理，就明白了处理政事的先后轻重了。

15.治身齐家以至平天下者，治之道也。建立治纲，分正百职，顺天时以制事，至于创制立度，尽天下之事者，治之法也。圣人治天下之道，唯此二端而已。

——《程氏经说·书解》

【译文】修身齐家再到平治天下,这是治理国家的原则。建立治理纲纪,区分严正百官之职,顺应天时处理事务,以至于创立制度规范一切天下之事,这是治理国家的方法。圣人治理天下的准则,只有这两个方面而已。

16.明道先生曰:先王之世,以道治天下,后世只是以法把持天下。

——《二程遗书》卷一

【译文】程颢先生说:前代圣王的时代,是用圣道治理天下,后世只是用法度控制天下。

17.为政须要有纪纲文章①,先有司②、乡官读法③、平价④、谨权量⑤,皆不可阙也。人各亲其亲,然后能不独亲其亲。仲弓⑥曰:"焉知贤才而举之?"子曰:"举尔所知。尔所不知,人其舍诸?"便见仲弓与圣人用心之大小。推此义,则一心可以丧邦,一心可以兴邦,只在公私之间尔。

——《二程遗书》卷十一

【注释】①纪纲文章:纪纲,典章法度。文章,利乐法度。②先有司:处理事务先于下属。先,先于……做事,意指成为表率、榜样。③乡官读法:乡官,治理一乡事务的下级官吏,汉代以三老、有秩、啬夫、游徼等为乡官。读法,宣读法令。④平价:平抑物价。⑤谨权量:审慎地确定度量标准。权,测定物体轻重的器具。量,测定物体大小或数量的器具。⑥冉雍,字仲弓,春秋末期鲁国陶人,孔子弟子,与冉耕、冉求皆在孔门十哲之列,世称"一门三贤"。

【译文】治国理政应该有典章纲领和礼乐法度,领导者为下属以身作则、乡官宣读法令、平抑物价、审慎确定度量标准等,都是不可缺少的。人能各自亲爱各自的父母,然后才能不仅仅只亲爱自己的父母。仲弓说:"怎么能知道天下的贤才而去举荐他们呢?"孔子说:"举荐你所知道的人。你不知道的人,难道别人就会舍之不荐吗?"从这里就能看出仲弓和圣人用心的大小区别。从这个道理推而广之,就知道一种用心可以亡国,一种用心可以兴邦,区别只在为公还是为私而已。

18.治道亦有从本而言,亦有从事而言。从本而言,惟从格①君心之非,正心以正朝廷,正朝廷以正百官。若从事而言,不救则已,若须救之,必须变。大变则大益,小变则小益。

——《二程遗书》卷十五

【注释】①格:纠正,匡正。

【译文】治理国家的原则有从根本而言的,也有从事理而言的。从根本而言,只有从匡正君王心中的错误开始,匡正君王之心以严正朝廷,严正朝廷以严正百官。如果从事理而言,不挽救政事上的弊病则已,如果要挽救,一定要变革。大的变革就有大的益处,小的变革就有小的益处。

19.唐有天下,虽号治平①,然亦有夷狄之风。三纲不正,无君臣、父子、夫妇,其原始于太宗也。故其后世子弟皆不可使②,君不君,臣不臣,故藩镇不宾③,权臣跋扈,陵夷④有五代之乱。汉之治过于唐。汉大纲正,唐万目⑤举。本朝大纲正,万目亦未尽举。

——《二程遗书》卷十八

【注释】①治平:国家安定平和。②使:差遣,任用。③宾:服从,归顺。④陵夷:由兴盛渐至于衰微。⑤万目:指各种政治制度、政策。

【译文】唐朝占有天下,虽然号称安定平治,然而仍有夷狄蛮族的风气。三纲不正,丧失了君臣、父子、夫妇的纲常之道,其根源来自于唐太宗。所以唐朝后世的子孙都不能差使遣用,君王不在君王本位,臣子不在臣子本位,所以割据的藩镇不再归顺,专权的大臣飞扬跋扈,国力渐渐衰颓而产生了五代之乱。汉朝治理天下超过唐朝。汉朝的典章纲要中正严明,唐朝的制度政令全面施行。宋朝典章纲要中正严明,各种制度政令还没有全面施行。

20.教人者,养其善心而恶自消;治民者,导之敬让而争自息。

——《二程外书》卷十一

【译文】教化人民,要培养他的善心而使他的恶心自然消亡;治理百姓,要引导他们恭敬礼让而使他们的争端自然平息。

21.明道先生曰：必有《关雎》、《麟趾》①之意，然后可以行《周官》②之法度。

——《二程外书》卷十二

【注释】①《关雎》、《麟趾》：都是《诗经·周南》的篇名。②《周官》：指《周礼》中天官冢宰、地官司徒、春官宗伯、夏官司马、秋官司寇、冬官司空六官，又称为六卿。

【译文】程颢先生说：一定要体会到《关雎》、《麟趾》的意旨，然后才可以实行《周礼》六官所记载的礼乐法度。

22."君仁莫不仁，君义莫不义。"天下之治乱，系乎人君仁不仁耳。离是而非则生于其心，必害于其政，岂待乎作之于外①哉！昔者，孟子三见齐王②而不言事，门人疑之，孟子曰："我先攻其邪心。"心既正，然后天下之事可从而理也。夫政事之失，用人之非，知者③能更④之，直者⑤能谏之。然非心存焉，则一事之失，救而正之，后之失者，将不胜救矣。格其非心，使无不正，非大人其孰能之？

——《二程外书》卷六

【注释】①作之于外：表现于外。②齐王：指齐宣王。知者：同"智者"。④更：改正，纠正。⑤直者：正直的人。

【译文】"君王实行仁政天下就没有不仁之人，君王讲求道义天下就没有不讲道义之人。"天下的安定或动乱，就在于君王有仁德或没有仁德。君王一旦偏离了正道，错误就会在心中产生，这一定会危害到他的政事，哪里还要等到错误在外在言行上表现出来呢！从前孟子三次拜见齐宣王却不谈论政事，他的门人感到疑惑，孟子说："我先要攻除他的邪心。"君王的心正了，然后才能承担并处理天下的事。政事的过失、用人的错误，有智的人能够纠正，正直的人能够谏言。然而如果君王内心有错误，那么一件事情有了过失还可以挽救纠正，以后出现的种种过失，就没有办法全都挽救了。匡正君王内心的错误，使其内心没有不中正的，这不是德能修养极高之人谁能做到呢？

23.横渠先生曰：道①千乘之国②，不及礼乐刑政③，而云"节用而爱人，使民以时"。言能如是，则法行。不能如是，则法不徒行。礼乐刑政，亦制数④而已。

——张载《正蒙·有司》

【注释】①道：引导，治理。②千乘之国：有千辆兵车的国家。乘，兵车。③礼乐刑政：指礼法、乐教、刑罚以及各项政令等。④制数：限量，定法。

【译文】张载先生说：孔子谈论治理拥有千辆兵车的国家，没有谈到礼乐、刑罚、政令这些，却说"节约用度而仁爱百姓，动用民力要遵循农时。"他意在说明能这样做法令就能推行，不能这样做仅仅有法令也无法推行。礼乐、刑罚、政令，这些也只是法令条文而已。

24.法立而能守,则德可久、业可大。郑声①佞人②,能使为邦者丧其所守,故放远③之。

——张载《正蒙·三十》

【注释】①郑声:原指春秋时期郑国的音乐,因与儒家提倡的"雅乐"不同而受贬斥,后来凡不属"雅乐"的音乐均被称为"郑声"。②佞人:善于花言巧语、阿谀奉承的人。③放远:驱逐远离。

【译文】法度确立而能守持,德行就可以保持长久,功业就可以弘扬光大。不雅不正的音乐、巧言奉承的小人,能让治国的人丧失操守,所以要驱逐远离。

25.横渠先生答范巽之书曰:朝廷以道学①、政术②为二事,此正自古之可忧者。巽之谓孔孟可作,将推其所得而施诸天下邪? 将以其所不为而强施之于天下欤? 大都君相以父母天下为王道,不能推父母之心于百姓,谓之王道可乎? 所谓父母之心,非徒见于言,必须视四海之民如己之子。设使四海之内皆为己之子,则讲治之术,必不为秦汉之少恩,必不为五伯③之假名。巽之为朝廷言:"人不足与适④,政不足与间⑤。"能使吾君爱天下之人如赤子⑥,则治德必日新,人之进者必良士,帝王之道,不必改途而成,学与政不殊心⑦而得矣。

——张载《横渠文集·答范巽之书》

【注释】①道学:宋代儒家周敦颐、张载、程颢、程颐、朱熹等提倡的性命义理之学。②政术：治政之术，政治方略。③五伯：即春秋五霸。④适：同"谪"，谴责，指责。⑤间：非议。⑥赤子：初生的婴儿。⑦殊心：二心，指不同的用心。

【译文】张载先生在答复范育的书信中说：朝廷把义理之学、治政方略看作两件事，这正是自古以来就令人担忧的事。范育你说，如果孔孟复生，将会把他们所体悟的道理推广并实施于天下吗？还是将会把他们没有研究过的道理强行实施于天下呢？大体上君王宰相都把视天下之人为父母当作王道，如果不能将父母亲爱孩子之心推及百姓，可以称它为王道吗？所说的父母之心，不仅仅表现在言语上，必须把四海百姓都看作自己的孩子才行。假使四海之内都是自己的孩子，那么他讲求的治国之术，一定不会像秦汉时代那样缺少仁德恩惠，也一定不会像春秋五霸那样假借仁义之名。范育你如果为朝廷说话，就应当知道"不必去指谪朝廷用人不当，不必去非议他们治政失误"。能使我们的国君慈爱天下之人如同初生的婴儿，那么他修养道德一定会日日进步，人们举荐的人一定是贤良之士，五帝三王的圣道不必改换路径就能达成，义理之学和治政方略也可以不用二心就能贯通了。

卷九 制 度

1.濂溪先生曰：古圣王制礼法，修教化，三纲正，九畴①叙②，百姓大和，万物咸若③，乃作乐以宣八风④之气，以平天下之情。故乐声淡而不伤，和而不流⑤，入其耳，感其心，莫不淡且和焉。淡则欲心平，和则躁心释。优柔平中，德之盛也；天下化中，治之至也。是谓道配天地，古之极也。后世礼法不修，政刑苛紊，纵欲败度，下民困苦。谓古乐不足听也，代变新声，妖淫愁怨，导欲增悲，不能自止，故有贼君弃父，轻生败伦，不可禁者矣。呜呼！乐者，古以平心，今以助欲；古以宣化⑥，今以长怨。不复古礼，不变今乐，而欲致治者，远哉！

—— 周敦颐《通书·乐上》

【注释】①九畴：出自《尚书·洪范》，指夏禹治理天下的九类大法。②叙：同"序"，有次序、秩序。③咸若：古指称颂帝王之教化，谓万物皆能顺其性，应其时，得其宜。④八风：八方之风。⑤不流：不随外物流转迁变。⑥宣化：宣扬教化。

【译文】周敦颐先生说：古代的圣王制定礼乐法度、完善教化制度，使得三纲伦常之道中正，九畴治政大法有序，百姓太平安和，万物各得其宜，于是圣王创作了音乐以宣畅八方之风的气息，以平顺天下之人的性情。所以这样的乐声是淡雅而无哀伤、和谐而不流转，从人耳进入，能感动人心，使人心没有不淡雅和顺的。淡雅就能使利欲之心平静，和谐就能使躁动之心消释。优游柔顺、平和中正，这是德行修养到崇盛了；天下万民，教化归中，这是治政到达极点了；这就是所说的圣道与天地相配，古代的圣明之治已经到达极致了。后世礼乐法度不加完善，政令刑罚严苛紊乱，放纵私欲败坏法度，导致底层百姓陷入困苦之中。后世之人说古代的音乐不值得聆听，一代一代改变创制新的音乐，充斥着妖艳淫靡、愁情怨绪，诱发欲望，放大悲忧，使人不能自我克制，所以才会有贼害君王、抛弃生父、轻贱生命、败坏伦常这样的事情屡屡出现而不可禁止。哎呀！音乐古代是用来平顺人心的，今天却是用来助长人欲的；音乐古代是用来宣扬教化的，今天却是用来滋长愁怨的。如果不恢复古代礼法、不改变今天音乐，却想要实现天下大治，离得太遥远了啊！

2.明道先生言于朝曰：治天下，以正风俗、得贤才为本。宜先礼命①近侍②贤儒及百执事③，悉心推访，有德业充备、足为师表者，其次有笃志好学、材良行修者，延聘敦遣④，萃⑤于京师，俾朝夕相与讲明正学。其道必本于人伦，明乎物理。其教自小学洒扫应对以往，修其孝悌忠信，周旋礼乐，其所以诱掖⑥激励、渐摩⑦成就之道，皆有节序⑧，其要在于择善修身，至于化成天下，自乡人而可至于圣人之道。其学行皆中于是者为成德。取材识明达、可进于善者,使日受其业。择其学明德尊者,为太学之师,次以分教天下之学。择士入学,县升之州,州宾兴⑨于太学,太学聚而教之,岁论其贤者能者于朝。凡选士之法,皆以性行端洁、居家孝悌、有廉耻礼逊、通明学业、晓达治道者。

——《二程文集》卷一《请修学校尊师儒取士札子》

【注释】①礼命:礼请任命。②近侍:亲近侍奉帝王。③执事:执掌事务者,指官员。④延聘敦遣:聘请恭送。⑤萃:汇集,聚集。⑥诱掖:诱导扶植。⑦渐摩:亦作"渐磨",浸润,教育感化。⑧节序:节度次序。⑨宾兴:周代举贤之法,谓乡大夫自乡小学荐举贤能而宾礼之,以升入国学。

【译文】程颢先生在朝廷中说:治理天下以雅正风俗、求得贤才为根本。应该首先礼请任命近侍帝王的贤明儒者和执事百官,让他们尽心推求查访,凡有德行功业完备、足以为人师表的人;其次有笃志好学、才高德优的人,要以厚礼聘请,并让地方官恭送,让他们都集中在京师,以便从早到晚互相讲论研明中正之学。他们的学问一定是以人的伦常为根基,进而明晓通达万物之理。他们教给人的是从童蒙的洒扫庭院、应对宾客开始,进一步修养孝悌忠信、进退酬对、礼乐法度,他们用以诱导、扶助、激励、浸润、感化学生并使之成就德行功业的方法,都有其节度次序,重点在于选择善道、修养自身,再到成功教化天下万民,使人从一个乡间凡夫可以进步到达圣人境界。那些学问品行都符合这些要求的人就成就了德行。选取那些才智明达、可以进修善道的人,让他们每天接受这些老师传授学业。选择那些学问明达、德行尊贵的人，让他们做太学的老师，学问德行次一等的让他们分赴天下各地的学校教育学生。选择学问德行优良的士子入学，让他们从县学升到州学，从州学礼请举荐到太学，太学再集中起来教育，每年都在朝廷中议论评定贤能之人。凡选取士子，都要选那些品行端正高洁、在家孝悌亲人、知廉耻、懂礼让、通达学问德业、明晓治理之道的人。

3.明道先生论十事：一曰师傅①，二曰六官②，三曰经界③，四曰乡党，五曰贡士④，六曰兵役，七曰民食，八曰四民⑤，九曰山泽（本注：修虞衡⑥之职），十曰分数⑦（本注：冠⑧、婚、丧、祭、车服、器用等差）。其言曰：无古今，无治乱，如生民之理有穷，则圣王之法可改。后世能尽其道则大治，或用其偏则小康，此历代彰灼著明之效也。苟或徒知泥古而不能施之于今，姑欲徇名而遂废其实，此则陋儒之见，何足以论治道哉！然倘⑨谓今人之情皆已异于古，先王之迹不可复于今，趣便目前，不务高远，则亦恐非大有为之论，而未足以济当今之极弊也。

——《二程文集》卷一《论十事札子》

【注释】①师傅：太师、太傅统称，为辅佐教导帝王之官。②六官：指《周礼》中的六官。③经界：田地的分界。④贡士：科举会试及第，但未经殿试的人。⑤四民：指士、农、工、商四种基本行业的人。⑥虞衡：古代掌管山林川泽之官。⑦分数：法度，规范。⑧冠：古代男子年满二十岁举行加冠礼，后"冠"泛指成年。⑨倘：同"倘"。

【译文】程颢先生谈论十件事：一是太师、太傅，二是《周礼》六官，三是田地边界，四是家亲乡里，五是举为贡士，六是民服兵役，七是百姓食粮，八是士农工商，九是猎渔以时（本注：完善掌管山泽的官职），十是礼乐法度（本注：成年、结婚、丧亡、祭祀、车舆礼服、器皿用具等事）。他说道：无论古时今世，无论平治动乱，如果养育教化百姓的方法行不通了，那么即使是圣王的法度也可以改革。后世之人如果能够将圣道运用到极致就能实现大治，或者能够运用圣道的某些方面也能实现小康，这是经过历代验证有昭彰显著的成效的。如果只知道拘泥古法而不能将古法在今天变通实行，只想追求虚名而废弃了本质，这就是浅陋儒者的见解，怎么值得跟他去谈论治理之道呢！然而如果说今天人们的性情都已经和古时不同，前代圣王的圣迹遗风不能在今天重现，只追求眼前便利，不追求高远目标，那恐怕也不是大有作为的论调，也不足以挽救匡扶当今时代的重大弊病。

4.伊川先生上疏曰：三代之时，人君必有师、傅、保之官。"师，道之教训；傅，傅之德义；保，保其身体。"后世作事无本，知求治而不知正君，知规过①而不知养德。傅德义之道，固已疏矣；保身体之法，复无闻焉。臣以为，傅德义者，在乎防见闻之非，节嗜好之过；保身体者，在乎适起居之宜，存畏慎之心。今既不设保傅之官，则此责皆在经筵②，欲乞皇帝在宫中言动服食，皆使经筵官知之。有蔺桐③之戏，则随事④箴规⑤；违持养⑥之方，则应时谏止⑦。（本注：《遗书》云：某尝进说，欲令人主于一日之中,亲贤士大夫之时多,亲宦官宫人之时少,所以涵养气质,熏陶德性。)

——《二程文集》卷六《论经筵第二札子》

【注释】①规过:规正过失,改正错误。②经筵:汉唐以来帝王为讲论经史而特设的御前讲席,宋代始称经筵。③翦桐:据传周代叔虞为成王胞弟,二人玩耍,成王把一桐叶剪成圭形,对叔虞说:"我将以此分封你。"后因以"剪桐"指帝王分封。翦,同"剪"。④随事:随时随地。⑤箴规:劝诫规谏。⑥持养:保养,养育。⑦谏止:劝阻。

【译文】程颐先生上疏给皇帝说:夏、商、周三代之时,国君一定设有太师、太傅、太保的官职。太师,是传授国君教导训诫的;太傅,是辅佐国君成就德义的;太保,是保养国君身体安康的。后世的人做事不求根本,知道追求天下平治却不知道中正国君之风,知道规正国君过失却不知道涵养国君德行。辅佐国君成就德义的原则,固然已经荒疏不用了;保养国君身体安康的方法,更是听都没有听到了。我以为辅佐国君成就德义,在于防范其见闻有违礼法之处,节制其嗜欲爱好不使过度;保养国君身体安康,在于日常饮食起居都各随其宜,内心常存畏惧谨慎之意。今天既然没有设立太保、太傅这些官职,那么这些责任全部落在经筵了,所以我想请求皇帝,凡在宫中的言语举动、穿戴饮食,都要让经筵官知道。有"剪桐封弟"那样的戏言,就要随时随地劝诫规谏;违背了保养身体的原则,就要及时行动予以劝阻。(本注:《二程遗书》上说:我曾经进言说,要让国君在一天之中,亲近贤良士大夫的时间多,亲近宦官后宫的时间少,这样就能涵养国君的气质,熏陶国君的德性。)

5.伊川先生《看详三学条制》①云：旧制，公私试补②，盖无虚月。学校礼义相先之地，而月使之争，殊非教养之道。请改试为课，有所未至，则学官召而教之，更不考定高下。制尊贤堂，以延天下道德之士，及置待宾、吏师斋，立检察士人行检③等法。又云：自元丰后，设利诱之法，增国学解额④至五百人，来者奔凑，舍父母之养，忘骨肉之爱，往来道路，旅寓他土。人心日偷⑤，士风日薄。今欲量留一百人，余四百人分在州郡解额窄处，自然士人各安乡土，养其孝爱之心，息其奔趋流浪之志，风俗亦当稍厚。又云：三舍升补之法，皆案文责迹⑥，有司之事，非庠序⑦育材论秀⑧之道。盖朝廷授法，必达乎下。长官守法而不得有为，是以事成于下，而下得以制其上，此后世所以不治也。或曰："长贰⑨得人则善矣。或非其人，不若防闲⑩详密，可循守也。"殊不知先王制法，待人而行，未闻立不得人之法也。苟长贰非人，不知教育之道，徒守虚文密法，果足以成人材乎？

——《二程文集》卷七

【注释】①《看详三学条制》：程颐所作。看详，审阅研究。三学，宋代称太学之外舍、内舍、上舍为三舍，亦称三学。条制，条例制度。②公私试补：三舍生员由外舍升补内舍，由内舍升补上舍，都是通过定期举行的公试和私试。公试为官方主持的正式考试，私试为临时考试。③行检：品行操守。④国学解额：参加国学（即太学）主持的解试合格，举送到礼部参加省试的举人数额。宋代科举的常科考试分解试、省试、殿试三级。⑤偷：浅薄，不厚道。⑥案文责迹：仅依据文卷表现考察人的实绩。⑦庠序：古代的地方学校，殷代叫庠，周代叫序，后泛指学校或教育事业。⑧论秀：选拔才德优秀之士。论，通"抡"。⑨长贰：官的正副职。⑩防闲：防备和禁阻。防，堤，用于制水。闲，圈栏，用于制兽。

【译文】 程颐先生在《看详三学条制》中说：旧的教育制度，是太学生员通过参加公试和私试在三舍间升补，每个月都要考试，没有空暇。学校本来是教人以礼义互相谦让的地方，现在却每月都让他们竞争，这实在不是教育培养人才的方法。我请求把考试改为考核，发现学生有不足的地方，就让学官将他们召集起来进行教授，且不再考察评定名次高低。创立"尊贤堂"，延请天下道尊德盛的人来到这里，还要创立待宾斋、吏师斋，确立检验考察士子品行操守等的制度。又说：从元丰年间以来，太学设立了以利引诱生员入学的办法，将通过太学解试举送到礼部参加省试的名额增加到了五百人，各地来到太学的人都会聚到一处，舍离了对父母的奉养，忘却了至亲骨肉的恩情，往来奔波于道路之间，旅行客居在异地他乡。人心日渐浅薄，士子风气日渐鄙陋。今天我计划酌量留下一百人在太学，其他的四百人分配到解送省试名额较少的各州郡，这样自然使得士子各自安于乡里，培养了他们的孝顺亲爱之心，平息了他们奔走求索、流浪不定的心志，世间风俗也会稍微淳厚一些。又说：太学三舍之间通过考试升补的方法，都是仅仅依据生员文卷表现来考察他们的实际能力，这是官府办事的方法，不是学校培育人才、选拔秀士的方法。朝廷授予法令，一定会贯彻到基层。高级官员守着法令却不能有所作为，所以事情都是由基层办成，这样基层就能制约高层，这就是后世不能实现天下平治的原因。有人说："官位的正副职以合适的人任命就很好。如果以不合适的人任命，不如在处事之时周详严密地防范限制，这样才能够遵守其本职要求。"他竟不知道前代圣王制定法度，是等合适的人去推行，没有听过为不合适的人确立法度的。如果官位的正副职都由不合适的人担任，也不懂得教导培育的方法，只是守着形式上的种种法令条文，这样真的能够培养出人才来吗？

6.《明道先生行状》云：先生为泽州晋城①令，民以事至邑②者，必告之以孝悌忠信，入所以事父兄，出所以事长上。度乡村远近，为伍保③，使之力役④相助，患难相恤，而奸伪无所容。凡孤茕⑤残废者，责之亲戚乡党，使无失所。行旅⑥出于其途者，疾病皆有所养。诸乡皆有校，暇时亲至，召父老与之语；儿童所读书，亲为正句读⑦；教者不善，则为易置⑧；择子弟之秀者，聚而教之。乡民为社会⑨，为立科条，旌别⑩善恶，使有劝有耻。

——《二程文集》卷十一

【注释】①泽州晋城：今山西晋城。②邑：此指县城。③伍保：唐宋基层自治制度，五家为一伍，五家互保，互相监督，承担权利义务。④力役：劳役，征用民力。⑤孤茕：孤独，无依无靠。⑥行旅：旅客，远行的人。⑦正句读：订正断句停顿之误。句读，古人指文章休止和停顿处。文中语意完足的称为"句"，语意未完而可稍停顿的称为"读"。⑧易置：改设，更换。⑨社会：某一阶级或范围的人自发集合而成的组织或团体，称作某某社或某某会。

⑩旌别：识别，区别。

【译文】《明道先生行状》中说：程颢先生做泽州晋城令的时候，百姓因事到县城去的，一定要告诫他们孝悌忠信，让他们懂得居家如何事奉父亲兄长，在外如何事奉上级长官。估量乡村的远近距离，以五家为一伍建立伍保制，使人们有劳力服役之事就互相劝勉，有患难之时就互相救济，让奸诈虚伪之行无处容身。凡是无依无靠、身体残疾的人，要让他们的亲戚乡里负责照管，让他们不会无处安身。行路的人从当地经过，如果患上大小疾病都能得到疗养。各乡都有义学，程颢先生在闲暇之时亲自到学校去，召集当地父老和他们交谈；儿童读的书籍，程颢先生亲自为他们订正断句停顿；教学的老师如果不好，就改换他人担任此职；挑选小辈子弟中优秀的，集中在一起进行教育。乡民们成立社会团体、民间组织，程颢先生给他们制定条例章程，辨明善恶，是他们有勤勉之心，也有羞耻之心。

7.《萃》："王假有庙①。"《传》曰：群生至众也，而可一其归仰；人心莫知其乡②也，而能致其诚敬；鬼神之不可度③也，而能致其来格④。天下萃合人心、总摄众志之道非一，其至大莫过于宗庙，故王者萃天下之道，至于有庙，则萃道之至也。祭祀之报⑤，本于人心，圣人制礼以成其德耳。故豺獭⑥能祭，其性然也。

——《程氏易传·萃传》

【注释】①王假有庙：王来到宗庙里。②乡：通"向"，趋向。③度：揣度,测度。④来格:来临,到来。格,至。⑤报:祭祀。⑥豺獭:豺祭和獭祭。初春,河水解冻,獭开始大肆捕杀鱼类;深秋,鸟兽长成,豺大量杀兽以备冬。古人因以附会其为捕猎前的祭祀,并以此作为人类鱼猎季节的开始。

【译文】《周易·萃卦》的卦辞说:"王来到宗庙里。"《程氏易传》中说:天下苍生极其众多,祭祀却能统一他们的信仰;人心无法把握趋向,祭祀却能让人们表达诚敬;鬼神之事不可测度,祭祀却能让它们到来。天下凝聚人心、统摄众志的方法不是只有一种,其中最重要的莫过于宗庙,所以帝王凝聚天下人心的方法中,到宗庙里祭祀就到达极致了。祭祀的报谢之意,是源于人的内心,所以圣人制定礼法来成就人的德行而已。所以豺獭都能祭祀,是它们的本性让它们这样做的。

8.古者戍役①,再期②而还。今年春暮行,明年夏代者至,复留备秋,至过十一月而归,又明年仲春遣次戍③者。每秋与冬初,两番④戍者皆在疆圉⑤,乃今之防秋⑥也。

——《程氏经说·诗解》

【注释】①戍役:戍守边疆,以服兵役。②再期:两周年。期,一周年。③次戍:驻扎戍边。次,临时驻扎止宿。④两番:两批,两拨。⑤疆圉:边境,边界。⑥防秋:古代西北各游牧部落,往往趁秋高马肥时南侵。届时边军特加警卫,调兵防守,称为"防秋"。

【译文】古时戍守边疆服兵役的人,两周年返回。第一年暮春三月出发,第二年夏季代替的人到了,也还要留下准备驻守过秋季,到过了十一月才回来,再到第三年仲春二月派遣新的驻扎戍边的人。

每年的秋季与冬初,都有两拨人戍守在边疆,这是今天所谓的"防秋"啊!

9.圣人无一事不顺天时,故至日闭关。

——《二程外书》卷三

【译文】圣人没有一件事不顺应天时的,所以在冬至日关闭道路上的关门。

10.韩信多多益办①,只是分数②明。

——《二程遗书》卷七

【注释】①多多益办:越多越好,同"多多益善"。②分数:规定人数,分任职务。指军队的组织编制。

【译文】韩信带兵,多多益善,只是因为他规定人数、各司其职十分明确。

11.伊川先生曰:管辖人亦须有法,徒严不济事。今帅千人,能使千人依时及节①得饭吃,只如此者亦能有几人?尝谓军中夜惊,亚夫②坚卧不起。不起善矣,然犹夜惊何也?亦是未尽善。

——《二程遗书》卷十

【注释】①依时及节:依循时令节气,此指按时。②亚夫:周亚夫,西汉军事家、丞相，军事才华卓越，曾三个月平定吴楚七国之乱，拯救了汉室江山。

【译文】程颐先生说：管理统领人员也要有方法，只是严格也不能成事。现在如果带兵千人，能使这千人按时吃饭，只做到这一点的又能有几个人呢？我曾说军队中夜晚惊乱，周亚夫坚持躺着不起来。镇定不起已经很好了，然而为什么仍然会出现夜晚惊乱的事呢？也是他统兵带人之道并没有十分完善。

12.管摄①天下人心，收宗族②，厚风俗，使人不忘本，须是明谱系③，收世族，立宗子法④。（本注：一年有一年工夫。）

——《二程遗书》卷六

【注释】①管摄：亦作"筦摄"，管辖统摄。②收宗族：指以上下尊卑、亲疏远近之序团结宗族之人。③谱系：记述宗族世系的书册。④宗子法：即宗法，指古代以家族为中心，按血统、嫡庶来组织、统治社会的法则。

【译文】管控统摄天下的人心，以上下尊卑、亲疏远近之序团结宗族之人，使世间风气淳厚，让人不忘记自己血统身世的本源，就应该完善宗族世系的谱牒，依礼法凝聚世家大族的成员，确立宗子之法。（本注：推行一年有一年的成效。）

13.宗子法坏，则人不自知来处，以至流转四方，往往亲未绝，不相识。今且试以一二巨公之家①行之，其术要得拘守得，须是且如唐时立庙院②，仍不得分割了祖业，使一人主之。

——《二程遗书》卷十五

【注释】①巨公之家：世族大家。②庙院：指名门望族世有官祭的宗祠。

【译文】宗法败坏，人就不知道自己的家世渊源，以至迁徙往来各地之间，往往亲缘没有断绝，但亲戚之间互不相识。现在暂且先在一两户世家大族之中试行宗法，方法是要能约束守持得住，应该要像唐朝一样建立家族庙院，依然不能分割祖业，而要让一个人掌管祖业。

14.凡人家法，须月为一会以合族①。古人有花树韦家宗会法②，可取也。每有族人远来，亦一为之。吉凶嫁娶之类，更须相与为礼，使骨肉之意常相通。骨肉日疏者，只为不相见，情不相接尔。

——《二程遗书》卷一

【注释】①合族：凝聚本族人心。②花树韦家宗会法：唐代韦氏家族的家礼，在春季树繁花开之时举行，是一种宗祠场所之外的联宗活动。

【译文】大凡人们治家的礼法，应该每月举行一次聚会以凝聚本族人心。古人有"花树韦家宗会法"，可以采取。每月如有族人从远方而来，也可以举办一次这样的聚会。有吉凶嫁娶这些事，更应该聚在一起举行典礼，使骨肉亲人之间的情意常常相通。骨肉亲人日渐疏远，只是因为互不相见，情感不能互相交流沟通而已。

15.冠婚丧祭，礼之大者，今人都不理会。豺獭皆知报本，今士大夫家多忽此，厚于奉养而薄于先祖，甚不可也。某尝修六礼①，大略家必有庙（本注：庶人立影堂②），庙必有主（本注：高祖③以上即当祧④也。主式见《文集》。又云：今人以影祭，或一髭发⑤不相似，则所祭已是别人，大不便），月朔⑥必荐新（本注：荐后方食），时祭⑦用仲月（本注：止于高祖，旁亲无后者祭之别位），冬至祭始祖（本注：冬至，阳之始也。始祖，厥初⑧生民之祖也。无主，于庙中正位设二位，合考妣⑨享之），立春祭先祖（本注：立春，生物之始也。先祖，始祖而下，高祖而上，非一人也。亦无主，设两位分享考妣），季秋祭祢⑩（本注：季秋，成物之时也），忌日迁主，祭于正寝。凡事死之礼，当厚于奉生者。人家能存得此等事数件，虽幼者，可使渐知礼义。

——《二程遗书》卷十八

【注释】①六礼：见《二程文集》卷十，分别为《婚礼》《葬说并图》《葬法决疑》《记葬用柏棺事》《作主式》《祭礼》。②影堂：供奉祖先遗像的家庙。③高祖：曾祖的父亲。④祧：迁庙。⑤髭发：胡须和头发。⑥月朔：每月的朔日，指农历初一。⑦时祭：四时的祭祀。⑧厥初：其初。⑨考妣：父死后称"考"，母死后称"妣"，此处"考"指男性先祖，"妣"指女性先祖。⑩祢：奉祀死父的宗庙。

【译文】弱冠、成婚、丧葬、祭祀，这些是礼中重要的方面，今天的人却不在意。豺獭都知道祭祀报谢先祖本源，今天的士大夫家族大多忽略了这点，自身的享用优厚，祖先的供奉微薄，这是非常不应该的。我曾经修订六礼，大体上说一个家族一定要有家庙（本注：平民百姓建立"影堂"），家庙一定要有供奉的灵主（本注：高祖以上的灵主就要迁到另外的家庙。供奉灵主的范式参见《二程文集》。又说：现今的人用祖先的画像祭祀，如果有一缕须发画得与本人不像，那么祭祀的就已经是别人了，这种方法非常不便利），每月初一一定要换上新的祭品（本注：给祖先献祭完后自己才可以吃饭），四时之祭一定要在第二个月（本注：冬至日，是阳气开始生发的时候。始祖，是最初人类的始祖。始祖如果没有灵主，就在家庙的正位上设立两个灵位，男性始祖和女性始祖合在一起祭祀），立春祭祀先祖（本注：立春，是一年生长养育万物的开端。先祖，是始祖之下、高祖之上的祖先，不是特指一人。如果先祖也没有灵主，就设立两个灵位分别祭祀男性先祖和女性先祖），九月祭祀亡父之庙（本注：九月，是农作物长成的时候），在灵主的忌日将其迁到家中正室祭祀。凡是事奉亡者的礼节，应当比奉养生者优厚。世间家族如果能做到这些事当中的几件，那么即使是年幼的孩子，也可以让他渐渐知晓礼义。

16. 卜其宅兆①，卜其地之美恶也。地美则其神灵安，其子孙盛。然则曷谓地之美者？土色之光润，草木之茂盛，乃其验也。而拘忌者，惑以择地之方位，决日②之吉凶，甚者不以奉先为计，而专以利后为虑，尤非孝子安厝③之用心也。惟五患者，不得不慎：须使异日④不为道路，不为城郭⑤，不为沟池⑥，不为贵势所夺，不为耕犁所及。（本注：一本，所谓五患者：沟渠，道路，避村落，远井、窑。）

——《二程文集》卷十《葬说》

【注释】①宅兆：墓地。兆，墓地的边界。②决日：选择安葬日期。③安厝：亦作"安措"，安葬。④异日：来日，以后。⑤城郭：亦作"城廓"，城墙，此指城邑。⑥沟池：护城河，下文"沟渠"亦同。

【译文】选择墓地，是要占断土地的美或恶。土地良美祖先神灵就能安宁，后代子孙才能兴盛。然而什么才叫土地良美呢？土地的光泽滋润，草木的繁茂盛大，这些就是土地良美的征验。然而拘泥于禁忌的人，迷惑于选择墓地方位、抉择葬日吉凶，更有甚者不以事奉祖先作为大计，却专门考虑如何利于后代，这尤其不是孝子安葬先人应有的用心。只有五种祸患不能不谨慎对待：应该让墓地在以后不为道路所占、不为城邑所占、不为护城河所占、不为权贵势力侵占、不为耕地侵占。（本注：一本作：所谓的五种祸患就是：护城河、道路、避开村落、远离井、窑。）

17.正叔云：某家治丧，不用浮图①。在洛，亦有一二人家化②之。

——《二程遗书》卷十

【注释】①浮图：又作浮屠、佛图，梵语佛陀音译，此指佛教仪轨。②化：感化，转变人心。

【译文】程颐说：我家治丧，不用佛教仪轨。在洛阳，也有一两户人家受我影响改变了原有的做法。

18.今无宗子①，故朝廷无世臣②。若立宗子法，则人知尊祖重本；人既重本，则朝廷之势自尊。古者子弟从父兄，今父兄从子弟，由不知本也。且如汉高祖欲下沛时，只是以帛书③与沛父老，其父兄便能率子弟从之。又如相如使蜀，亦遗书④责父老，然后子弟皆听其命而从之。只有一个尊卑上下之分，然后顺从而不乱也。若无法以联属⑤之，安可？且立宗子法，亦是天理。譬如木，必有从根直上一干，亦必有旁枝。又如水，虽远，必有正源，亦必有分派处，自然之势也。然又有旁枝达而为干者，故曰：古者天子建国，诸侯夺宗⑥云。

——《二程遗书》卷十八

【注释】①宗子：古代宗法制度称大宗的嫡长子为"宗子"。②世臣：历代有功勋的旧臣。③帛书：用缣帛写的书信。④遗书：寄出书信。⑤联属：关联交接。⑥夺宗：争夺宗子之位。

【译文】现在没有了大宗嫡长子为宗子，所以朝廷没有了世代建立功勋的旧臣。如果确立了宗子之法，那么人们就知道尊崇先祖、重视本源。人能重视自己家世本源，那么朝廷自然能树立尊贵的威势。古代是后生小辈听从父亲兄长，现今是父亲兄长听从后生小辈，是因为人们不知道自己的家世本源。就如汉高祖要攻下沛县的时候，只是把帛书射给沛县的父老，然后沛县的父亲兄长就能率领后生小辈追随汉高祖。又如司马相如出使去巴蜀，也是寄信责备当地父老，然后当地后生小辈也都听从其父亲兄长的命令而依从司马相如。只要有一套尊卑、上下的划分，然后卑下顺从尊上，就不会乱了。如果没有一个系统将尊卑、上下连接起来，怎么可以呢？而且确立宗子之法，也是上天之理。譬如一棵树,一定有从树根径直而上的一根树干,也一定有旁枝。又如水,即使流得很远也一定有本源,也一定有分流的地方,这是自然形成的态势。然而树木也有旁枝生长盛大而成为树干的,所以说:古时天子建立国家,诸侯争夺宗子之位。

19.邢和叔叙明道先生事云:尧、舜、三代帝王之治,所以博大悠远,上下与天地同流者,先生固已默而识之。至于兴造礼乐,制度文为①,下至行师用兵,战阵之法,无所不讲,皆造其极。外之夷狄情状,山川道路之险易,边鄙②防戍、城寨③、斥候④、控带⑤之要,靡不究知。其吏事操决⑥,文法⑦簿书⑧,又皆精密详练。若先生,可谓通儒全才矣。

——《二程遗书》附录《门人朋友叙述并序》

【注释】①制度文为:制定具体的礼乐法度。文为,此指礼乐制度。②边鄙:边疆,边远之地。③城寨:防守用的围墙或栅栏。④斥候:亦作"斥堠",侦察,候望。⑤控带:萦带,指城池垣环水抱,形势险要。⑥操决:决断。⑦文法:法制,法规。⑧簿书:官署中的文书簿册。

【译文】刑恕叙述程颢先生的事迹说:尧舜及夏、商、周三代帝王圣明的治理,之所以博大悠远,上下与天地之德同类,程颢先生固然已经默契领会于心了。至于兴起制定礼乐、创制典章法度,下至行军用兵、战斗布阵的方法,没有不讲论的,造诣都达到了极致。外部夷狄各族的风土人情、山川道路的艰险平易、边疆防守、城墙栅栏、侦查瞭望、城池险要,这些军事要点,他没有不推究遍知的。他处理政事决断，法令文书又都精细严密、周详练达。像程颢先生这样的人，可以说是通达儒学的全才了。

20.介甫①言律②是八分书③，是他见得。

——《二程外书》卷十

【注释】①介甫：王安石，字介甫。②律：律法，刑律。③八分书：隶书的一种，人们把带有明显波磔特征的隶书称为"八分书"，相传为秦代上谷散人王次仲创造。

【译文】王安石说律法如同隶书的"八分书"，只能发挥八分的作用，这是他明白事理啊！

21.横渠先生曰：兵谋①师律②，圣人不得已而用之，其术见三王方策③，历代简书④。惟志士仁人，为能识其远者大者，素求预备而不敢忽忘⑤。

——张载《横渠文集》

【注释】①兵谋：军事计谋，用兵的谋略。②师律：军队的纪律。③方策：亦作"方筴"，简册，典籍，后亦指史册。④简书：用于告诫、策命、盟誓、征召等事的文书，亦指一般文牍。⑤忽忘：忘记。

【译文】张载先生说：用兵谋略、军队纪律，圣人不得已才会使用，使用的方法参见夏商周三代圣王的典籍和历朝历代的文牍。只有志士仁人，才能认识到远大的兵谋军纪，平时就要求预先防备，不敢忘记。

22.肉辟①,于今世死刑中取之,亦足宽②民之死过,此当念其散③之之久。

——张载《横渠文集》

【注释】①肉辟:古代墨、劓、剕、宫、大辟等肉刑的合称。②宽:宽免,宽恕。③散:涣散,放逸。

【译文】在今天的死刑中选取一些情节较轻的执行肉刑,这样也可以宽免一部分百姓的死罪,这应当考虑到百姓涣散放逸久了才会犯这些罪过。

23.吕与叔撰《横渠先生行状》云:先生慨然有意三代之治。论治人先务,未始不以经界为急,尝曰:"仁政必自经界始。贫富不均,教养无法,虽欲言治,皆苟而已。世之病①难行者,未始不以驱夺富人之田为辞。然兹法之行,悦之者众,苟处之有术,期以数年,不刑②一人而可复,所病者特③上之未行耳。"乃言曰:"纵不能行之天下,犹可验之一乡。"方与学者议古之法,共买田一方,画为数井④,上不失公家之赋役,退以其私正经界、分宅里⑤、立敛法⑥、广储蓄、兴学校、成礼俗⑧,救灾恤患,敦本抑末⑨,足以推先王之遗法,明当今之可行。此皆有志未就。

——《张子全书》卷十五:吕大临《横渠先生行状》

【注释】①病:担忧,忧虑。②刑:处罚。③特:只,仅。④井:井田。⑤宅里:乡里。⑥敛法:税收之法。⑦储蓄。⑧礼俗:礼仪与习俗。⑨敦本抑末:重视根本(农业),抑制末节(工商业)。

【译文】吕大临作《横渠先生行状》说:张载先生意气激昂,有心恢复夏、商、周三代那样的圣治。他谈论治理人民的首要任务,没有不把恢复井田制作为紧急要务的,他曾说:"仁政一定是从井田开始的,百姓生活贫富不均、教化养育没有法度,即使想要谈论治理之法,也都不过是苟且之举罢了。世间担忧井田制难以推行的人,没有不先以推行井田制会立刻剥夺富人田地作为借口的。然而井田法的实行,高兴的人很多,如果推行有方,等到几年之后,不用处罚一人就可恢复此制,所忧患的只是上层统治者不去实行。"他又说:"纵然不能在全天下推行井田制,也可以在一个乡试验。"他正和为学的人一起商议古代的土地制度,共同买一块地,划分为几个"井",对上不免除对国家的的赋税徭役,回到基层也可以用私制规范田地边界、划分乡里住宅、设立税收之法、扩充资财储蓄、兴办学校教育、养成礼仪风俗,救济灾祸、抚恤患难,重农业之本、抑工商之末,这样就足以推行前代圣王流传下来的古制,证明井田制在今天的时代可是可行的。这都是张载先生有志实行却没有做成的事。

24.横渠先生为云岩①令,政事大抵以敦本善俗②为先。每以月吉③,具酒食,召乡人高年会县庭④,亲为劝酬⑤,使人知养老事长之义。因问民疾苦,及告所以训戒子弟之意。

——《张子全书》卷十五:吕大临《横渠先生行状》

【注释】①云岩：县名，在今陕西省宜川县境内。②善俗：改良风俗。③月吉：农历每月初一。④县庭：亦作"县廷"，古称县官行使政令的处所。⑤劝酬：亦作"劝酹"，谓互相劝酒、敬酒。

【译文】张载先生做云岩县令的时候，处理政事大体上都把重视农本、改良习俗作为首要任务。每月初一，他就准备好酒食，召集乡里的老年人在县廷聚会，亲自给他们敬酒，使当地百姓都知道赡养老人、事奉尊上的义理。他也会借机询问百姓疾苦，并告诉大家要训导教诫后生小辈的原因和用意。

25.横渠先生曰：古者有东宫，有西宫，有南宫，有北宫，异宫而同财。此礼亦可行。古人虑远，目下虽似相疏，其实如此乃能久相亲。盖数十百口之家，自是饮食衣服难为得一。又异宫乃容子得伸其私①，所以避子之私②也。子不私其父，则不成为子，古之人曲尽人情③。必也同宫，有叔父伯父，则为子者何以独厚于其父，为父者又乌得而当④之？父子异宫，为命士⑤以上，愈贵则愈严。故异宫犹今世有逐位⑥，非如异居也。

——张载《乐说》

【注释】①得伸其私：指儿子可以偏孝自己的父亲。②避子之私：指可以掩护儿子偏孝其父的行为。③曲尽人情：委婉周到地把人情世态表达出来。④当：承担，只父亲独自接受儿子的偏孝。⑤命士：古代称受有爵命的士人。⑥逐位：依照次序排列名位。

【译文】张载先生说：古时家族有东宫、西宫、南宫、北宫，家族成员住在不同的地方，财产却是共同享有的。这种礼法今天也可以推行。古人考虑得长远，分开居住眼下虽然好像让家族成员疏远了，其实这样才能长久地凝聚家族亲情。因为几十、上百口人的大家族，自然饮食、衣服方方面面难以统一。再说分开居住才能让儿子们偏孝各自的父亲，同时可以掩护这种偏孝的行为。儿子如果不偏孝他的父亲，那就没有办法叫做儿子，古代的人委婉周到地将人情世态都表现出来了啊！如果一定要家族成员住在一起，那么当着叔父、伯父的面，做儿子的怎么能单独偏厚自己的父亲，做父亲的又怎么能接受儿子的偏厚呢？父子分开居住，这是受爵命的士族家庭的礼制，地位越尊贵，执行越严格。所以说分开居住，就好像今天的时代有依次排列名位的制度，并不是和分家各自过生活一样。

26. 治天下不由井地，终无由得平。周道①止是均平。

——张载《经学理窟·周礼》

【注释】①周代的治国之道。

【译文】治理天下如果不通过推行井田制，终究没有办法实现公平。周代的治国之道，也只是公允平均。

27. 井田卒归于封建①，乃定。

——张载《经学理窟·周礼》

【注释】①封建：指周代封邦建国的分封制。

【译文】井田制最终要回归到诸侯分封制，才能最终确定。

卷十 处事之方

1.伊川先生上疏曰：夫钟，"怒而击之则武，悲而击之则哀"，诚意之感而入也。告于人亦如是，古人所以斋戒①而告君也。臣前后两得进讲，未尝敢不宿斋预戒，潜思存诚，觊②感动于上心。若使营营③于职事，纷纷其思虑，待至上前，然后善其辞说，徒以颊舌④感人，不亦浅乎？

——《二程文集》卷六《上太皇太后书》

【注释】①斋戒：古人在祭祀等重大仪式前沐浴更衣、整洁身心，以示虔诚。②觊：希望，企图。③营营：奔走劳碌而不休息。④颊舌：口舌言语，比喻口辩才能。

【译文】程颐先生给皇帝上疏说：钟，如果以怒气敲击就有雄武之风，如果以悲情敲击就有哀伤之意，这确实是人的情绪感应而进入其中的缘故啊！上告于人也像这样，所以古人要斋戒沐浴、清净身心而后上告于国君。我前后得到两次机会进见皇帝宣讲，没有哪次敢不预先斋戒、沉潜思虑、心存诚意，希望能感动皇帝的心。假如让我围绕着自己的职务奔波劳碌，思想杂虑纷乱不断，等来到皇帝面前，然后润饰自己的言辞,仅以口舌辩才感动于人,不是也太浅陋了吗?

2.伊川《答人示奏稿①书》云:观公之意,专以畏乱为主。颐欲公以爱民为先,力言百姓饥且死,丐②朝廷哀怜,因惧将为寇乱,可也。不惟告君之体③当如是,事势亦宜尔。公方求财以活人,祈之以仁爱,则当轻财而重民;惧之以利害,则将恃财以自保。古之时,得丘民④则得天下,后世以兵制民,以财聚众,聚财者能守,保民者为迂。惟当以诚意感动,觊其有不忍之心而已。

——《二程文集》卷九《答人示奏稿书》

【注释】①奏稿:亦作"奏藁",奏章的草稿。②丐:乞求。③体:规范,法式。④丘民:泛指百姓。

【译文】程颐的《答人示奏稿书》说:看您的意思,专门以担心动乱为主,我却想要您把爱惜人民当作首要之事,向皇帝极力进言百姓饥荒快要饿死的现状,乞求朝廷同情哀怜,而且还因此担心民众因生活所迫而成为盗匪作乱,这样写是可以的。不仅是上告国君的规范法式应当这样,而且事情态势也需要如此对待。您只要请求财物支援以救济百姓,祈求皇帝朝廷以仁爱之心对待百姓,那么皇帝就应当会轻贱财物而看重百姓;以百姓可能因生活所迫而成为盗匪的利害得失引发皇帝的忧惧,那么皇帝就应当会凭借财物救济百姓而保全自身的安危。古时,得到百姓的拥护就能得到天下。后世以军队制约百姓,以财物召集众多属下,聚敛财物的人被看作能够守护统治，保护民众的人却被视为迂腐。只希望能以自己的诚心感动皇帝，希望皇帝对百姓有怜悯不忍之心而已。

3.明道为邑①，及民之事，多众人所谓法所拘者，然为之未尝大戾②于法，众亦不甚骇。谓之得伸其志则不可，求小补③，则过今之为政者远矣。人虽异之，不至指为狂也。至谓之狂，则大骇矣。尽诚为之，不容而后去，又何嫌乎？

——《二程文集》卷九《答吕进伯简三》

【注释】①为邑：治理城邑。②戾：违背，乖离。③小补：小的补益或帮助。

【译文】程颢治理城邑，涉及民众的事，有很多大家认为受法令律例制约的地方，他却可以不拘泥地去处理，然而也从没有过严重偏离法令律例的情况，处理的结果也不会让民众感到很唐突惊惧。如果说他实现了自己的志向还不可以，而要说有小小的补益帮助，那他已经远远超过今天治政的官员了。他的做法，人们虽然会感到奇怪，却不至于认为狂妄。如果到民众认为狂妄的时候，那么他们就会震惊万分。竭尽自己的诚心去治理，如果不被容受再离开，又有什么可嫌怨的呢？

4.明道先生曰：一命之士①，苟存心于爱物，于人必有所济。

——《二程文集》卷十一《明道先生行状》

【注释】①一命之士:周代最低一级官阶的官员,后泛指官职极其低微之人。

【译文】程颢先生说:即使是职位最低的官员,如果能尽心仁爱万物,对于百姓也一定有所帮助。

5.伊川先生曰:君子观天水违行①之象,知人情有争讼之道。故凡所作事,必谋其始,绝讼端②于事之始,则讼无由生矣。谋始③之义广矣,若慎交结、明契券④之类是也。

——《程氏易传·讼传》

【注释】①天水违行:讼卦下卦为代表水的坎卦,上卦为代表天的乾卦,天性向上,水性就下,二者运行方向相互违背。②讼端:诉讼的事端。③谋始:开始时慎重考虑。④契券:契据,凭证。

【译文】程颐先生说:君子看到讼卦的卦象,上卦乾卦代表天而其性向上,下卦坎卦代表水而其性向下,二者运行方向相互违背,就知道这个道理反映在人情事理上,就代表人们之间有争论诉讼的情况。所以但凡做什么事,一定要在开始之时慎重考虑,在事情刚刚开展的时候就要杜绝诉讼的端由,那么争论诉讼也就没有办法产生了。开始之时就要慎重考虑,这个义理范围很广,比如慎重与人结交、明确契约凭证这些都是。

6.《师》之九二,为师之主①。恃专②,则失为下之道③;不专，则无成功之理，故得中为吉。凡师之道，威和并至，则吉也。

——《程氏易传·师传》

【注释】①主：此指军队主帅。②恃专：依凭专权。③为下之道：指统驭属下的准则。

【译文】师卦的九二阳爻，象征军队的主帅。主帅如果倚仗专权，就会违背统驭属下的原则；主帅如果不用专权，那么办事就没有成功的道理，所以要取二者之中才吉利。凡是统领军队的准则，就是威严与温和并用，这样才会吉利。

7.世儒有论鲁祀周公①以天子礼乐，以为周公能为人臣不能为之功，则可用人臣不得用之礼乐，是不知人臣之道也。夫居周公之位，则为周公之事，由其位而能为者，皆所当为也。周公乃尽其职耳。

——《程氏易传·师传》

【注释】①鲁祀周公：周成王因周公有功于天下，命鲁国世世以天子礼乐祭祀周公。

【译文】世间有的儒者谈论鲁国世世以天子礼乐祭祀周公这件事，认为周公能立下一般臣子不能立下的功劳，就可以享用一般臣子不能享用的礼乐祭祀，这是不懂得作为臣子的原则本分。既然处在周公的职位上，就要做周公应做的事，在这个职位上能做到的事，都应当去做到。周公只是恪尽了自己的职守而已。

8.《大有》之九三曰:"公①用亨②于天子,小人弗克③。"《传》曰:三④当大有之时,居诸侯之位,有其富盛,必用亨通于天子,谓以其有为天子之有也,乃人臣之常义也。若小人处之,则专其富有以为私,不知公己奉上⑤之道,故曰"小人弗克"也。

——《程氏易传·大有传》

【注释】①公:诸侯。②亨:同"享",进献。③弗克:不能做到。克,能够,胜任。④三:指九三爻。⑤公己奉上:大公无私,事奉长上。

【译文】《周易·大有卦》的九三爻辞说:"诸侯进献物品供天子享用,才德浅薄的平民百姓做不到。"《程氏易传》说:大有卦的九三爻处在大有卦中的位置,就好像人处于诸侯的位置,拥有的财物丰厚富足,一定要把自己的财物进献上达于天子,认为自己拥有的东西就是天子拥有的东西,这是作为臣子的伦常义理。如果是才德浅薄的平民百姓处在诸侯的位置上,就会独占这丰厚富足的财物当做私人财产,不知道大公无私、事奉长上的道理,所以说"才德浅薄的平民百姓做不到"。

9.人心所从,多所亲爱者也。常人之情,爱之则见其是,恶之则见其非。故妻孥①之言,虽失而多从;所憎之言,虽善为恶也。苟以亲爱而随之,则是私情所与,岂合正理?故《随》之初九，出门而交，则有功也。

——《程氏易传·随传》

【注释】①妻孥：妻子和儿女。

【译文】人心所依从的，大多是自己亲爱的人。常人的情感，喜爱一人就看到他做得对，厌恶一人就看到他做得不对。所以妻子儿女说的话，即使错误也大多依从；而自己厌恶的人说的话，即使很好也看作恶言。如果因为亲爱就随顺，那就是依自己的私情处事，怎么符合中正的道理呢？所以《周易·随卦》的初九爻辞说，出门在外去交游，才会建立功业。

10.《随》九五之《象》曰："孚于嘉①，吉，位正中②也。"《传》曰：随以得中为善，随之所防者过也。盖心所说③随，则不知其过矣。

——《程氏易传·随传》

【注释】①孚于嘉：以嘉美之德而相互取信。②位正中：指随卦九五爻为阳爻居阳位，故正；九五爻又居于上卦之中，故中。又随卦六二爻为阴爻居阴位，且居下卦之中，与九五爻皆在中正位，且一阴一阳相对应，故上文称"孚于嘉"。③说：同"悦"。

【译文】随卦九五爻的象辞说：随卦九五爻和六二爻以嘉美之德而相互取信，吉祥，九五爻以阳爻居阳位，又居于上卦之中，所以其位中正。"《程氏易传》说：随卦的道理是以得中正之道为佳，而追随依从所要预防的是犯错。因为心感喜悦而去追随，就不能发现其过失。

11.《坎》之六四曰:"樽酒簋贰①,用缶②,纳约自牖③,终无咎。"《传》曰:此言人臣以忠信善道结于君心,必自其所明处乃能入也。人心有所蔽,有所通。通者,明处也,当就其明处而告之,求信则易也,故曰"纳约自牖"。能如是,则虽艰险之时,终得无咎也。且如君心蔽于荒乐④,唯其蔽也,故尔虽力诋⑤其荒乐之非,如其不省⑥何?必于所不蔽之事推而及之,则能悟其心矣。自古能谏其君者,未有不因其所明者也。故讦直⑦强劲者,率多取忤⑧;而温厚明辨者,其说多行。非唯告于君者如此,为教者亦然。夫教,必就人之所长;所长者,心之所明也。从其心之所明而入,然后推及其余,孟子所谓"成德""达才⑨"是也。

——《程氏易传·坎传》

【注释】①樽酒簋贰:一樽酒,两簋食。樽,盛酒的器具。簋,盛食物的器具。②缶:一种圆腹小口的瓦器。③纳约自牖:将简约的物品从窗户送入。纳,接纳,容受。牖,窗户。④荒乐:耽于逸乐。⑤力诋:极力谴责。诋,谴责。⑥省:明白,醒悟。⑦讦直:亢直敢言。⑧忤:忤逆,触犯。⑨达才:亦作"达材"、"达财",使之通达成才。

【译文】《周易·坎卦》六四爻辞说:"一樽酒、两簋食,用瓦缶盛着,将简约的物品从窗户送入。"《程氏易传》中说:这是说臣子以尽忠守信的善道与君王之心沟通往来,一定要从君王明白通达的地方进言才能被接受。人的内心有遮蔽的地方，也有通达的地方。通达的地方就是有光明的地方，应当从君王内心通明的地方告知他，这样求得他的相信就容易了，所以说"将简约的物品从窗口送入"。能做到这样，那么即使在自身处境艰险的时候，最重也不会有什么过患。如果君王的心被贪图逸乐蒙蔽了，正因为心被蒙蔽，所以即使极力谴责他耽于逸乐的过错，怎奈他不醒悟呢？一定要从君王内心还没有被蒙蔽的地方开始，进一步推广到他内心被蒙蔽的地方，才能让他的内心醒悟。自古以来善于劝谏君王的臣子，没有不从君王明白通达的地方入手的。所以亢直敢言、强势劲力的臣子，大多都触犯了皇帝；而温和敦厚、明辨事理的臣子，他的进言多被实行。不仅是向君王进谏应当这样，教育他人也应当这样。教育，一定要顺着人的长处去培养，因为人擅长的地方就是内心明白通达的地方。从他内心明白通达的地方入手，进一步推广到其他不明不同的方面，这就是孟子所说的"顺其品德使之成就"、"依其才能使之通达"。

12.《恒》之初六曰："浚恒①，贞凶。"《象》曰："浚恒之凶，始求深也。"《传》曰：初六居下，而四为正应②。四以刚居高，又为二三所隔③，应初之志④，异乎常矣。而初乃求望之深，是知常而不知变也。世之责望⑤故素⑥而至悔咎者，皆浚恒者也。

——《程氏易传·恒传》

【注释】①浚恒：求之太过，超出恒常。②四为正应：指恒卦九四阳爻居上卦之下，与居下卦之下的初六阴爻，二者阴阳正应。③为二三所隔：指九四阳爻与初六阴爻的相应受到九二、九三两阳爻的阻隔。④应初之志：指九四阳爻与初六阴爻相应的本意。⑤责望：要求和期望。⑥故素：故友旧交。

【译文】《周易·恒卦》的初六爻辞说："求之太过，超出恒常，占断为凶兆。"象辞说："求之太过、超出恒常的凶兆，就是从要求太过深切开始的。"《程氏易传》中说：恒卦初六爻居于下位，与九四爻阴阳正应。九四爻以阳爻居于高位，又受九二、九三两阳爻阻隔，其与初六阴爻相应的本意，已经和正常情况不同了。然而初六阴爻对九四阳爻的希求盼望之意很深切，这是懂得常理却不懂得变通啊！世人对于故友旧交要求期望过高而导致过失祸患的，都是"要求太过、超出恒常"啊！

13.《遁》之九三曰："系遁①，有疾厉②，畜臣妾③，吉。"《传》曰：系恋④之私恩，怀⑤小人女子之道也，故以畜养臣妾则吉。然君子之待小人，亦不如是也。

——《程氏易传·遁传》

【注释】①系遁：退避受到牵制。遁，退避，隐遁。②疾厉：疾苦灾厄。③臣妾：古时称呼奴仆，男曰臣，女曰妾，后亦泛指统治者役使的民众和藩属。④系恋：亦作"繫挛"，恋念不舍。⑤怀：安抚。

【译文】《周易·遁卦》的九三爻辞说："退避受到牵制，有疾苦灾厄，畜养男女奴仆，吉利。"《程氏易传》中说：以私人的恩情使其恋念不舍，这是安抚下人和妻妾的方法，所以用以畜养奴仆就吉利。

然而君子对待下人,却不像这样。

14.《睽》之《象》曰:"君子以同而异。"《传》曰:圣贤之处世,在人理之常,莫不大同①,于世俗所同者,则有时而独异。不能大同者,乱常拂理②之人也;不能独异者,随俗习非③之人也。要在同而能异耳。

——《程氏易传·睽传》

【注释】①大同:基本一致,大体相同。②乱常拂理:破坏纲常,违背正理。③随俗习非:流于世俗,习惯为非。

【译文】《周易·睽卦》的象辞说:"君子求同存异。"《程氏易传》中说:圣贤人处世,在人的纲常之理方面,没有不与别人立场相同的,然而在一些世俗人都相同的方面,却有时唯独与人不同。不能在纲常之理上与人立场一致的人,是破坏纲常、违背正理的人;不能与世俗人相同的方面有所不同的人,是流于世俗、习惯为非的人。应该要能求同存异。

15.《睽》之初九,当睽①之时,虽同德者相与,然小人乖异②者至众,若弃绝之,不几尽天下以仇君子乎?如此,则失含宏③之义,致凶咎之道也,又安能化不善而使之合乎?故必"见恶人,则无咎"也。古之圣王,所以能化奸凶为善良,革④仇敌为臣民者,由弗绝⑤也。

——《程氏易传·睽传》

【注释】①睽:违背,分离。②乖异:不一致,背离。③含宏:同"含弘",包容博厚。④革:改变。⑤绝:弃绝,抛弃。

【译文】睽卦的初九爻说明,当人心离散的时候,即使有同心同德的人来结交,然而才德浅薄的人中乖违不合的却很多,如果要和他们断绝交往,那不是几乎让天下之人都与君子为仇吗?这样就丧失了包容涵厚的气度,是导致灾殃祸患的做法,又怎么能转化不善的人而使大家和睦相处呢?所以一定要懂得"与恶人相见也没有什么过患"的道理。古代的圣王,之所以能将奸诈凶恶的人转变为善良的人,将有仇之敌转变为臣下百姓,就是因为圣王不与他们断绝往来。

16.《睽》之九二,当睽之时,君心未合,贤臣在下,竭力尽诚,期使之信合①而已。至诚以感动之,尽力以扶持之,明义理以致其知,杜蔽惑②以诚其意,如是宛转以求其合也。"遇"非枉道③逢迎也,"巷"非邪僻曲径④也,故《象》曰:"遇主于巷,未失道也。"

——《程氏易传·睽传》

【注释】①信合:信任相合。②蔽惑:蒙蔽迷惑。③枉道:绕道。

【译文】睽卦的九二爻辞说明,当人心离散之时,君王的心与臣子的心没有相合,贤能的臣子处在下位,竭其精力,尽其诚心,希望使君王信任自己,与自己相合。以至诚之心去感动君王,竭尽全力去辅佐他,讲明圣贤义理使他获得智慧学问,杜绝蒙蔽迷惑使他内心真诚无妄,这样委婉曲折地求得君王与自己相合。"遇"表明不是绕道去迎接，"巷"表明不是邪僻曲折的小道，所以睽卦的象辞说："在巷中遇到君主，没有违背作为臣子的道义。"

17.《损》之九二曰："弗损，益之。"《传》曰：不自损其刚贞①，则能益其上，乃"益之"也。若失其刚贞而用柔说②，适足以损之而已。世之愚者，有虽无邪心，而惟知竭力顺上为忠者，盖不知"弗损益之"之义也。

——《程氏易传·损传》

【注释】①刚贞：刚健中正。②说：同"悦"。

【译文】《周易·损卦》的九二爻辞说："不加减损，以增益之。"《程氏易传》中说："不减少自己的刚健中正，就能对上级尊长有益，这就是'益之'的道理。如果丧失了自己的刚健中正而以柔媚之态取悦上级尊长，正好足以危害上级尊长而已。世间的愚人，有的虽然没有邪心，却只知道竭力恭顺上级尊长，把这当做尽忠，这是不懂得'不加减损，以增益之'的涵义。

18.《益》之初九曰："利用①为大作②，元吉，无咎。"《象》曰："元吉，无咎，下③不厚事也。"《传》曰：在下者，本不当处厚事。厚事，重大之事也。以为在上所任，所以当大事，必能济大事而致元吉，乃为无咎。能致元吉，则在上者任之为知人④，己当之为胜任。不然，则上下皆有咎也。

——《程氏易传·益传》

【注释】①利用：有利于。②大作：大事。③下：居于下位之人，属下，下级。④知人：谓能鉴察人的品行、才能。

【译文】《周易·益卦》的初九爻辞说："有利于做大事，大吉，没有过患。"象辞说："大吉，没有过患，下位的人本不担当厚事。"《程氏易传》中说：下级本来不应当处理厚事。厚事，就是重大的事。因为大事是上级委任给下级的，所以下级担当了大事，一定要能做得成功、实现大吉，才算没有过患。能够实现大吉，那么上级的委任就叫善于识人，自己的担当就叫胜任工作。如果不是这样，那么上级下级都会有过患。

19.革而无甚益，犹可悔也，况反害乎？古人所以重改作①也。

——《程氏易传·革传》

【注释】①改作：更改，变更。

【译文】改革也没有多大益处，尚且可让人追悔，何况反倒带来害处呢？这就是古人慎重地对待改革的原因。

20.《渐》之九三曰："利御寇。"《传》曰：君子之与小人比①也，自守以正。岂惟君子自完②其己而已乎？亦使小人得不陷于非义。是以顺道③相保，御止其恶也。

——《程氏易传·渐传》

【注释】①比：接近，相处。②完：完善。③顺道：顺从道义，遵循规律。

【译文】《周易·渐卦》的九三爻辞说："利于抵御贼寇。"《程氏易传》中说：君子与德薄才浅的人相处，自己守持正道，难道君子只是自我完善而已吗？他也要让德薄才浅的人不至于陷入不合道义的境地，这就是循顺正道保全他人、防范其做下坏事的行为。

21.《旅》之初六曰："旅琐琐①，斯其所取灾。"《传》曰：志卑之人，既处旅困②，鄙猥琐细③，无所不至，乃其所以致悔辱、取灾咎也。

——《程氏易传·旅传》

【注释】①琐琐：卑微庸碌，计较琐事。②旅困：旅途困顿。③鄙猥琐细：人品鄙陋猥琐，钻营细碎之事。

【译文】《周易·旅卦》的初六爻辞说："旅行的人卑微庸碌、锱铢必较，这就是招致灾殃的原因。"《程氏易传》中说：人格卑微的人，处于旅途困顿之时，就会变得鄙陋猥琐，钻营细碎之事，没有什么不做，这就是他招致悔恨耻辱、自取灾殃过患的原因。

22.在旅而过刚自高①，致困灾之道也。

——《程氏易传·旅传》

【注释】①过刚自高：刚强过度，抬高自己。

【译文】人在旅途中过于刚强、自高自傲，这就是导致困厄灾难的原因啊!

23.《兑》之上六曰:"引兑①。"《象》曰:"未光②也。"《传》曰:说③既极矣,又引而长之,虽说之之心不已,而事理已过,实无所说。事之盛则有光辉,既极而强引之长,其无意味甚矣,岂有光也?

——《程氏易传·兑传》

【注释】①引兑:引发喜悦。兑,通"悦"。②未光:无光。③说:通"悦",后同。

【译文】《周易·兑卦》的上六爻辞说:"引发喜悦。"象辞说:"无光。"《程氏易传》中说:喜悦已经到达极点,又去引发助长,虽然因事物喜悦的心没有停息,然而在事理上已经有了过失,实在没有什么可喜悦的。事物极盛就会有光辉,已经到达极点却还要强力引发助长,这也太没有意味了,怎么会有光辉呢?

24.《中孚》之《象》曰:"君子以议狱缓死①。"《传》曰:君子之于议狱,尽其忠而已;于决死②,极其恻而已。天下之事,无所不尽其忠,而议狱缓死,最其大者也。

——《程氏易传·中孚传》

【注释】①议狱缓死:审断狱案,宽赦死刑。②决死:判决死刑。

【译文】《周易·中孚卦》的象辞说:"君子审断狱案,宽赦死刑。"《程氏易传》中说：君子对待审断狱案之事，竭尽忠诚之心而已；对待判决死刑之事，穷极恻隐之心而已。天下之事，君子没有不竭尽忠诚之心的，而审断狱案、宽赦死刑是其中最重大的事。

25.事有时而当过，所以从宜①，然岂可甚过也？如过恭、过哀、过俭，大过②则不可，所以小过③为顺乎宜也。能顺乎宜，所以大吉。

——《程氏易传·小过传》

【注释】①从宜：顺从时宜，因时制宜。②大过：极端过度。③小过：稍微过度。

【译文】事情有时应当过度一点，所以要顺从时宜，然而怎么能太过度呢？比如过度恭敬、过度哀伤、过度节俭，极端过度就不行，所以稍微过度是为了顺从时宜。能够顺从时宜，所以大吉。

26.防小人之道，正己为先。

——《程氏易传·小过传》

【译文】防范才德鄙陋的人的方法，首先是使自己中正。

27.周公至公不私，进退以道，无利欲之蔽。其处己①也，夔夔②然存恭畏之心；其存诚也，荡荡③焉无顾虑之意。所以虽在危疑④之地，而不失其圣也。《诗》曰："公孙⑤硕肤⑥，赤舄⑦几几⑧。"

——《程氏经说·诗解》

【注释】①处己：指个人立身行道。②夔夔：戒惧敬慎的样子。③荡荡：广博浩大的样子。④危疑：怀疑，不信任。⑤孙：通"逊"，谦逊。⑥硕肤：大的美德，亦指德高望重之人。肤，美，引申为美德。⑦赤舄：古时天子诸侯所穿的一种红色重木底的鞋。⑧几几：此指步履安和稳重。

【译文】周公大公无私，进退举止都遵循正道，没有被利欲蒙蔽内心。他立身行道戒惧敬慎，有恭敬敬畏的风范；他存养诚心广博浩大，没有顾盼疑虑的意思。所以他及时处于不受信任的危险境地，也不丧失圣人之风。《诗经》上说："周公谦逊，美德崇盛，足蹬赤舄，安和稳重。"

28.采察①求访，使臣②之大务。

——《程氏经说·诗解》

【注释】①采察：探察，察知。②使臣：指皇帝所派遣负有专门使命的官员。

【译文】探察获知天下民情，推求访问世间疾苦，这是皇帝特派官员的重要任务。

29.明道先生与吴师礼①谈介甫之学错处，谓师礼曰：为我尽达②诸介甫，我亦未敢自以为是。如有说，愿往复③。此天下公理，无彼我。果能明辨，不有益于介甫，则必有益于我。

——《二程遗书》卷一

【注释】①吴师礼：字安仲，杭州钱塘人，太学上舍赐第。②达：转达。③往复：去转告回来。

【译文】程颢先生和吴师礼谈论王安石学问出错的地方，程颢对吴师礼说：你替我将我的意见全部转达给王安石，我也不敢认为自己所说的正确。如果王安石有回复，希望你回来转告给我。这是天下公有之理，不是你或我的。如果真能辨明事理，不说对王安石有益，也一定对我有益。

30.天祺①在司竹②，常爱用一卒长③。及将代④，自见其人盗笋皮，遂治之，无少贷⑤。罪已正⑥，待之复如初，略⑦不介意。其德量⑧如此。

——《二程遗书》卷二上

【注释】①天祺：张戬，字天祺，北宋时关中鄠县人，张载之胞弟。②司竹：司竹监，官署名，掌种植竹苇，以供官廷及各官署制造帘篚等，并以笋供宫廷食用。③卒长：差役的头目。④代：卸任。⑤贷：宽恕，饶恕。⑥正：依法治罪。⑦略：稍微，一点儿。⑧德量：道德涵养和气量。

【译文】张戬在司竹监任职的时候，常常喜欢任用一名差役头目。等到这名差役头目快要卸任的时候，张戬亲眼看到他偷盗了笋皮，就将他依法治罪，一点儿也没有宽免。等到他已经依法承担罪责之后，张戬对待他又和以前一样，一点儿也不介意他犯的过错。张戬的德行气量就是这样的。

31.因论"口将言而嗫嚅①",云:若合②开口时,要他头也须开口(本注:如荆轲于樊於期③)。须是听其言也厉④。

——《二程遗书》卷三

【注释】①嗫嚅:欲言又止的样子。②合:应该。③荆轲于樊於期:指战国时期,燕国太子丹派荆轲谋刺秦王嬴政时,荆轲请求以樊於期首级与庶地督亢地图作为进献秦王的礼物,以利行刺。樊於期获悉,自刎而死。④厉:威厉严肃。

【译文】在谈论到人欲言又止的情形时,程颢说:如果是应该开口的时候,即便是要他的项上人头也要开得了口(本注:就好像荆轲对待樊於期那样)。应当是听到他说的话都非常威厉严肃。

32.须是就事上学。《蛊》:"振民育德①。"然有所知后,方能如此。"何必读书,然后为学?"

——《二程遗书》卷三

【注释】①振民育德:接济帮助人民,涵养个人德行。

【译文】应该要在具体事务中学习。《周易·蛊卦》的象辞说:"接济救助百姓,涵养自己德行。"然而也要明白了道理后,才能这样去做。《论语·先进》里说:"何必一定要研读经典,才能算做学问呢?"

33.先生见一学者忙迫,问其故,曰:"欲了几处人事①。"曰:"某非不欲周旋人事者,曷尝②似贤③急迫?"

——《二程遗书》卷三

【注释】①人事:辞职人际交往应酬之事。②曷尝:同"何尝"。③贤:对对方的尊称,相当于"您"。

【译文】程颐先生看见一名治学的人忙碌紧张的样子,就问他原因,他说:"想要去完成几件交际应酬的事。"程颐说:"我也不是不想交际往来、应酬人事,只是何尝像您那样仓促急迫过?"

34.安定①之门人,往往知稽古②爱民矣,则于为政也何有?

——《二程遗书》卷四

【注释】①安定:胡瑗,字翼之,程颐之师,北宋理学先驱,世称安定先生。②稽古:考察古事。

【译文】胡瑗的弟子门人,大多都知道考察古事、仁爱百姓,那么对于他们处理政事还有什么困难呢?

35.门人有曰:"吾与人居,视其有过而不告,则于心有所不安;告之而人不受,则奈何?"曰:"与之处而不告其过,非忠也。要使诚意之交通①,在于未言之前,则言出而人信矣。"又曰:"责善②之道,要使诚有余而言不足,则于人有益,而在我者无自辱矣。"

——《二程遗书》卷四

【注释】①交通：交流沟通。②责善：劝勉从善。

【译文】程颢有个门人说："我和别人相处，看到他有过错而我不告知他，那我的内心就会感到不安；我告知他过错但他却不接受，那又怎么办呢？"程颢说："与人相处却不告知他的过错，这是不忠。要使自己诚心与别人的交流沟通，发生在没有告知他过错之前，这样自己说出的话就能让别人信服了。"程颢又说："劝勉别人从善的方法，是要使自己诚意有余而说话不多，那样就会对别人有益，在自己而言也不会自取其辱。"

36. 职事不可以巧①免。

——《二程文集》卷七

【注释】①巧：取巧。

【译文】自己的本职工作不能靠取巧免除。

37. "居是邦，不非①其大夫"，此理最好。

——《二程遗书》卷六

【注释】①非：非议，批评。

【译文】《孔子家语》中子贡说："居住在这个国家，就不去非议其公卿大夫",这个道理讲得最好。

38."克勤小物①"最难。

——《二程遗书》卷十一

【注释】①克勤小物：语出《尚书·毕命》，能够勤勉处理细小之事。小物，小事。

【译文】"能够勤勉地处理微细之事"，这最难做到。

39.欲当大任，须是笃实①。

——《二程遗书》卷十

【注释】①笃实：敦厚朴实。

【译文】要想担当大任，应该要敦厚朴实。

40.凡为人言者，理胜则事明，气忿则招怫①。

——《二程遗书》卷十一

【注释】①怫：愤怒，抑郁，悖逆。

【译文】凡是对人说话，道理充分事情就会清楚，意气激愤就会招致不顺。

41.居今之时，不安今之法令，非义也。若论为治，不为则已,如复为之,须于今之法度内处得其当,方为合义。若须更改而后为,则何义之有?

——《二程遗书》卷一

【译文】处在今天的时代,却不安于今天的法令制度,这不符合大义。如果说到治国理政,不去做就罢了,如果还是要做,就应该在现有的法度范畴内处理得当,这才合于大义。如果还要改变法令制度才能处理政事,那还有什么大义可言呢?

42.今之监司^①,多不与州县一体。监司专欲伺察^②,州县专欲掩蔽。不若推诚心与之共治,有所不逮^③,可教者教之,可督者督之。至于不听,择其甚者去一二,使足以警众可也。

——《二程遗书》卷一

【注释】①监司:宋代有监察州县之权的地方长官统称。②伺察:侦视,监察。③不逮:不足之处,过错。

【译文】今天的监司,大多不与州县齐心协力。监司官专想监察侦视州县官的过失,州县官专想遮掩自己的过失。不如推及诚心,让州县与监司共谋治政,州县官做得有不足之处,可以教诫的就教诫,可以督导的就督导。至于教诫督导都不听从的州县官,选择情形严重的一两个将其免职,使众人足以受到警诫就可以了。

43.伊川先生曰:人恶多事,或人悯之。世事虽多,尽是人事。人事不教人做,更责谁做?

——《二程遗书》卷十五

【译文】程颐先生说:有人厌恶要做很多事务,有人对此感到同情。世间的事虽然繁多,但都是人事。人事不让人去做,还要让谁去做呢?

44.感慨①杀身者易,从容就义者难。

——《二程遗书》卷十一

【注释】①感慨:亦作"感嘅",谓情感愤激。

【译文】慷慨激昂地杀身赴死容易,从容不迫地舍身就义困难。

45.人或劝先生以加礼①近贵②,先生曰:何不见责③以尽礼,而责之以加礼?礼尽则已,岂有加也?

——《二程遗书》卷十七

【注释】①加礼:厚于常规的礼仪。②贵:地位显要之人。③见责:要求我。

【译文】有人劝程颐先生以厚于常规的礼仪亲近显贵之人,程颐先生说:为什么不要求我周全地尽到礼仪,却要求我增加更优厚的礼仪呢?礼仪周全地尽到就可以了,难道还有可以增加的吗?

46.或问：簿①，佐令②者也。簿所欲为，令或不从，奈何？曰：当以诚意动之。今令与簿不和，只是争私意。令是邑之长，若能以事父兄之道事之，过则归己，善则唯恐不归于令，积此诚意，岂有不动得人？

——《二程遗书》卷十八

【注释】①主簿：古代官名，各级主官属下掌管文书、办理事务的佐吏。②令：县令。

【译文】有人问：主簿，是辅佐县令的人。主簿想要做的事，县令有时不答应，怎么办呢？程颐说：应当用诚心去感动他。现在县令和主簿不和，只是以个人的意见相争。县令是地方的长官，如果主簿能以事奉父亲兄长的方法事奉他，有了过错就归咎自己，有了好事就唯恐不归功于县令，这样积聚诚心，怎么会不能感动人呢？

47.问：人于议论，多欲直己，无含容之气，是气不平否？曰：固是气不平，亦是量狭。人量随识长，亦有人识高而量不长者，是识实未至也。大凡别事人都强得，惟识量不可强。今人有斗筲①之量，有釜斛②之量，有钟鼎③之量，有江河之量。江河之量亦大矣，然有涯④，有涯亦有时而满。惟天地之量则无满，故圣人者，天地之量也。圣人之量，道也；常人之有量者，天资也。天资有量须有限。大抵六尺之躯，力量只如此，虽欲不满，不可得也。如邓艾⑤，位三公，年七十，处得甚好。及因下蜀有功，便动了。谢安⁶闻谢玄⁷破苻坚⁸，对客围棋，报至不喜。及归，折屐齿⁹。强终不得也。更如人大醉后益恭谨者，只益恭谨，便是动了，虽与放肆者不同，其为酒所动一也。又如贵公子，位益高，益卑谦，只卑谦便是动了，虽与骄傲者不同，其为位所动一也。然惟知道者，量自然宏大，不待勉强而成。今人有所见卑下者，无他，亦是识量不足也。

——《二程遗书》卷十八

【注释】①斗筲：斗与筲。斗容十升；筲，竹器，容一斗二升，皆量小的容器。②釜斛：釜，春秋战国时量器名，亦是容量单位，标准不一。斛，旧量器名，亦是容量单位，一斛本为十斗，后来改为五斗。③钟鼎：钟，古代计量单位，春秋时齐国以十釜为"钟"（标准不一）。鼎，古代烹煮用的器物，一般是三足两耳。④涯：水边，泛指边际。⑤邓艾：字士载，义阳棘阳人，三国时期魏国杰出的军事家，公元263年率军攻入成都，使得蜀汉灭亡。⑥谢安：字安石，陈郡阳夏人，东晋著名政治家，名士谢尚的从弟。⑦谢玄：字幼度，陈郡阳夏人，谢安之侄，东晋时期军事家。在淝水之战中任前锋都督，指挥晋军取得以少胜多的巨大战果。⑧苻坚：字永固，又字文玉，略阳临渭人，十六国时期前秦的君主。⑨屐齿：屐是木鞋，鞋底前后都有高跟儿，叫屐齿。

【译文】问：人们在商议讨论的时候，大多想要直率地表达自己的观点，却没有包容涵纳的气度，这是意气不平的原因吗？程颐说：固然是意气不平，也有心量狭小的原因。人的心量一般随着见识增长，也有人的见识高明却心量不长，其实是见识没有真正到家。大体上其他的事人都可以尽力做到，只有见识、心量不可以勉强增长。今天人的心量，有斗筲那样大的，有釜斛那样大的，有钟鼎那样大的，有江河那样大的。江河那样大的心量已经很大了，然而还是有边际，有边际就终有盈满的时日。只有天地那样大的心量是永远都不会盈满的，所以圣人的心量就是天地那样广大的心量。圣人的心量，是自然法则的体现；常人的心量，是天道赋予的资质。天道赋予的资质是有限度的，大体上人六尺的身躯，力量就这么大，即使觉得不满足，也没有办法再增加了。比如邓艾位列三公，到七十岁时，处事修养极好。等到平定蜀汉建立功绩之时，却心有所动了。谢安听到谢玄攻破苻坚的秦军之时，正在和客人下围棋，捷报传来他也没有表现出喜色。但是等到回去的时候，他激动地将木屐的齿都折断了。心量的广大终究是勉强不得的。再如人喝酒大醉后变得更加恭谨，只是因为更加恭谨，就是心有所动了，虽然与醉酒放肆的人不同，他们因酒而动摇心性却是一样的。又如显贵之家的公子，地位越高越是谦卑，只是因为谦卑，就是心有所动了，即使与骄傲自大的人不同，他们被地位动摇心性却是一样的。然而只有知晓大道的人，心量自然会宏大，不必要勉强拓展自然就宏大。今天的人有的见识短浅鄙陋，没有别的原因，只是因为自己的见识、心量不够广大而已。

48.人才有意于为公，便是私心。昔有人典选①，其子弟系磨勘②，皆不为理，此乃是私心。人多言古时用直③，不避嫌得，后世用此不得。自是无人，岂是无时？（本注：因言少师典举④、明道荐才⑤事。）

——《二程遗书》卷十八

【注释】①典选：掌管选拔人才授官的事务。②磨勘：唐宋官员考绩升迁的制度。③用直：指以直爽之心处事。④少师典举：少师，指程颐高祖父程羽，字仲远，官至兵部侍郎，赠太子少师。宋太宗太平兴国五年，主持贡生考试，选拔人才很多。⑤明道荐才：指程颢向宋神宗举荐人才，以其表叔张载、弟程颐为首，毫不避嫌。

【译文】人一旦有意要为公，就变成了私心。从前有人主持选拔官吏，因为他的家族子弟在考核之列，他就都不予理会，这就是私心。人们多说古代的人处事直率，不去避嫌，后世却不能这样做了。自然是因为没有古代那样的人了，难道是因为时代改变了吗？（本注：这是说程颐高祖父程羽主持贡生考试和程颢举荐贤才不避亲的事。）

49.君实①尝问先生云：欲除②一人给事中③，谁可为者？先生曰：初若泛论人才却可，今既如此，颐虽有其人，何可言？君实曰：出于公口，入于光耳，又何害？先生终不言。

——《二程遗书》卷十九

【注释】①君实：司马光，字君实。②除：任命官职。③给事中：官名，秦朝设立，汉魏相沿，因给事殿中，备顾问应对，讨论政事，故名。宋神宗元丰改制后，为职事官，正四品，分治门下省日常公务。

【译文】司马光曾经问程颐先生说：我想任命一个人做给事中，谁合适呢？程颐先生说：当初如果是泛泛议论人才，是可以说的。现在既然如此，我即使有人可以举荐，又怎么能说呢？司马光说：话从您的口中说出，从我的耳朵听入，又有什么妨害呢？程颐先生最终也没有说。

50.先生云:韩持国①服义②最不可得。一日,颐与持国、范夷叟③泛舟于颍昌④西湖,须臾,客将⑤云:"有一官员上书谒见大资⑥。"颐将为有甚急切公事,乃是求知己⑦。颐云:"大资居位,却不求人,乃使人倒来求己,是甚道理?"夷叟云:"只为正叔太执,求荐章⑧,常事也。"颐云:"不然。只为曾有不求者不与,来求者与之,遂致人如此。"持国便服。

——《二程遗书》卷十九

【注释】①韩持国:韩维,字持国,开封雍丘人,韩亿子,宋代大臣、文学家。②服义:服膺大义。③范夷叟:范纯礼,字夷叟,范仲淹子。④颍昌:今许昌。⑤客将:亦称典客,负责接待宾客、出使等的衙役。⑥大资:宋代资政殿大学士的简称。韩维当时以资政殿大学士知颍昌府。⑦知己:了解、赏识自己。⑧荐章:推荐人材的奏章,举荐文书。

【译文】程颐先生说:韩维服膺义理之心最为难得。一天,我与韩维、范纯礼乘船在颍昌西湖上游玩,不一会儿就有客将禀报说:"有一位官员上书想要拜见韩大资。"我还以为有什么紧急的公事,原来是求韩维了解赏识自己。我说:"韩大资在其官位,却不去访求贤才,反倒让人来求见自己,这是什么道理呢?范纯礼说:"只是因为程颐您太拘执了,向高官求取举荐文书,这是常见的事。"程颐说:"不是这样。只是因为曾经有不求者不给、来求者给他这样的情形,才会使人们这样做的。"韩维就信服了程颐的话。

51.先生因言:今日供职①,只第一件便做他底不得:吏人押②申转运司状③,颐不曾签。国子监④自系台省⑤,台省系朝廷官。外司⑥有事,合⑦行申状,岂有台省倒申外司之理?只为从前人只计较利害,不计较事体⑧,直得恁地⑨。须看圣人欲正名处,见得道名不正时,便至礼乐不兴,是自然住不得。

——《二程遗书》卷十九

【注释】①供职:任职。②押:签署,在公文、契约上签字或画记号,以做凭信。③申转运司状:呈送给转运司的申状。转运司,中央计司在地方的派出机构,主要职责是监督地方财政,催督地方上供如期交纳。宋时列为公文体制。申状,下级对上级陈述意见的文书。④国子监:隋朝以后的中央官学,兼具国家教育管理机关与最高学府职能,又称国子学或国子寺。⑤台省:汉朝尚书台、三国魏国中书省都是代表皇帝发布政令的中枢机关,后因以"台省"指政府的中央机构。⑥外司:中央机构以外的政府机构,包括地方政府和中央外派机构。⑦合:应该。⑧事体:体制,体统。⑨恁地:亦作"恁的"、"恁底",如此,这样。

【译文】程颐先生又说道:今天去西京国子监任职,只第一件事就不能做:国子监官员要签押呈送转运司的申状,我就没有签押。国子监系属台省,台省系朝廷命官。朝廷之外的官署有事应当向台省呈送申状,怎么有台省反倒向朝廷之外的官署呈送申状的道理?只是因为从前的人只计较办事的利害得失,却不计较国家的礼制体统,就直接那么做了。应该看看圣人要正名的地方,听他说名分不正的时候,就会导致礼乐不兴,所以这是自然不能做的。

52.学者不可不通世务①。天下事譬如一家,非我为,则彼为；非甲为，则乙为。

——《二程遗书》卷二十二下

【注释】①世务：谋身治世之事。

【译文】学道的人不可以不通达谋身治世之事。天下的事就好像是一家的事，不是我做，就是你做；不是甲做，就是乙做。

53. "人无远虑，必有近忧"，思虑当在事外。

——《二程外书》卷二

【译文】"人无远虑，必有近忧"，人的思虑应当超出事情本身的范围。

54. 圣人之责人也常缓，便见只欲事正，无显人过恶之意。

——《二程外书》卷七

【译文】圣人责备他人也常常是宽缓大度的，由此可见圣人只是想要使事情归正，却没有揭露他人过错罪恶的意思。

55. 伊川先生云：今之守令①，惟制民之产②一事不得为，其他在法度中甚有可为者，患人不为耳。

——《二程外书》卷十二

【注释】①守令：郡、县高级行政长官太守和县令的合称，泛指地方长官。②制民之产：规定百姓的产业。

【译文】程颐先生说：今天的州县的地方官，只有规定百姓产业一件事不能做，其他在法律制度内可以做的事情很多，只怕人不去实行罢了。

56.明道先生作县①，凡坐处，皆书"视民如伤②"四字，常曰：颢常愧此四字。

——《二程外书》卷十二

【注释】①作县：担任县令。②视民如伤：出自《孟子·离娄》："文王视民如伤"，指把百姓当作有伤病的人一样照顾，形容在位者关怀人民。

【译文】程颢先生做县令时，凡是在自己常坐的地方都写上"视民如伤"四个字，他常说：我看到这四个字常常感到惭愧。

57.伊川每见人论前辈之短，则曰："汝辈且取他长处。"

——《二程外书》卷十二

【译文】程颐每看到人们谈论前辈人的短处，就说："你们只去学习他的长处。"

58.刘安礼①云：王荆公②执政，议法改令③，言者④攻之甚力。明道先生尝被旨赴中堂⑤议事,荆公方怒言者,厉色待之。先生徐曰:"天下之事,非一家私议,愿公平气以听。"荆公为之愧屈。

——《二程遗书》附录《门人朋友叙述》

【注释】①刘安礼:刘立之,字宗礼(此处误作安礼),二程门人。②王荆公:王安石,封荆国公。③议法改令:斟酌法度,改革律制。④言者:指谏官。⑤中堂:中书省政事堂。

【译文】刘立之说:王安石执掌朝政,商议新法,改革旧制,谏官们批评他非常强烈。程颢先生曾领旨去中书省政事堂议事,王安石正为谏官的话发怒,神色严厉地等待着程颢。程颢缓慢地说道:"天下的事,并非一个家庭私下的议论,希望您平心静气地听。"王安石对此感到惭愧屈服。

59.刘安礼问临民①,明道先生曰:使民各得输其情②。问御吏③,曰:正己以格物。

——《二程遗书》附录《门人朋友叙述》

【注释】①临民:治民。②输其情:表达他们的真情。输,表达。③御吏:统驭小官。

【译文】刘立之问如何治理百姓,程颢先生说:让百姓都能表达各自的真情。刘立之问如何统驭下级官员,程颢先生说:使自己中正,进而推及下级官员。

60.横渠先生曰:凡人为上①则易,为下则难。然不能为下,亦未能使下②,不尽其情伪③也。大抵使人,常在其前已尝为之,则能使人。

——张载《经学理窟·义理》

【注释】①为上:处于上位,作为上级。"为下"与之相对。②使下:差使、遣用下级。③情伪:真假,虚实。

【译文】张载先生说:但凡人做上级就容易,做下级就困难。然而不能做下级,也就不能差遣下级,因为对下级情况的真伪虚实了解不充分。大体上要差遣别人,常常是自己之前就做过同样的事,这样才可以差遣。

61.《坎》:"维①心亨",故"行有尚②"。外虽积险③,苟处之心亨不疑,则虽难必济,而"往有功也"。今水临万仞④之山,要下即下,无复凝滞。险在前,惟知有义理而已,则复何回避?所以心通。

——张载《横渠易说·习坎》

【注释】①维:同"唯"。②尚:同"上",向上。③积险:坎代表险,又坎卦上下卦均为坎,故说"积险"。④万仞:形容极高极深。仞,古代计量单位,一仞约合今161—184厘米。

【译文】《周易·坎卦》的象辞说:"只要内心通达",就能"行为上进"。外面虽然积聚了重重危险，如果应对的心通达而不疑惑，那么即使有困难也一定会克服，就能"去做就取得了成效"。现在情势是大水流至万仞高山，如果落下就落下了，再没有一点停留拘滞。危险在前，只要知道义理就行了，还需要回避什么？这就是内心能通达的原因。

62.人所以不能行己者，于其所难者则惰，其异俗①者，虽易而羞缩②。惟心宏，则不顾人之非笑③，所趋义理耳，视天下莫能移其道。然为之，人亦未必怪，正以在己者义理不胜。惰与羞缩之病，消则有长，不消则病常在，意思龌龊④，无由作事。在古气节之士，冒死以有为，于义未必中，然非有志概⑤者莫能。况吾于义理已明，何为不为？

——张载《横渠易说·大壮》

【注释】①异俗：与世间风俗不同。②羞缩：羞涩畏缩。③非笑：讥笑。④意思龌龊：心思、气量狭隘。意思，思想，心思。龌龊，气量狭小。⑤志概：节操。

【译文】人之所以不能立身行事，是因为面对困难的事就会怠惰，面对与世俗不同的事，即使容易也会羞涩畏缩。只有心量宏大的人才会不顾及他人的讥笑，他所追求是义理，他认为整个天下没有人可以改变他的原则。然而即使去做与世俗不同的事，人们也不一定会感到奇怪，问题就在于自己的义理之心不能胜过怠惰和羞涩畏缩之心。怠惰和羞涩畏缩的毛病去除了，义理之心就会增长；如果这些毛病不能去除，病根就一直在，人的心思气量狭隘，就没有办法做成事情。在古代，有志气操守的人，冒着死亡的危险以图有所作为，虽然不一定符合义理中正之道，然而这样的事不是有志气操守的人是做不到的。何况我们已经明白了义理，为什么还不去做呢？

63.《姤》初六："羸豕①孚②蹢躅③。"豕方羸时，力未能动，然至诚在于蹢躅，得伸则伸矣。如李德裕④处置阉宦，徒知其帖息威伏⑤，而忽⑥于志不忘逞⑦，照察⑧少不至，则失其几⑨也。

——张载《横渠易说·姤》

【注释】①羸豕：瘦弱的猪。②孚：相信，这里有希求之意。③蹢躅：徘徊不进的样子。④李德裕：字文饶，赵郡赞皇人，唐武宗宰相，牛李党争中李党领袖。⑤帖息威伏：因威严而驯顺平服。帖息，驯服，平服。⑥忽：忽略，忽视。⑦志不忘逞：志向追求不离于恣纵炫耀。逞，卖弄，放纵。⑧照察：明察，照见。⑨失其几：失去了它的端绪几微，指没有在事物萌发之时把握住其苗头，终使事物的发展不可控制。

【译文】《周易·姤卦》的初六爻辞说："瘦弱的猪来回徘徊，希求有动。"猪在瘦弱的时候，力量不足以让它有大的举动，然而如果它至心专一地来回徘徊、希求有动，等到它能动的时候它就动了。如李德裕处置宦官，只知道他们因威严而驯顺慑服，却忽视了他们恣纵炫耀的志向追求，洞察观照稍微没有到位，就失去了对事情苗头的把握而终不可控制。

64.人教小童,亦可取益。绊己①不出入,一益也;授人数数②,己亦了此文义,二益也;对之必正衣冠、尊瞻视③,三益也;常以因己而坏人之才为忧,则不敢惰,四益也。

—— 张载《经学理窟·义理》

【注释】①绊己:指有事缠身。②数数:屡次,常常。③尊瞻视:指一瞻一视庄严合礼。

【译文】人从教育童子之中也能获得益处。有事缠身不用进出门庭,这是第一个益处;教人很多次,自己也通达了文章义理,这是第二个益处;面对童子一定要使衣帽端正、一瞻一视庄严合礼,这是第三个益处;常常因为担忧自己会败坏他人贤才就不敢怠惰,这是第四个益处。

卷十一 教学之道

1.濂溪先生曰：刚善①，为义，为直，为断，为严毅，为干固②；恶，为猛，为隘，为强梁③。柔善④，为慈，为顺，为巽⑤；恶，为懦弱，为无断⑥，为邪佞。惟中也者，和也；中节也，天下之达道⑦也，圣人之事也。故圣人立教，俾人自易其恶，自至其中而止矣。

——周敦颐《通书·师》

【注释】①刚善：指具有阳刚之性的善。②干固：干练坚持。③强梁：强横，凶暴。④柔善：指具有阴柔之性的善。⑤巽：同"逊"，谦让恭顺。⑥无断：处事不果决。⑦达道：通达无碍之道。人类遵行，永不变易的道理。

【译文】周敦颐先生说：具有阳刚之性的善有：正义、率直、果断、严厉刚毅、干练坚持；具有阳刚之性的恶有：猛戾、狭隘、强横凶暴。具有阴柔之性的善有：慈爱、和顺、谦恭；具有阴柔之性的恶有：懦弱、优柔寡断、奸邪谄曲。只有中正，才是和谐的；中正的礼节法度，是通行天下的准则，圣人才能做到。所以圣人创立礼乐教化，就是使人自行转变恶性，自行使自己的秉性达到并保持在中道。

2.伊川先生曰:古人生子,能食能言而教之。大学①之法,以豫②为先。人之幼也,知思未有所主,便当以格言至论③日陈于前。虽未晓知,且当薰聒④,使盈耳充腹,久自安习,若固有之。虽以他说惑之,不能入也。若为之不豫,及乎稍长,私意偏好生于内,众口辩言铄⑤于外,欲其纯完⑥,不可得也。

——《二程文集》卷六《上太皇太后书》

【注释】①大学:大人之学,与"小学"相对,一般十五岁后可学,包含伦理、政治、哲学等"穷理正心、修己治人"的学问。②豫:同"预",预先,预防。③格言至论:格言,含有教育意义可为准则的话。至论,高超的或正确精辟的理论。④薰聒:熏陶。聒,反复地说。⑤铄:渗入。⑥纯完:精纯完备。

【译文】程颐先生说:古人生了孩子,在孩子刚能吃饭说话的时候就开始教育他了。立身行道的"大学"的原则,是以预先熏陶和防范作为首要之事。人在幼小的时候,智力思想还没有定形,就应该每天将圣贤的格言妙理展示在他面前。他虽然还不明白含义,暂且先去熏陶他,使得圣贤义理充盈双耳和心腹,时间久了自然变成习惯,就好像自己原本就有的品性一般。这时即使以其他的学说理论去迷惑他,他也不为所动。如果不预先熏陶防范,等到稍大一点的时候,孩子内心就会产生私心嗜好,外面又有众说杂论渗入,想要让孩子心性精纯完备,那是不可能的了。

3.《观》之上九曰:"观其生①,君子无咎。"《象》曰:"观其生,志未平②也。"《传》曰:君子虽不在位,然以人观其德,用为仪法③,故当自慎省。观其所生,常不失于君子,则人不失所望而化之矣。不可以不在于位故,安然放意④,无所事也。

——《程氏易传·观传》

【注释】①观其生:审视他的生平所为。②志未平:指志向没有实现。③仪法:礼仪法度,此指楷模榜样。④放意:纵情,恣意。

【译文】《周易·观卦》的上九爻辞说:"审视他的生平所为,君子没有过失。"象辞说:"审视他的生平,他的志向没有实现。"《程氏易传》中说:"君子虽然不在他本应所在之位,然而君子是要人们瞻仰他的德行,把他当做自己的楷模榜样的,所以应当审慎地自我省察。审视他的生平所为,常常没有偏离君子的标准,那么人们就不会对自己心目中的楷模榜样失望,进而会受其影响改变自身。不可以因为自己不在本应所在的位置上,就安心恣意、无所事事。

4.圣人之道如天,然与众人之识甚殊邈①也。门人弟子既亲炙②,而后益知其高远。既若不可以及,则趋望之心怠矣,故圣人之教,常俯而就之。事上临丧③,"不敢不勉",君子之常行。"不困于酒",尤其近也。而以己处之④者,不独使夫资⑤之下者勉思企及,而才之高者亦不敢易⑥乎近矣。

——《程氏经说》

【注释】①殊邈:相差太远,区别太大。邈,远。②亲炙:直接得到传授教导。③事上临丧:事上,事奉尊长。临丧,遇到丧事。④以己处之:指以自己处事的方法教导于人。⑤资：天资，资质。⑥易：轻视。

【译文】圣人的学问见识如同天空一样，一般人的见识与之相比，相差得实在太远了。圣人的门人弟子在亲承教导之后，更会懂得圣人学问见识的高深远博。但是如果他的学问让人感到高不可及，那么众人向往追随于他的心就会懈怠了，所以圣人的教化常常是将高深变得平易，以使人理解。比如说事奉尊长、应对丧事之时"不敢不尽力而为"，这就是君子日常所做之事。还有"不被酒所困"，说得尤其浅近易懂。圣人以自己处事的方法教导于人，不单单让资质低下的人图求尽力做到，也让才能高超的人不敢因它平易浅近就轻视了它。

5.明道先生曰：忧子弟之轻俊①者，只教以经学念书，不得令作文字。子弟凡百玩好②皆夺志。至于书札③，于儒者事最近，然一向好著，亦自丧志。如王、虞、颜、柳④辈，诚为好人则有之，曾见有善书者知道⑤否？平生精力一用于此，非惟徒废时日，于道便有妨处，足知丧志也。

——《二程遗书》卷一

【注释】①轻俊：飘逸潇洒。②玩好：玩赏与爱好。③书札：书信，此指书法。④王、虞、颜、柳：指王羲之、虞世南、颜真卿、柳公权，皆为我国历代书法家之代表人物。⑤知道：知晓大道。

【译文】程颢先生说：担忧自家年轻小辈有飘逸潇洒之风却无庄重沉稳之质的，就只教他诵读经典，不能让他写作诗文。后生小辈凡是耽于种种玩乐爱好，都会改变其志向。至于书法，虽然是和儒者最切近的事，然而如果一直爱好并耽溺其中，也会丧失自己学道的志向。比如像王羲之、虞世南、颜真卿、柳公权这些人，说他们确实是好人可以，但有谁曾见过擅长书法的人知晓大道呢？人一生的精力一旦用到这些方面，不仅是白费时间，对于学道也有妨害，这就足以明白耽于玩乐爱好会令人丧失学道的志向。

6.胡安定①在湖州，置治道斋，学者有欲明治道者，讲之于中，如治民、治兵、水利、算数之类。尝言刘彝②善治水利，后累为政，皆兴水利有功。

——《二程遗书》卷一

【注释】①胡安定：胡瑗，曾为湖州教授。②刘彝：字执中，福州人，北宋著名水利专家，幼从胡瑗学。

【译文】胡瑗在湖州时，设立"治道斋"，修学的人中有想要通达治国之道的，就在治道斋中讲论，如治理百姓、管理军队、水利工程、算术之学等类。他曾说刘彝擅长水利，刘彝后来屡次从政都因兴修水利立功。

7.凡立言，欲涵蓄①意思，不使知德者厌、无德者惑。

——《二程遗书》卷一

【注释】①涵蓄：指言语、诗文意思含而不露，耐人寻味。

【译文】但凡作文立论，要让义理含而不露、耐人寻味，不让明白德义的人厌倦，不让不知德义的人困惑。

8.教人未见意趣，必不乐学。欲且教之歌舞，如古《诗》三百篇，皆古人作之。如《关雎》之类，正家之始，故用之乡人，用之邦国，日使人闻之。此等诗，其言简奥①，今人未易晓。别欲作诗，略言教童子洒扫应对事长之节，令朝夕歌之，似当有助。

——《二程遗书》卷二上

【注释】①简奥：简古深奥。

【译文】教育他人如果没有让他体会到其中的意趣，他一定不喜欢学习。我正想教他们古歌舞，如古《诗经》三百篇，都是古人创作的。如其中的《关雎》这类的诗歌，是敦正家庭伦常的开端，所以周公用它来教化乡民，用它来教化邦国，每天都让人听到。这类诗歌，用语简古深奥，今天的人不容易通晓。所以我想另外写诗，大致说明教育童子洒扫庭院、应对宾客、事奉尊长的礼节，让他们早晚用歌舞表演熏陶，似乎会对他们有所帮助。

9.子厚①以礼教学者最善，使学者先有所据守②。

——《二程遗书》卷二上

【注释】①子厚：张载，字子厚。②据守：把守，守卫，此指守持身心。

【译文】张载用礼仪来教导学生是最好的，这可以使学生先有个守持身心的办法。

10.语学者以所见未到①之理，不惟所闻不深彻，反将理低看了。

——《二程遗书》卷三

【注释】①所见未到：其学问见识水平还不足以理解。

【译文】告诉学道的人他的学问见识水平还不足以理解的道理，他听后不仅理解得不够深刻透彻，反而会将这个道理看得低下浅薄。

11.舞射①便见人诚。古之教人，莫非使之成己②。自洒扫应对上，便可到圣人事。

——《二程遗书》卷五

【注释】①舞射：乐舞和箭术，都是上古教育的项目。②成己：成就自己的德行学问。

【译文】从乐舞和箭术中就能看出人的真诚之心。古代教育人，没有不让人成就自己的德行学问的。从童蒙的洒扫应对一路上去，就可到达圣人的境界。

12.自"幼子常视毋诳①"以上，便是教以圣人事。

——《二程遗书》卷六

【注释】①幼子常视毋诳：出自《礼记·曲礼》，指小孩子平常一直观察父母言语举动，故不可欺诳说谎。

【译文】从"小孩子一直观察父母，父母不可欺诳说谎"往上，就是教给人成为圣人的事了。

13.先传后倦①，君子教人有序：先传以小者近者，而后教以大者远者。非是先传以近小，而后不教以远大也。

——《二程遗书》卷八

【注释】①先传后倦：出自《论语·子张》，指先传授与后传授。倦，应为"传"字之误，一说为本义。

【译文】先传授什么后传授什么，君子教导人有其次序：先传授微小切近的事理，而后教人广大深远的事理。并不是先传授切近微小的事理，而后就不教人深远广大的事理。

14.伊川先生曰：说书①必非古意，转②使人薄。学者须是潜心积虑，优游涵养，使之自得。今一日说尽，只是教得薄。至如汉时说下帷讲诵③，犹未必说书。

——《二程遗书》卷十五

【注释】①说书：解说经书。②转：反而。③下帷讲诵：指董仲舒放下室内帷幕专门讲论研读经书之事。

【译文】程颐先生说：现今解说经典一定不是古人原意，反而使人变得浅薄。学道的人应当潜心思考、从容涵养，使自己领悟书中的义理。现在解说经典一天就说完了,只是将书中义理教的浅薄了。至于像汉代董仲舒放下帷幕专门讲诵经典,也不一定就是真正意义上的解说经典。

15.古者八岁入小学,十五入大学。择其才可教者聚之,不肖①者复之农亩。盖士农不易业,既入学则不治农,然后士农判②。在学之养,若士大夫之子,则不虑无养;虽庶人之子,既入学,则亦必有养。古之士者,自十五入学,至四十方仕,中间自有二十五年学。又无利可趋,则所志可知,须去趋善,便自此成德。后之人,自童稚间已有汲汲趋利之意,何由得向善?故古人必使四十而仕,然后志定。只营衣食却无害,惟利禄之诱最害人。(本注:人有养,便方定志于学。)

——《二程遗书》卷十五

【注释】①不肖:不成器,才德不佳。②判:区分,分别。

【译文】古代的人八岁进入洒扫应对的小学,十五岁进入穷理尽性的大学。选择那些资质好、可以教育的孩子,将他们集中在一起教育;那些才德不佳的就让他们回到田间务农。因为士子和农民终身不能改变职业,人既已入学成为士子就不再从事农活,这样士子和农民之间才有了分界。至于入学孩子的生活供养,如果是士大夫的孩子,就不必担心没有供养;即使是平民百姓的孩子,入学后也一定有供养。古代的士子,从十五岁进入大学,到四十岁才出仕,这中间有二十五年时间学习,他们又没有什么利益可以追求,那么就可以知道他们的志向应该是去追求善道，使自己的德行成就。后世的人从孩童稚嫩之时就有了急切追求利益的心，怎么能够向善呢？所以古人一定要到四十岁才出仕，因为这时人的心志才能平定。如果人只是谋求穿衣吃饭还没有什么害处，只有功名利禄的诱惑最能害人。（本注：人的生活有了供养才能专志于求学。）

16.天下有多少才！只为道不明于天下，故不得有所成就。且古者"兴于《诗》，立于礼，成于乐"，如今人怎生会得？古人于《诗》，如今人歌曲一般，虽闾巷①童稚，皆习闻其说而晓其义，故能兴起于《诗》。后世老师宿儒②，尚不能晓其义，怎生责③得学者？是不得"兴于《诗》"也。古礼既废，人伦不明，以至治家皆无法度，是不得"立于礼"也。古人有歌咏以养其性情，声音以养其耳目，舞蹈以养其血脉，今皆无之，是不得"成于乐"也。古之成材也易，今之成材也难。

——《二程遗书》卷十八

【注释】①闾巷：小的街道、里巷，亦泛指乡里民间。②老师宿儒：指年辈最尊的老师和知识渊博的学者，亦作"老手宿儒"。③责：要求。

【译文】天下有多少人才呀！只是因为圣贤之道不能在天下彰明，所以学道的人不能有所成就。而且古代的人"兴起于《诗经》，立身于礼仪，成德于雅乐"，如今的人怎么能体会到呢？古人学习《诗经》，就好像今天人唱歌一样，即使是乡间孩童，都能修习听闻其内容，通晓其义理，所以能兴起于《诗经》。后世德高望重的师长和知识渊博的学者尚且不能通晓《诗经》的义理，怎么能要求学道的晚辈通晓其义呢？这就是后世的人不能"兴起于《诗经》"了。古代的礼法已经废除，人间的伦常也不明正，以至于人们治家都没有了法度，这就是后世的人不能"立身于礼仪"了。古人通过歌咏涵养性情，通过乐声保养耳目，通过舞蹈修养血脉，今天这些都没有了，这就是后世的人不能"成德于雅乐"了。古代将人培养成才容易，今世将人培养成才困难。

17.孔子教人，"不愤不启①，不悱不发②"。盖不待愤悱而发，则知之不固；待愤悱而后发，则沛然③矣。学者须是深思之，思而不得，然后为他说便好。初学者，须是且为他说，不然非独他不晓，亦止人好问之心也。

——《二程遗书》卷十八

【注释】①不愤不启：不到学生想弄明白而还没有弄明白时，不去启发他。愤，心里想弄明白而还不明白。启，启发。②不悱不发：不到学生想说而说不出来时，不去启发他。悱，心里想说而说不出来。发，启发。③沛然：充盛、盛大的样子，此指心智豁然贯通、大有所悟。

【译文】孔子教育人，"不到他思而不得之时不会去指点他，不到他欲说又止之时不会去启发他"。因为不等到他思而不得、欲说又止的时候就去启发他，他的学问就不会巩固；等到他思而不得、欲说又止之后去启发他，他的心智才会豁然贯通、大有所悟。学道的人应该深入思考，到思而不得之时，给他解说就好了。对初学的人应该要为他讲解，不然不仅他不明白道理，也会遏制他好问的心。

18.横渠先生曰："恭敬、撙节①、退让以明礼"，仁之至也，爱道②之极也。己不勉明③，则人无从倡，道无从弘，教无从成矣。

——张载《正蒙·至当》

【注释】①撙节：抑制，节制。②爱道：仁爱之道。③勉明：尽力通达。
【译文】张载先生说："恭敬他人、抑制私欲、谦逊退让，以此来彰明礼仪"，这是仁的极致、仁爱之道的顶点。自己不尽力去通达这个道理，那么别人就没有办法倡导，圣贤之道就没有办法弘扬，教化就没有办法成功了。

19.《学记》曰："进①而不顾其安②，使人不由③其诚，教人不尽其材④。"人未安之，又进之；未喻⑤之，又告之，徒使人生此节目⑥。不尽材，不顾安，不由诚，皆是施⑦之妄也。教人至难，必尽人之材，乃不误人。观可及处，然后告之。圣人之明，直若庖丁之解牛，皆知其隙，刃投余地⑧，无全牛矣。人之材足以有为，但以其不由于诚，则不尽其材。若曰勉率⑨而为之，则岂有由诚哉？

——张载《礼记说》

【注释】①进：指推进教学进度。②安：此指适应能力。③由：用。

④尽其材：指依据学生的不同资质，充分发挥其才能。⑤喻：明白，了解。⑥节目：枝节，麻烦。⑦施：施教，进行教学。⑧余地：空余的地方。⑨勉率：勉强草率。

【译文】《礼记·学记》中说："教师推进教学进度而不顾及学生的接受能力，这就使学生不用真诚之心对待学习，也使教师教育学生不能因其资质充分发挥他们的才能。"学生还没有吸收所学内容，教师就推进教学进度；学生还没有明白一个道理，又告诉他另一个道理，这样只能使师生出现上述的问题。不能充分发挥学生才能，不顾及学生的接受能力，学生对待学习不是真诚之心，这些都是因为教师教学的错乱造成的。教育一个人很难，一定要充分发挥他的才能，才算没有误人。应当观察学生可接受的程度，然后告知他相应的道理。圣人的明智，就像庖丁解牛一样，全都知道牛的骨节缝隙的位置，然后刀刃施展于绰绰有余的地方，在他眼中已经没有一头完整的牛的概念。人的才能足以有所作为，但由于他做事不能用真诚之心，所以无法充分发挥自己的才能。然而如果是勉强草率地去做，又怎么会是用了真诚心呢？

20.古之小儿，便能敬事①。长者与之提携②，则两手奉③长者之手；问之，掩口而对。盖稍不敬事，便不忠信。故教小儿，且先安详恭敬。

—— 张载《礼记说》

【注释】①敬事：恭敬事奉尊长。②提携：牵引，携领。③奉：捧着。

【译文】古代的小孩子,都能恭敬事奉尊长。年长者牵着他的手走路,他就用两手捧着年长者的手;年长者问他话,他就遮掩住嘴再回答。因为事奉尊长只要稍微有一点不恭敬,就是不忠不信。所以教育小孩子,应该首先教他安详恭敬。

21. 孟子曰:"人不足与适①也,政不足与间②也,唯大人为能格③君心之非。"非惟君心,至于朋游④学者之际,彼虽议论异同,未欲深较。惟整理⑤其心,使归之正,岂小补⑥哉!

——张载《孟子说》

【注释】①适:同"谪",指责。②间:非议。③格:纠正,匡正。④朋游:朋友交往。⑤整理:此指匡正,完善。⑥补:益处。

【译文】孟子说:"治国理政者不值得去指责他们,他们的治政得失不值得去非议,只有学问修养极高的人才能匡正君王思想的错误。"不仅仅是君王的思想,至于一起学道的同仁朋友之间,大家一起议论之时,他们的论点虽然与自己不同,也不要过度计较论辩。只有匡正完善他的思想,使其归于中正之道,这难道只是小小的益处吗!

卷十二 改过及人心疵病

1.濂溪先生曰：仲由①喜闻过，令名②无穷焉。今人有过，不喜人规，如护疾而忌医，宁灭其身而无悟也。噫！

——周敦颐《通书·过》

【注释】①仲由：子路，名仲由。②名：名声。

【译文】周敦颐先生说：子路喜欢听到别人指出自己的过失，因此让他的美名流传无穷。今天的人有了过错，不喜欢别人规正，就好像护住身上的疾病害怕去看医生，宁肯灭亡自身也不醒悟。唉！

2.伊川先生曰：德善日积，则福禄日臻。德逾于禄，则虽盛而非满。自古隆盛，未有不失道而丧败者也。

——《程氏易传·泰传》

【译文】程颐先生说：德行善道一天天积累，福气利禄就会一天天到来。德行高过所享有的利禄，那么即使利禄盛大之极也不会盈满。自古以来福禄隆盛的人，没有不丧失正道而颓败没落的。

3.人之于豫乐,心悦之,故迟迟①,遂至于耽恋不能已也。《豫》之六二,以中正自守②,其介③如石,其去之速,不俟终日,故贞正而吉也。处豫不可安且久也,久则溺矣。如二可谓见几④而作者也。盖中正,故其守坚,而能辨之早,去之速也。

——《程氏易传·豫传》

【注释】①迟迟:眷恋不舍的样子。②中正自守:指豫卦六二爻居下卦之中,故中;以阴爻居阴位,故正。③介:清介,孤高。④几:几微,征兆。

【译文】人对于安逸快乐,心中感到喜悦,所以恋念不舍,最终导致耽迷其中不能自已。豫卦的六二爻,以中正之德自我守持,清介如石,所以能迅速舍离逸乐,不等一天过完,所以是贞静中正而吉祥的。人不能安于且长久处于安逸快乐之中,长久耽于安乐就会沉溺其中。像六二爻可以说是看见征兆就迅速采取行动。因为中正所以操守坚定,又能尽早辨明安乐的利害得失,而迅速地舍离它。

4.人君致危亡之道非一,而以豫为多。

——《程氏易传·豫传》

【译文】君王招致危亡的原因不是一种,其中以贪图安乐影响较大。

5.圣人为戒,必于方盛之时。方其盛而不知戒,故狃①安富则骄侈生,乐舒肆②则纲纪坏,忘祸乱则衅孽③萌,是以浸淫④不知乱之至也。

——《程氏易传·临传》

【注释】①狃：贪图。②舒肆：宽舒肆意。③衅孽：祸害。④浸淫：浸染，濡染。

【译文】圣人戒备祸患，一定是在事物正盛的时候。在事物正盛的时候不知道戒备，那么就会贪图安逸富贵而滋生骄傲奢侈之心，喜欢宽舒肆意而败坏纲常法纪，忘却祸乱危险而萌生灾变事端，这就是长久沉溺在逸乐之中，无法察觉到变乱已经到来。

6.《复》之六三，以阴躁处动之极①，复之频数②而不能固者也。复贵安固③，频复频失，不安于复也。复善而屡失，危之道也。圣人开迁善之道，与④其复而危⑤其屡失，故云"厉⑥无咎"，不可以频失而戒其复也。频失则为危，屡复何咎？过在失而不在复也。(本注：刘质夫⑦曰：频复不已，遂至迷复。)

——《程氏易传·复传》

【注释】①以阴躁处动之极：复卦六三爻，以阴爻处阳位不正，又居下卦之上不中，其阴性躁；居下卦震卦之上，震为动，故为动之极。②频数：多次，连续。③安固：安定稳固。④与：赞同，鼓励。⑤危：警示，戒惧。⑥厉：祸患，危险。⑦刘质夫：刘绚，字质夫，初受业于二程。

【译文】复卦的六三爻，以不中正的阴躁之性处在下卦震卦震动的极点上，是频繁地回归本性而不能稳定下来的象征。回归本性重要的就是安于稳定，频繁回归又频繁丧失，这是不安于回归的表现。回归善性却又屡屡丧失，这是危险的征兆。圣人阐明了向善的道理，鼓励人们回归本善，警诫人们屡屡丧失善性的危害，所以爻辞说"有危险却没有过患"，不可以因为频繁地丧失善性就阻止他回归善性，频繁地丧失善性虽是危险，屡屡回归于善性又有什么过错呢？过错在丧失善性，而不在回归善性。（本注：刘绚说：频繁地丧失善性，最终就会迷乱于回归之路。）

7.睽①极则咈戾②而难合，刚极③则躁暴而不详④，明极⑤则过察⑥而多疑。《睽》之上九，有六三之正应⑦，实不孤，而其才性如此，自睽孤也。如人虽有亲党，而多自疑猜，妄生乖离，虽处骨肉亲党之间，而常孤独也。

——《程氏易传·睽传》

【注释】①睽：分离，背离。②咈戾：悖逆，乖戾。咈，同"拂"，违逆。③刚极：指睽卦上九爻以阳爻居阳位，且在睽卦最上，为刚之极。④详：安详庄重。⑤明极：指睽卦九三爻居上卦离卦之上，离为明，故为明之极。⑥过察：辨察过度。⑦正应：指睽卦上九爻为阳爻居阳位，且为上卦之上；六三爻为阴爻居阴位，且为下卦之上，二爻正应。

【译文】背离到极点就会乖戾而难与人相合，刚强到极点就会暴躁而不安详庄重，通明到极点就会辨察过度而多疑。睽卦的上九爻与六三爻正应，实在不孤独。但是上九爻的资质品性是这样的，是它自我孤立起来了。就好像人虽然有亲戚乡党，自己却多猜疑，妄自生出乖离违背之心，这样即使是处在骨肉亲族之间，也常常感到孤独。

8.《解》之六三曰:"负且乘①,致寇至,贞吝。"《传》曰:小人而窃盛位②,虽勉为正事,而气质卑下,本非在上之物,终可吝也。若能大正③,则如何?曰:大正,非阴柔所能也。若能之,则是化为君子矣。

——《程氏易传·解传》

【注释】①负且乘:负,背负着物品。乘,乘坐在车上。②盛位:高位。③大正:中正。

【译文】《周易·解卦》的六三爻辞说:"以卑下之身背负着东西,却乘坐在尊贵之人的车上,就会招致盗贼,占断有过患。"《程氏易传》中说:才识德行卑下的人却窃取了高位,即使他尽力去做正事,却由于他气质卑下,本来就不是应在高位的人,所以结果终究是有过患。但如果他能变得中正,又会怎么样呢?回答:中正,不是阴柔之性可以做到的。如果能做到,那就是变化气质成为君子了。

9.《益》之上九曰:"莫益之,或击①之。"《传》曰:理者,天下之至公;利者,众人所同欲。苟公其心,不失其正理,则与众同利,无侵于人,人亦欲与②之。若切③于好利,蔽于自私,求自益以损于人,则人亦与之力争。故莫肯益之,而有击夺之者矣。

——《程氏易传·益传》

【注释】①击：攻击。②与：给。③切：急切，急迫。

【译文】《周易·益卦》的上九爻辞说："没有人给他带来益处，却有人来攻击他。"《程氏易传》中说：正理，是天下至公的理；利益，是大众都追求的东西。如果让自心公正，不违背正理，就能与众人共享利益，不必侵夺他人之利，他人也想给他。如果好利心切，受私心蒙蔽，追求自利损害他人，那么他人也会与自己力争，所以就不肯给他带来益处，反而要攻击夺取他的东西了。

10.《艮》之九三曰："艮其限①，列②其夤③，厉④熏心。"《传》曰：夫止道贵乎得宜，行止不能以时，而定于一，其坚强如此，则处世乖戾，与物睽绝，其危甚矣。人之固止一隅，而举世莫与宜者，则艰蹇⑤忿畏，焚挠⑥其中，岂有安裕之理？"厉熏心"，谓不安之势熏烁⑦其中也。

——《程氏易传·艮传》

【注释】①艮其限：指艮卦九三爻以阳爻居阳位，且在下卦之上，成为上下卦的分界。②列：同"裂"，割裂，分裂。③夤：通"䟫"，夹脊肉。④厉：痛楚，焦灼。⑤艰蹇：行走困难不便。⑥焚挠：灼烧扰乱。⑦熏烁：熏烤灼烧。烁，热，烧灼。

【译文】《周易·艮卦》的九三爻辞说："九三爻成为艮卦上下卦的界限，就好像将人夹脊的肉割裂开来，极大的痛楚熏烤着人的内心。"《程氏易传》中说：止的原则，重要的是得其所宜，行动和静止不能按时间安排，却专定在一个地方，以这样坚定刚强之心去处世就会乖戾不合,与各种事物违背隔绝,危险就很严重了。人如果固执地停留在一个角落里,整个世界的人都没有办法与他合得来,那就会有艰难险阻、忿恨畏惧灼烧扰乱着他的心,怎么还会有安和优裕的道理?"极大的痛楚熏烤着人的内心",就是说不安的情势在心中熏烤灼烧。

11.大率以说^①而动,安有不失正者?

——《程氏易传·归妹传》

【注释】①说:同"悦"。

【译文】大体上因为喜悦而动心的,怎么会有不丧失中正之道的呢?

12.男女有尊卑之序,夫妇有倡随^①之理,此常理也。若徇情肆欲,唯说^②是动,男牵欲而失其刚,妇狃^③说而忘其顺,则凶而无所利矣。

——《程氏易传·归妹传》

【注释】①倡随:夫唱妇随。"倡",同"唱"。②说:同"悦",后同。③狃:惯于,拘泥。

【译文】男女有尊卑次序之分,夫妇间有夫唱妇随的道理,这是人间伦常之理。如果徇顺私情、放纵欲望,只因喜悦之心而动,那么男子就会被欲望牵引失去刚正,妇女就会惯于欢悦忘记柔顺,那就会有凶祸而不会有利益了。

13.虽舜之圣，且畏巧言令色，说①之惑人，易入而可惧也如此。

——《程氏易传·兑传》

【注释】①说：同"悦"。

【译文】即使像舜那样的圣人，尚且害怕花言巧语取悦于人的人，喜悦就是这样能够迷惑于人，它容易攻入人心，可让人感到畏惧啊！

14.治水，天下之大任也，非具至公之心，能舍己从人，尽天下之议，则不能成其功，岂方命圮族①者所能乎？鲧虽九年而功弗成，然其所治，固非他人所及也。惟其功有叙②，故其自任③益强，咈戾圮类④益甚，公议⑤隔而人心离矣，是其恶益显，而功卒不可成也。

——《程氏经说·书解》

【注释】①方命圮族：出自《尚书·尧典》，指不遵守命令、危害同族的人。方，违背。圮，毁灭。②叙：评议等级次第。③自任：自信，自用。④类：族类。⑤公议：按公利标准而议论，公众共同评论。

【译文】治水，是天下重大的任务，不是具备至公的心，不能够舍弃私心倾听他人，不能充分采纳天下人的议论，就不能治水成功，这怎么会是那些悖逆法令、危害族类的人所能做到的呢？鲧虽然治水九年而没有成功，但他治水的能力，本来就不是他人所能比得上的。因为他取得了一定等级的功绩，所以他的自信心更加膨胀，悖逆乖离、危害族类的行为也更加严重，公众的议论隔绝不闻，民众的心涣散背离，所以他的恶行日益显露，而治水之功最终也无法成就。

15.君子敬以直内。微生高①所枉②虽小，而害直则大。

——《程氏经说·论语解》

【注释】①微生高：姓微生，名高，春秋时鲁国人，孔子弟子。《论语·公冶长》中记载，有人向微生高借醋，他向邻居借了以后再转借给人。孔子认为其行为不"直"。②枉：邪曲不正。

【译文】君子以诚敬使内心正直。微生高偏离正道的行为虽然微小，但它对正直之德的危害却很大。

16.人有欲则无刚，刚则不屈于欲。

——《程氏经说·论语解》

【译文】人有欲望就没有了刚健，因为刚健不会屈从于欲望。

17.人之过也，各于其类①。君子常失于厚，小人常失于薄；君子过②于爱，小人伤③于忍④。

——《程氏经说·论语解》

【注释】①各于其类：各可归于他所属的那一类。②过：犯错。③伤：危害，损害。④忍：狠心，残酷。

【译文】人的过失，各可归于他所属的那一类。才德高明的君子常常因过于宽厚而有过失，才德卑下的小人常常因过分刻薄而有过失；才德高明的君子因过度仁爱而犯错，才德卑下的小人被残忍所害。

18.明道先生曰：富贵骄人①，固不善；学问骄人，害亦不细②。

——《二程遗书》卷一

【注释】①骄人：傲视他人，向他人显示骄矜。②细：微小。

【译文】程颢先生说：以富贵傲视他人，固然是不善；以学问傲视他人，危害也不小。

19.人以料事为明，便骎骎①入逆诈②亿不信③去也。

——《二程遗书》卷一

【注释】①骎骎：迅疾。②逆诈：事先即猜疑别人存心欺诈。逆，预先猜测。③亿不信：猜测别人不讲诚信。亿，同"臆"，臆测。

【译文】人如果把预测事物当作明智之举，很快就会发展到预先猜疑别人欺诈、臆测别人不讲诚信的地步。

20.人于外物奉身①者，事事要好，只有自家一个身与心却不要好。苟得外面物好时，却不知道自家身与心却已先不好了也。

——《二程遗书》卷一

【注释】①奉身：奉养自身，指供给自身生活所需。

【译文】人对奉养自身的外界物质，要求样样都要好，却只有自己这个身和心不好。如果获得了好的奉养自身的外界物质时，却不知道自己的身和心却已经先不好了。

21.人于天理昏者，是只为嗜欲乱著他。庄子言："其嗜欲深者，其天机①浅。"此言却最是。

——《二程遗书》卷二上

【注释】①天机：天赋的灵机，即灵性。

【译文】人对于上天之理昏昧不明，只是因为嗜欲在扰乱他。庄子说："嗜欲深重的人，天赋的灵机就浅薄。"这句话很对。

22.伊川先生曰：阅机事①之久，机心②必生。盖方其阅时，心必喜，既喜，则如种下种子。

——《二程遗书》卷三

【注释】①机事：机巧之事。②机心：巧诈之心，机巧功利之心。

【译文】程颐先生说：看机巧之事久了，机巧之心一定会萌生。因为当人在看机巧之事的时候，内心一定喜悦，既然喜悦，就如同在心里种下了机巧的种子。

23.疑病①者，未有事至时，先有疑端②在心；周罗③事者，先有周事之端在心。皆病也。

——《二程遗书》

【注释】①疑病：多疑的心理状态。②疑端：疑问，疑心。③周罗：包揽。

【译文】有怀疑的毛病的人，还没有遇到事时，就先有怀疑的念头在心中；爱包揽事的人，先有包揽事的念头在心中。这都是毛病。

24.较事①大小，其弊为枉尺直寻②之病。

——《二程遗书》卷三

【注释】①较事：较量事情。②枉尺直寻：屈折的只有一尺，伸直的却有一寻。比喻在小处委屈一些，以求得较大的好处。枉，弯曲。直，伸直。寻，古量名，八尺。

【译文】较量事物的大小，弊端就是"小处委屈而求大利"的毛病。

25.小人、小丈夫①，不合②小③了，他本不是恶。

——《二程遗书》卷六

【注释】①小丈夫：见识短浅、气量狭小之人。②合：应该。③小：看轻，小看。

【译文】品性学问低下的"小人"、见识气量狭隘的"小丈夫"，不应该小看他们，他们原本不是恶人。

26.虽公天下事，若用私意为之，便是私。

【译文】即使是处理天下的公事，如果用私心去做，就是私。

27.做官夺人志。

【译文】做官让人丧失求贤希圣的志向。

28.骄是气盈，吝是气歉①。人若吝时，于财上亦不足，于事上亦不足，凡百事皆不足，必有歉歉②之色也。

——《二程遗书》卷十八

【注释】①歉：缺乏，不足。②歉歉：不满足的样子。

【译文】骄慢是气盈溢，吝啬是气不足。人如果吝啬的时候，在财物上也不满足，在事情上也不满足，凡是种种的事物都不满足，一定会有欠缺不足的神色。

29.未知道①者如醉人。方其醉时，无所不至②；及其醒也，莫不愧耻。人之未知学者，自视以为无缺，及既知学，反思前日③所为，则骇且惧矣。

——《二程遗书》卷十八

【注释】①知道：知晓大道。②无所不至：没有不到的地方，指什么事都能做出来。③前日：以前的日子，往日。

【译文】不知晓大道的人好像醉酒的人一样。当人醉酒的时候，没有什么做不出来；等到酒醒的时候，没有不感到愧疚羞耻的。人在不知道学习圣贤之道的时候，自己看自己是完美无缺，等到知道学习圣贤之道后，反思自己从前的所作所为，就会感到惊异而且畏惧了。

30.邢七①云："一日三点检②。"明道先生曰："可哀也哉！其余时理会甚事？盖仿'三省③'之说错了，可见不曾用功。"又多逐人面上④说一般⑤话，明道责之，邢曰："无可说。"明道曰："无可说，便不得不说。"

——《二程遗书》卷十二

【注释】①邢七：刑恕，程颢弟子。②点检：反省，检点。③三省：出自《论语·学而》："曾子曰：吾日三省吾身。"④逐人面上：跑到人面前。⑤一般：一番，一种。

【译文】刑恕说："一天三次反省检点自身。"程颢先生说："真可悲哀啊！其余的时间体会些什么事？你是模仿曾子'吾日三省吾身'的说法说错了,可见没有下功夫修学。"刑恕又多次跑到别人面前说这一番话,程颢先生斥责他,他就说:"我没有什么可说的。"程颢先生说:"既然你没有什么可说的,那我就不得不说了。"

31.横渠先生曰:学者舍礼义,则饱食终日,无所猷为^①,与下民一致,所事不逾衣食之间、燕游^②之乐尔。

——张载《正蒙·中正》

【注释】①猷为:建立功业。猷,功业,功绩。②燕游:宴饮游乐。

【译文】张载先生说:学道的人舍弃了礼义,就会整天吃饱饭无所事事,也不建功立业,就和见识才德卑下的人们一样了,所谋求的不超过穿衣吃饭、宴饮游乐这些了。

32.郑卫之音^①悲哀,令人意思^②留连,又生怠惰之意,从而致骄淫之心。虽珍玩奇货^③,其始惑人也,亦不如是切^④,从而生无限嗜好。故孔子曰"必放^⑤之",亦是圣人经历过,但圣人能不为物所移耳。

——张载《礼乐说》

【注释】①郑卫之音:指春秋战国时郑、卫等国的民间音乐,孔子认为其音淫靡。②意思:心思,情意。③珍玩奇货:珍玩,可供玩赏的珍贵。奇货,珍奇少见的物品。④切:深切。⑤放:驱逐,抛弃。

【译文】郑卫等地的音乐悲怨哀婉,让人心思留恋难舍,又滋生怠惰之心，从而演变为骄纵淫逸之心。即使是珍玩奇物，一开始迷惑人心，也不如这种音乐来得深切，能让人生出无限的嗜欲爱好。所以孔子说"一定要舍弃它"，也是圣人经历过这些，但圣人能不为外物所动罢了。

33.孟子言反经①，特于乡原②之后者，以乡原大者不先立，心中初无主，惟是左右看，顺人情，不欲违，一生如此。

——张载《孟子说》

【注释】①反经：回归常道。②乡原：好好先生，指乡里貌似谨厚，而实见识短浅、懦弱无能、见风使舵的伪善者。原，同"愿"，谨厚貌。

【译文】孟子讲"回归常道"，特地把它放在讲"乡愿"的后面，是因为"乡愿"里所涉及的大原则不先确立，人的心中就没有主见，只会左顾右盼，徇顺人情，不想违背任何一件人事，一生都是这样。

卷十三 异端之学

1.明道先生曰：杨、墨①之害，甚于申、韩②；佛、老③之害，甚于杨、墨。杨氏"为我"疑于义，墨氏"兼爱"疑于仁，申、韩则浅陋易见。故孟子只辟④杨、墨，为其惑世之甚也。佛、老其言近理，又非杨、墨之比，此所以为害尤甚。杨、墨之害，亦经孟子辟之，所以廓如⑤也。

——《二程遗书》卷十三

【注释】①杨、墨：杨朱、墨翟，都为战国时期思想家，各代表道家杨朱学派、墨家学派。②申、韩：申不害、韩非，都是战国时期法家代表人物。③佛、老：佛家、道家。老，老子，道家代表人物。④辟：批驳，驳斥。⑤廓如：澄清的样子。

【译文】程颢先生说：道家杨朱、墨家学说的危害，比申不害、韩非的法家学说的危害大；佛家、道家学说的危害，比杨朱、墨家学说的危害大。杨朱主张"为我"，与"义"相似；墨翟主张"兼爱"，与"仁"相似；申不害、韩非的学说则浅薄鄙陋，容易辨明。所以孟子只驳斥了杨朱、墨家学说，因为他们迷惑世人很严重。佛家、道家学说近于正理,又不是杨朱、墨家学说所能比的,因此它们的危害尤其严重。杨朱、墨家学说的危害,也是经过孟子的驳斥所以澄明于天下的。

2.伊川先生曰:儒者潜心正道,不容有差①。其始甚微,其终则不可救。如"师②也过,商③也不及",于圣人中道,师只是过于厚些,商只是不及些。然而厚则渐至于"兼爱",不及则便至于"为我",其过、不及同出于儒者,其末遂至杨、墨。至如杨、墨,亦未至于无父无君,孟子推④之便至于此,盖其差必至于是也。

——《二程遗书》卷十七

【注释】①差:偏差,差池。②师:颛孙师,即子张。③商:卜商,即子夏。④推:推理,推断。

【译文】程颐先生说:儒者潜心于正道,不容许有一点偏差。一有偏差,开始时很细微,到最后就演变为不可挽救之势。比如孔子说"子张有些过度,子夏有些不足",指对于圣人的中正之道而言,子张只是偏厚了一些,子夏只是欠缺了一些。然而偏厚渐渐就会演变为墨家的"兼爱",欠缺渐渐就会演变为杨朱的"为我",这过度、不足都是在儒家产生的,其末流却演变为杨朱、墨家的学说。至于像杨朱、墨家学说,也不至于到不以礼事奉父辈和君王的地步,孟子推理会到这一步,因为它们的偏差一定会演变到这个地步。

3.明道先生曰：道之外无物，物之外无道，是天地之间，无适①而非道也。即父子而父子在所亲，即君臣而君臣在所严，以至为夫妇、为长幼、为朋友，无所为而非道，此道所以不可须臾离也。然则毁人伦、去四大②者，其外③于道也远矣，故"君子之于天下也，无适④也，无莫⑤也，义之与比⑥"。若有适有莫，则于道为有间，非天地之全也。彼释氏之学，于"敬以直内"则有之矣，"义以方外"则未之有也。故滞固者入于枯槁，疏通者归于恣肆，此佛之教所以为隘也。吾道则不然，率性⑦而已。斯理也，圣人于《易》备⑧言之。（本注：又云：佛有一个觉⑨之理，可以"敬以直内"矣，然无"义以方外"，其直内者，要⑩之其本亦不是。）

——《二程遗书》卷四

【注释】①适：往，归向。②四大：地、水、火、风，佛家认为是组成物质世界包括人身的基本元素。③外：远离。④适：厚。⑤莫：薄。⑥比：接近，亲近。⑦率性：循其本性。⑧备：完备，周详。⑨觉：觉悟，佛家认为通过一些身心的修持可以让人达到觉悟成佛的境界。⑩要：审察，核实。

【译文】程颢先生说：大道之外没有事物，事物之外也没有大道，在这天地之间，没有什么地方不体现着大道。大道体现在父子关系上就是父子有亲，大道体现在君臣关系上就是君臣严明，以至于作为夫妇、作为长幼、作为朋友，没有什么不贯穿着大道的精神，这就是大道片刻也不能偏离的原因。然而佛家毁弃人伦、断灭四大的学说，偏离大道也很远了，所以孔子说："君子对待天下的人、事、物，没有偏厚，也没有淡薄，只是依循大义而为。"如果有厚薄之分,那么与大道就有了间隔,这不是天地之性本来完满的道理。他们佛家的学说,在"诚敬以使内心正直"方面是有的,在"行义以使行为规范"方面却是没有的。所以那些拘泥固执的人走向面目枯槁的苦修之路,那些疏狂放达的人走向恣情纵意的谈玄之路,这就是佛家学说之所以狭隘的原因。我们儒家却不是这样,我们强调的是随顺万物本善的自性去做而已。这个道理,圣人在《周易》中讲得很完备了。(本注:又说:佛家有个觉悟成佛的道理,可以说是"诚敬以使内心正直"的体现,然而没有"行义以使行为规范"方面的内容,所以他们所说的使内心正直,推究其根本也就不对了。)

4.释氏本怖死生①,为利,岂是公道?唯务上达②而无下学③,然则其上达处,岂有是也?元不相连属,但有间断,非道也。孟子曰"尽其心者,知其性也",彼所谓识心见性是也,若存心养性一段事则无矣。彼固曰"出家独善",便于道体自不足。或曰:释氏地狱之类,皆是为下根④之人设此怖,令为善。先生曰:至诚贯天地,人尚有不化,岂有立伪教而人可化乎?

——《二程遗书》卷十三

【注释】①怖死生:指佛教学说是因惧怕轮回生死之苦,所以想通过修行超越轮回。②上达:指悟透高深的道理。③下学:指在人情事理中验证所学。④下根:指智慧根基较低的人。

【译文】佛家学说本来是因为惧怕生死轮回才要修行,这是为了自利,怎么会是大公之道呢?佛家只追求悟透高深的道理却没有人情事理的学问，这样他们所要悟到的高深道理怎么会正确呢？悟透玄理和事理之学原本就没有连接起来，二者之间只要有间断，这就不是真正的大道。孟子说"穷尽本心，就能通晓本性"，这就相当于佛家所谓的明心见性，但像存守本心、涵养本性这方面的道理，佛家就没有了。他们固然会说："出家可以独善其身"，但是这却让大道的主旨有了不足。有的人说：佛家所说的地狱这些话，都是给智慧根基低下的人创造的一种恐怖情景，目的是让他们因惧怕而行善。程颢先生说：圣人以至诚之心贯通天地，人民尚且有不能教化的，难道创立一个伪教，人民就可以被教化成功吗？

5.学者于释氏之说，直须如淫声美色以远之；不尔，则骎骎然入其中矣。颜渊问为邦，孔子既告之以二帝三王之事，而复戒以"放郑声，远佞人"，曰："郑声淫，佞人殆①。"彼佞人者，是他一边佞耳，然而于己则危，只是能使人移，故危也。至于禹之言曰："何畏乎巧言令色！"巧言令色，直消②言畏，只是须著如此戒慎，犹恐不免。释氏之学，更不消言常戒，到自家自信后，便不能乱得。

——《二程遗书》卷二上

【注释】①殆：危险。②消：需要。

【译文】学道的人对于佛家的学说，只需要像对待淫靡之乐和美色那样远离；否则，就会渐渐沉溺其中了。颜渊请教孔子治国之道，孔子告诉他尧、舜、禹、汤、周文王（周武王）这二帝三王的事迹，又告诫他"舍弃郑国的音乐，远离奸邪谄曲的小人"，说："郑国的音乐淫靡，奸邪谄曲的小人危险。"奸佞小人，是他自己那里巧言谄媚，但对于听者自身来说就危险了，只因为他能使人偏离常道，所以危险。至于大禹说："何必畏惧巧言令色？"巧言令色，只需要说畏惧，只是尽管像这样去审慎戒惧，恐怕仍旧难免为之所动。佛家的学说，更不用说是应该常常戒备的了，一直到自己对圣贤学说有了自信之后，它就无法扰乱自己了。

6.所以谓万物一体者，皆有此理，只为从那里来。"生生①之谓易"，生则一时生，皆完此理。人则能推②，物则气昏推不得，不可道他物不与有也。人只为自私，将自家躯壳上头起意，故看得道理小了他底。放这身来，都在万物中一例③看，大小大④快活。释氏以不知此，去他身上起意思，奈何那身不得，故却厌恶，要得去尽根尘⑤，为心源不定，故要得如枯木死灰。然没此理，要有此理，除是死也。释氏其实是爱身，放不得，故说许多。譬如负版⑥之虫，已载不起，犹自更取物在身。又如抱石投河，以其重愈沉，终不道放下石头，惟嫌重也。

——《二程遗书》卷二上

【注释】①生生：孳生不绝，繁衍不已。②推：推广，扩展。③一例：一律，同样。④大小大：偌大，多么。⑤根尘：佛教语，眼、耳、鼻、舌、身、意为六根，色、声、香、味、触、法为六尘。⑥负版：亦作"蝜蝂"，虫名，传说该虫遇物则取而负之，虽困不止。

【译文】所以说万物一体，是万物都具备此天理，只因为万物都是从天理中来。《周易》上说："生生不已叫做易"，物的出生是一时所生，这个道理都已经陈述完备了。人能推广天理，物因禀气昏沉不能推广天理，不可以说物不与人一样具备此天理。人只是因为自私，只在自己身体上面算计，所以将这个道理看得太狭小了。要把自己这个身体，放在万物之中平等看待，那才会有真正的自在快活。佛家学说因为不懂这个道理，只在自己的身上思考，又拿这个身体没有办法，所以就厌恶身体，想要除尽六根六尘，因为心的本源游移不定，所以要把自己身心修得如枯木死灰一般。然而却没有这种道理，要有这种道理，除非是人死了。佛家其实是爱惜身体，放不下，所以说了这许多道理。就好像一只蝤蝛虫，背着的东西已经负担不起了，还要再取些东西背在身上。又好像人抱着石头跳河，因为重量大沉得就越深，但人却终究不说放下石头，只是嫌重量太大了。

7.人有语导气^①者，问先生曰：君亦有术乎？曰：吾尝夏葛^②而冬裘^③，饥食而渴饮，节嗜欲，定心气，如斯而已矣。

——《二程遗书》卷四

【注释】①导气：摄气运息，为古代的一种养生术。②葛：夏衣，葛布制成。③裘：冬衣，动物皮制成。

【译文】有人谈论摄气运息，问程颢先生：您也有养生之术吗？程颢先生说：我曾夏天穿葛衣，冬天穿裘衣，饿了吃饭渴了喝水，节制嗜欲，平定心气，仅此而已。

8.佛氏不识阴阳、昼夜、死生、古今，安得谓形而上者与圣人同乎？

——《二程遗书》卷十四

【译文】佛家不懂阴阳之道、昼夜之替、死生之理、古今之变，怎么能说他们所谓的"形而上"的道理与圣人所说的"形而上"的道理相同呢？

9.释氏之说，若欲穷其说而去取之，则其说未能穷，固已化而为佛矣。只且于迹①上考之，其设教如是，则其心果如何？固难为取其心，不取其迹，有是心则有是迹。王通②言心迹之判，便是乱说，故不若且于迹上断定不与圣人合。其言有合处，则吾道固已有；有不合者，固所不取。如是立定，却省易③。

——《二程遗书》卷十五

【注释】①迹：行迹，行为。②王通：字仲淹，号文中子，隋朝著名教育家、思想家。③省易：简易，方便。

【译文】佛家的学说，如果想要透彻研究而后选择吸收，那么它的学说还没有研究透彻的时候，自己就已经转化为佛教徒了。只应该从行事方面去考察：佛教创立这样的教法，学佛者的存心到底是什么样的呢？固然难说他的存心可取而行为不可取，因为有这样的存心就有这样的行为。王通所说的存心和行为的区别就是乱说，所以还不如就从行为上断定佛教之理和圣人之理不合。佛教所说有相合之处的，我们圣人之道本来就有；佛教所说有不合之处的，我们原本就不应该吸收。这样坚定立场，学道就很容易了。

10.问：神仙之说有诸？曰：若说白日飞升①之类，则无；若言居山林间，保形②炼气以延年益寿，则有之。譬如一炉火，置之风中则易过，置之密室则难过，有此理也。又问：扬子③言"圣人不师④仙，厥术异也"，圣人能为此等事否？曰：此是天地间一贼，若非窃造化之机，安能延年？使圣人肯为，周、孔为之久矣。

——《二程遗书》卷十八

【注释】①白日飞升：道教谓人修炼得道后，白昼飞升天界成仙。②保形：保养身形。③扬子：扬雄，字子云，西汉思想家、文学家，是汉朝道家思想的继承和发展者。④师：学习，效法。

【译文】有人问：神仙的说法究竟是不是真的呢？程颐说：如果说白日飞升这类事，是没有的；如果说居住在山林之中，保养身形、修炼气息以延年益寿，这类事是有的。就好像一炉火，把它放在风中就容易熄灭，把它放在密室中就难以熄灭，有这样的道理。又问：扬雄说"圣人不学神仙之道，于是修身之术就不同了"，圣人能不能做修仙这类事呢？程颐说：修炼神仙之道的人是天地间的一大贼，如果不是窃取了天地造化万物的机要，他们怎么能做到延年益寿呢?如果圣人肯做这样的事,那么周公、孔子早就做很久了。

11.谢显道历举佛说与吾儒同处。问伊川先生,先生曰:恁地①同处虽多,只是本领②不是,一齐差却。

——《二程外书》卷十二

【注释】①恁地:如此,这样。②本领:本源,主旨。

【译文】谢良佐遍举了佛教理论和我们儒家理论相同的地方,向程颐先生请教,程颐先生说:这样相同的地方虽然很多,只是根本与主旨不同,所有的理论就都有差别了。

12.横渠先生曰:释氏妄意①天性,而不知范围②之用,反以六根之微因缘③天地,明不能尽,则诬天地日月为幻妄,蔽其用于一身之小,溺其志于虚空之大,此所以语大语小,流遁④失中。其过于大也,尘芥⑤六合⑥;其蔽于小也,梦幻人世。谓之穷理,可乎?不知穷理而谓之尽性,可乎?谓之无不知,可乎?尘芥六合,谓天地为有穷也;梦幻人世,明不能究其所从也。

——张载《正蒙·大心》

【注释】①意:臆测,揣度。②范围:指天地造化万物都贯穿着易理,不出其范围。③因缘:发端,缘起。④流遁:流散隐逸。⑤尘芥:微尘和芥子,喻指极轻微细小之物。⑥六合:上下和四方,泛指天地或宇宙。

【译文】张载先生说:佛家妄自臆测万物天性,却不知道天地造化万物都不出易理的范围，反而以微小的六根感官去推究天地的起源，智慧不足以穷尽天理，就谎称天地日月是虚幻不实的，将天地造化的无穷功用蔽塞在这个微小的身躯上，将自己的志向耽溺于虚空那么广大的境界中，这就是他们说大说小、流散隐逸而丧失中道的原因。他们在宏观方面的错误，是认为微尘芥子中有天地宇宙；他们在微观方面的蔽塞，是认为人生在世如梦如幻。说这是穷极天理，可以吗？不懂得穷极天理却叫它周尽本性，可以吗？说佛是无所不知，可以吗？说微尘芥子中有天地宇宙，这是说天地最终有穷尽之处；说人生在世如梦如幻，这是其智慧不能推究人生的来源。

13. 大《易》不言有无。言有无，诸子之陋也。

——张载《正蒙·大易》

【译文】伟大的《周易》没有本体有无之论。谈论有无，这是诸子百家的鄙陋之说。

14. 浮图明鬼，谓有识①之死，受生循环②，遂厌苦求免③，可谓知鬼乎？以人生为妄见，可谓知人乎？天人一物，辄生取舍④，可谓知天乎？孔孟所谓天，彼所谓道，惑者指"游魂为变"为轮回，未之思也。大学当先知天德，知天德，则知圣人、知鬼神。今浮图剧论⑤要归⑥，必谓死生流转，非得道不免，谓之悟道，可乎？（本注：悟则有义有命，均死生，一天人，推知昼夜，通阴阳，体之无二。）自其说炽传中国，儒者未容窥圣学门墙⑦，已为引取，沦胥⁸其间，指为大道。乃其俗达之天下，致善恶、知愚、男女、臧获，人人著信。使英才间气，生则溺耳目恬习之事，长则师世儒崇尚之言，遂冥然被驱，因谓圣人可不修而至，大道可不学而知。故未识圣人心，已谓不必求其迹；未见君子志，已谓不必事其文。此人伦所以不察，庶物所以不明，治所以忽，德所以乱。异言满耳，上无礼以防其伪，下无学以稽其弊，自古诐淫邪遁⁹之辞，翕然⑩并兴，一出于佛氏之门者千五百年。向非独立不惧，精一自信，有大过人之才，何以正立其间，与之较是非、计得失哉！

—— 张载《正蒙·乾称》

【注释】①有识：佛教指有情众生，指一类具有情识的生命。②受生循环：受生，投生，投胎。循环，指生死轮回。③厌苦求免：厌离生死之苦，追求脱离轮回。④取舍：张载认为佛家修行成佛是取"天"而舍"人"。⑤剧论：深刻论议，激切论辩。⑥要归：要旨，要点所在。⑦门墙：老师之门，泛指学术的门径。⑧沦胥：沦陷，沦丧。⑨诐淫邪遁：诐，偏颇不全。淫，过度。邪，不合中正之道。遁，躲闪搪塞。⑩翕然：一致貌。

【译文】佛家阐明鬼的道理，说有情众生死了以后，还要投胎轮回，因此厌离生死之苦、追求脱离轮回，这可以说是了解鬼吗？佛家把人生看作是虚妄不实的见解，这可以说是了解人吗？天与人原本是一体，佛家却求取升天成佛而舍弃人事，这可以说是了解天吗？孔孟所说的"天"，他们称作"道"。为佛理所惑的人认为《周易》上说的"游魂为变"就是佛家所说的轮回，这是未经思考的说法。学习

"穷理正心、修己治人"的大学,应当要先知道上天之德,懂得了上天之德,才会懂得圣人之说、了解鬼神之理。现在佛家极力论证的关键,一定是说死生轮回如果不能得道成佛就不能避免,说这是了悟大道可以吗?(本注:如果悟道,就会明白有义理有天命,就会同等地看待死生,视天与人为一体,只有懂得昼夜之替、通达阴阳之道,才会明白一切的本体唯一无二。)自从佛家的学说盛传中土,读书人还没有来得及窥见儒家圣学的门庭,就已经被佛教吸引摄取,沦陷其中,认为它是无上的大道。然后崇佛的风俗通行天下,以至于不论善人恶人、智者愚夫、男子女人、奴仆侍婢,人人信仰。即使有英才豪杰的气质,生下来就对佛教之事耳濡目染,长大后就学习俗儒崇尚佛教的言论,因此昏昧无知地被驱入佛教之中,就说圣人不必修学就可以成就,大道不必学习就可以获知。所以他们还没有认识圣人的存心,就已经说不必推求圣人的行迹了;还没有看见君子的志向,就已经说不必研读君子的文辞了。这就是他们不能明察人世伦常、不能明晓事物之理的原因,也是治国之道被轻忽、道德之学被扰乱的原因。异端的学说充斥双耳,居上位者不用礼仪法度来防范其伪诈,在下之人不修学圣道来查验其弊病。自古以来偏颇、过度、不正、躲闪的言辞,都一起兴盛起来,都是出自于佛教之门,已经有一千五百年了。如果不是思想独立、勇毅不惧、精诚专一、坚定自信、才识远远超过常人的人,怎么能够正身端立于异端学说之间,而与它们较量是非、计度得失呢?

卷十四 圣贤气象

1.明道先生曰：尧、舜更无优劣，及至汤、武便别。孟子言"性之①"、"反之②"，自古无人如此说，只孟子分别出来，便知得尧、舜是生而知之，汤、武是学而能之。文王之德则似尧、舜，禹之德则似汤、武，要之皆是圣人。

——《二程遗书》卷二上

【注释】①性之：指出于本性。②反之：指回归本性。

【译文】程颢先生说：尧、舜再没有优劣之分，到了商汤、周武王就有了区别。孟子说的"出于本性""回归本性"，自古以来没有人这样说，只有孟子能够区分辨明，由此就知道尧、舜是生来就知道，商汤、周武王是学后才做成。周文王的德行与尧、舜的德行近似，大禹的德行与商汤、周武王近似，总之都是圣人。

2.仲尼，元气①也；颜子，春生②也；孟子，并秋杀③尽见。仲尼无所不包；颜子示"不违如愚④"之学于后世，有自然之和气，不言而化者也；孟子则露其才，盖亦时焉而已。仲尼，天地也；颜子，和风庆云⑤也；孟子，泰山岩岩⑥之气象也。观其言，皆可见之矣。仲尼无迹，颜子微有迹，孟子其迹著。孔子尽是明快人，颜子尽岂弟⑦，孟子尽雄辩。

——《二程遗书》卷五

【注释】①元气：泛指宇宙自然之气。②春生：春天生发万物之气。③秋杀：秋天肃杀之气。④不违如愚：出自《论语·为政》，指颜回从不违背孔子的教言，如同愚钝之人一样。⑤庆云：五色云，古人以为喜庆、吉祥之气。⑥岩岩：高大、高耸之貌。⑦岂弟：亦作"恺悌"，和乐平易。

【译文】孔子如同宇宙间本然的"元气"，颜回如同春天生发万物之气，孟子之说则完全展现出秋天肃杀之气。孔子的学问修养无所不包；颜回给后世展现了"不违师言，大智若愚"的治学之风，有一种自然的和气，不必说话就能化导人心；孟子则显露才情，那也是时势需要而已。孔子，如同天地；颜回，如同和风祥云；孟子，如同泰山高巍的气度。观察他们的言语，就都可以明白了。孔子圣道无迹可寻，颜回稍微显露迹象，孟子则行迹昭彰。孔子全然是个开明直爽之人，颜回全然是个和乐平易之人，孟子全然是个激昂雄辩之人。

3.曾子传圣人学，其德后来不可测，安知其不至圣人？如言"吾得正而毙①"，且休理会文字，只看他气象极好，被他所见处大。后人虽有好言语，只被气象卑，终不类道。

——《二程遗书》卷十五

【注释】①正而毙：合乎礼法正道而死。

【译文】曾参传授圣人之学，他的德行后来深不可测，怎么知道他没有到达圣人境界呢？比如他说"我要合乎礼法中正之道而死"，暂且不要推敲文字，只看他的气度就很好，所以他领悟的道理宏大。后世学道的人虽然有美好的言辞，只是因为气度卑下，所以终究也不像通晓大道之人。

4.传经①为难。如圣人之后才百年，传之已差。圣人之学，若非子思、孟子，则几乎息矣。道何尝息，只是人不由②之。"道非亡也，幽、厉③不由也。"

——《二程遗书》卷十七

【注释】①传经：传授经学。②由：实践，践行。③幽、厉：周幽王、周厉王，周代无道之君。

【译文】传授经学是很困难的事。如孔圣人过世后才五百年，经学的传授就已经有了偏差。圣人的学问，如果不是子思、孟子的传承发扬，几乎就要断绝了。圣人之道何曾断绝，只是学道的人不去践行了。就像董仲舒说的："周代的圣道没有灭亡，只是周幽王、周厉王不去践行。"

5.荀子①才高，其过多；扬雄才短，其过少。

——《二程遗书》卷十八

【注释】①荀子：名况，字卿，战国末期赵国人，著名思想家、文学家、政治家，儒家代表人物。

【译文】荀子才识高明，过失也多；扬雄才识短浅，过失也少。

6.荀子极偏驳①，只一句"性恶"，大本已失；扬子虽少过，然已自不识性，更说甚道？

——《二程遗书》卷十九

【注释】①偏驳：不纯正。

【译文】荀子学说极不纯正，只是一句"本性是恶"，大根大本已经丧失了；扬雄虽然过失少，然而自己就不明白本性，还说什么大道？

7.董仲舒曰："正其义，不谋其利；明其道，不计其功。"此董子所以度越①诸子。

——《二程遗书》卷二十五

【注释】①度越：超过，胜过。

【译文】董仲舒说："使大义之理中正，不去谋求利益；使圣贤之道明达，不去计较功业。"这就是董仲舒超过诸子的原因。

8.汉儒如毛苌①、董仲舒，最得圣贤之意，然见道不甚分明。下此即至扬雄，规模②又窄狭矣。

——《二程遗书》卷一

【注释】①毛苌：西汉赵人，古文"毛诗学"的传授者，世称"小毛公"。②规模：指人的才情气概。

【译文】汉代的儒者如毛苌、董仲舒，最能领会圣贤的义理，然而对圣人之道的洞察还不够分明。比他们低一等的就到了扬雄，他的才情气概又更加窄小狭隘了。

9.林希①谓扬雄为禄隐②。扬雄，后人只为见他著书，便须要做他是③，怎生做得是？

——《二程遗书》卷十八

【注释】①林希：字子中，长乐人，宋朝大臣。②禄隐：犹朝隐，谓在官食禄却不勤政事，清高而自隐。③做他是：肯定他。

【译文】林希说扬雄是在官食禄却不勤政事的人。扬雄，后人只是因为看到他写书就要肯定他，怎么能肯定呢？

10.孔明①有王佐②之心，道则未尽。王者如天地之无私心焉，行一不义而得天下，不为。孔明必求有成，而取刘璋③。圣人宁无成耳，此不可为也。若刘表④子琮⑤，将为曹公所并，取而兴刘氏，可也。

——《二程遗书》卷二十四

【注释】①孔明：诸葛亮，字孔明，号卧龙，徐州琅琊阳都人，三国时期蜀汉丞相，杰出的政治家、军事家、文学家、发明家。②王佐：王者的辅佐，佐君成王业的人。③刘璋：字季玉，东汉末年割据军阀之一，于214年投降于刘备。④刘表：字景升，东汉末年名士，为荆州牧。⑤琮：刘琮，东汉末年刘表之子，刘表死后继承其官爵，并在蔡瑁等人的劝说之下归降曹操。

【译文】诸葛亮有辅佐君主成就王业之心，但对圣人之道没有完全知晓。王者，就如同天地没有私心一样，哪怕让他做一件不义的事就能得到天下，他也不会做。诸葛亮一定要追求成就王业，因而攻取刘璋之地。圣人宁肯不能成功，这种行为也不可以做。像刘表的儿子刘琮，在荆州即将被曹操吞并的时候，如果能攻夺力取，重兴刘氏血统，那是可以的。

11.诸葛武侯①有儒者气象。

——《二程遗书》卷十八

【注释】①诸葛武侯：诸葛亮在世时被封为武乡侯，死后追谥忠武侯。
【译文】诸葛亮有儒者的气度。

12.孔明庶几礼乐。

——《二程遗书》卷二十四

【译文】诸葛亮或许可以兴起礼乐。

13.文中子①本是一隐君子，世人往往得其议论，附会成书，其间极有格言②，荀、扬道不到处。

——《二程遗书》卷十九

【注释】①文中子：王通，隋代哲学家，门人私谥文中子，隐居不仕。②格言：含有教育意义可为准则的话。

【译文】王通本来是一位隐居的君子，世人往往看到他的言说议论，就拼凑附会写成书，其中确实有很多格言妙语，是荀子、扬雄的学说没有达到的境界。

14.韩愈亦近世豪杰之士，如《原道》中言语虽有病，然自孟子而后，能将许大①见识寻求者，才见此人。至如断曰："孟子醇乎醇。"又曰："荀与扬择焉而不精，语焉而不详。"若不是他见得，岂千余年后便能断得如此分明？

——《二程遗书》卷一

【注释】①许大：这般大。

【译文】韩愈也是近代的豪杰之士，像《原道》这篇文章中的言语虽然有些毛病，然而自孟子以后，能寻求到这般大的见识的，只看到了这个人。至于他断言说："孟子醇之又醇。"又说："荀子与扬雄的学说，选材不够精当，论说不够详尽。"如果不是他有真实知见，怎么能在一千多年以后还判断得这么分明？

15.学本是修德，有德然后有言。退之①却倒学了，因学文，日求所未至，遂有所得。如曰："轲②之死，不得其传。"似此言语,非是蹈袭③前人,又非凿空撰得出,必有所见。若无所见,不知言所传者何事。

——《二程遗书》卷十八

【注释】①退之:韩愈,字退之。②轲:孟子,名轲。③蹈袭:继承,沿袭。

【译文】学道本来就是完善德行,有德然后才能有好的言论。韩愈却倒过来学了,他因为要学习写文章,每天追求自己没有达到的目标,于是对圣贤之学有所领悟。比如他说:"孟子死后,圣贤之道没有得到承传。"像这样的言论,不是沿袭前人之说,也不是凭空杜撰出来的,一定是自己有所体悟的表现。如果自己没有体悟,就连自己说的承传什么东西都不知道。

16.周茂叔胸中洒落,如光风霁月①。其为政精密严恕②,务尽道理。

——《宋史·周敦颐传》、潘兴嗣《濂溪先生墓志铭》

【注释】①光风霁月:雨过初晴时的和风,雨雪消散后的明月。霁,雨雪停止,天晴。②严恕:严肃而宽容。

【译文】周敦颐胸怀洒脱,如雨后和风、雪后明月那样纯净。他处理政事精详而严密,严肃而宽容,致力于穷尽圣贤之理。

17.伊川先生撰《明道先生行状》曰:先生资禀既异,而充养①有道。纯粹如精金,温润如良玉。宽而有制,和而不流。忠诚贯于金石,孝悌通于神明。视其色,其接物也,如春阳之温;听其言,其入人也,如时雨之润。胸怀洞然,彻视无间。测其蕴,则浩乎若沧溟②之无际;极其德,美言盖不足以形容。先生行己,内主于敬,而行之以恕。见善若出诸己,不欲弗施于人。居广居而行大道,言有物而动有常。先生为学,自十五六时,闻汝南③周茂叔论道,遂厌科举之业,慨然有求道之志。未知其要,泛滥于诸家,出入于老释者几十年,返求诸六经而后得之。明于庶物,察于人伦。知尽性至命,必本于孝弟;穷神知化④,由通于礼乐。辨异端似是之非,开百代未明之惑。秦汉而下,未有臻斯理也。谓孟子没而圣学不传,以兴起斯文为己任。其言曰:"道之不明,异端害之也。昔之害近而易知,今之害深而难辨。昔之惑人也,乘其迷暗;今之入人也,因其高明。自谓之穷神知化,而不足以开物成务⑤。言为无不周遍,实则外于伦理。穷深极微,而不可以入尧舜之道。天下之学,非浅陋固滞,则必入于此。自道之不明也,邪诞妖异之说竞起,涂生民之耳目,溺天下于污浊。虽高才明智,胶⑥于见闻,醉生梦死,不自觉也。是皆正路之蓁芜⑦,圣门之蔽塞,辟之而后可以入道。"先生进将觉斯人,退将明之书。不幸早世,皆未及也。其辨析精微,稍见于世者,学者之所传耳。先生之门,学者多矣。先生之言,平易易知,贤愚皆获其益,如群饮于河,各充其量。先生教人,自致知至于知止,诚意至于平天下,洒扫应对至于穷理尽性,循循有序。病世之学者舍近而趋远,处下而窥高，所以轻自大而卒无得也。先生接物，辨而不间，感而能通。教人而人易从，怒人而人不怨，贤愚善恶，咸得其心。狡伪者献其诚，暴慢⑧者致其恭，闻风者诚服，觌德⑨者心醉。虽小人以趋向之异，顾于利害，时见排斥，退而省其私，未有不以先生为君子也。先生为政，治恶以宽，处烦而裕。当法令繁密之际，未尝从众为应文逃责之事。人皆病于拘碍，而先生处之绰然。众忧以为甚难，而先生为之沛然。虽当仓卒，不动声色。方监司竞为严急之时，其待先生率皆宽厚，设施⑩之际，有所赖焉。先生所为纲条法度，人可效而为也。至其道之而从，动之而和，不求物而物应，未施信而民信，则人不可及也。

——《二程文集》卷十一《明道先生行状》

【注释】①充养：扩充善性，涵养德行。②沧溟：大海。③汝南：汝南县，古属豫州，今在河南驻马店市。④穷神知化：穷究事物之神妙，了解事物之变化。⑤开物成务：通晓事物之理，得以办好各种事情。⑥胶：粘滞，沉溺。⑦蓁芜：杂草丛生，引申为杂乱、纷乱。⑧暴慢：凶暴傲慢。⑨觌德：看见其德行。⑩设施：措置，筹划。

【译文】程颐先生写的《明道先生行状》中说：程颢先生的资质禀赋就异于常人，他扩充善性、涵养德行又深得其法。他的品格，纯粹如同精金，温润如同美玉。他的为人，宽厚又有节制，和顺而不随俗。他的忠诚之志可以贯穿金石，他的孝悌之心可以通达神明。看他的神色，待人接物时就如春天太阳那样温煦；听他的言语，深入人心时就如应时之雨那样滋润。他的胸怀坦荡磊落，如能透视一般毫无阻碍。估量他的底蕴，浩瀚广阔就如大海无边；穷究他的德行，嘉言丽辞也不足以形容。先生立身行事，内心以恭敬为主，行为以宽恕为则。他见到善行就希望自身也能做到，自己不想接受的事也不施加于人。他就像居住在高广的房间中推行圣贤的大道，发言一定有实际内容，行为一定依礼仪纲常。先生做学问，是从十五六岁时听到汝南的周敦颐讲经论道，于是厌弃了科举的功业，慷慨激昂而有追求大道的志向。起初不得要领，泛泛杂学诸子百家的理论，出入于道佛之说几十年，最后又回到儒家六经上推求而领悟大道。他明晓事物之理，详察人世伦常。他懂得，周尽本性、上达天命，一定从孝悌奠基；穷极神妙、知晓变化，一定从礼乐通达。他辨明异端似是而非的学说，阐清百代无人明白的疑惑。自秦汉以后，没有人能完全了解这些道理。他说孟子去世后圣人之学就失传了，所以把复兴圣人文化作为自己的使命。他说："圣贤大道不能明达，这是异端学说的危害造成的。从前的危害浅近而容易知晓，今天的危害深远而难以辨明。从前异端学说迷惑世人，是乘着人智慧迷暗；今天异端学说深入人心，是凭借人学问高明。异端学说自称穷极神妙、通达变化，却不足以明晓事理、成办事业。异端学说自称其理无不周全详尽，其实已是背离了人伦常理。异端学说穷究深奥之理，极尽微细之事，却不可以归入尧舜的圣人之道。天下的学术，如果不是浅陋固滞，就必然归入这样的异端学说之中。自从圣贤之道不能明达，妖邪怪诞的学说竞相兴起，蒙蔽了百姓的耳目，将天下沉溺在污浊之中。即使是才能高超、智慧明达的人，沉浸于见到听到的异端学说之中，醉生梦死，而不自知。这都是正道上的杂草、圣门前的蔽塞，需要辟除才能让人上路。"先生出仕是要让众人觉悟，退隐是要著书明理。不幸的是先生早逝，这一切都还没做成。他的论辩分析精妙细微，有一些在世间流传可见的，这都是学道的人传播的啊！先生的门下，学道的人很多。先生的言语，平易易懂，贤者愚人都能获益，就好像一群人在河里喝水，各自所需的分量不同，但都能喝到充足。先生教导人，从"求得知识学问"到"知道安止之处"，从"自诚其意"到"平治天下"，从"洒扫庭院、应对宾客"到"穷极事理、推求本性"，都遵循一定的次序。他担忧世间学道的人舍弃浅近而追求深远，身在低处却窥视高处，所以轻浮自大而最终也没有什么收获。先生待人接物，明辨其恶也不排斥，有感于物而能通达。他教育人，人很容易听从；他怒斥人，人也不会怨恨，不论是贤者愚夫、善人恶人，他都得到了他们的心。在他面前，狡诈虚伪的人进献自己的诚心，凶暴傲慢的人表达自己的恭敬，听闻他风范的人心悦诚服，目睹他德行的人为之倾倒。即使是才德鄙陋的"小人"与他追求不同，因顾及利害得失所以对他时时有所排斥，他们退居自处的时候自我省思，没有不认为先生是正人君子的。先生处理政事，以宽大之心整治恶行，以优裕之心对待琐事。当朝廷法令繁杂严密的时候，他也未曾像众人一样做明里接受政令、暗里逃避职责的事。人们都担心有约束障碍的事，先生却处理得宽裕和缓。众人都忧虑太难做到的事，先生却处理得充分彻底。即使在仓促之时，先生也不动声色。当监司们竞相严密紧急地监察州县官时，他们对待做地方官的先生都很宽厚，在筹划安排事务之时，还有依赖先生的地方。先生制定的纲纪法度，人人都可效法实行。至于他引导人民，人民就听从；他感动百姓，百姓就和顺，他不求外物到来，外物自来相应；他不施信于人，人自会相信，这些都是常人比不上的。

18.明道先生曰：周茂叔窗前草不除去，问之，云"与自家意思一般"。（本注：子厚观驴鸣，亦谓如此。）

——《二程遗书》卷三

【译文】程颢先生说：周敦颐不除去窗前的杂草，别人问他，他说："草的生生之意与自己心中之意是一样的。"（本注：张载看驴叫，也这样说。）

19.张子厚闻皇子生，喜甚；见饿殍①者，食便不美。

——《二程遗书》卷三

【注释】①饿殍：亦作"饿莩"，饿死的人。

【译文】张载听到皇子出生，就非常喜悦；看见饿死的人，吃饭就不知味美。

20.伯淳尝与子厚在兴国寺①讲论终日，而曰：不知旧日曾有甚人于此处讲此事？

——《二程遗书》卷一

【注释】①兴国寺：即开封相国寺。

【译文】程颢曾和张载在相国寺讲学论道一整天，又说：不知道过去曾有什么人在这里讲论这样的事?

21.谢显道云：明道先生坐如泥塑人，接人则浑是一团和气。

——《二程外书》卷十二

【译文】谢良佐说：程颢先生坐着就如同一个泥塑的人那样端正，待人接物又全然是一团和气。

22.侯师圣①云：朱公掞②见明道于汝③，归谓人曰："光庭在春风中坐了一个月。"游、杨④初见伊川，伊川瞑目而坐，二子侍立。既觉，顾谓曰："贤辈尚在此乎？日既晚，且休矣。"及出门，门外之雪深一尺。

——《二程外书》卷十二

【注释】①侯师圣：侯仲良，字师圣，华阴人，二程门人。②朱公掞：朱光庭，字公掞，河南偃师人，朱景之子，程颢门人。③汝：汝州。④游、杨：游酢、杨时，均属程门四弟子。

【译文】侯仲良说：朱光庭在汝州见到程颢，回去后告诉人说："我在春风中坐了一个月。"游酢、杨时初次拜见程颐，程颐闭目端坐，二人在旁边恭立等候。等程颐察觉到后，回头看着他俩说："两位贤人还在这里吗？天已经晚了，就去休息吧。"等到他出门，才发现门外的雪已经有一尺深了。

23.刘安礼①云：明道先生德性充完②，粹和③之气，盎④于面背，乐易⑤多恕，终日怡悦。立之从先生三十年，未尝见其忿厉之容。

——《二程遗书》附录《门人朋友叙述》

【注释】①刘安礼：刘立之，字宗礼，二程门人。②充完：充沛完备。③粹和：精纯和美。④盎：充溢，洋溢。⑤乐易：和乐平易。

【译文】刘立之说：程颢先生的德性充沛完备，有精纯和美之气在他的脸上和背部洋溢着，他和乐平易，宽容待人，整天都处于安怡喜悦之中。我追随先生三十年，从没看到他有忿怒严厉的脸色。

24.吕与叔撰《明道先生哀词》云：先生负特立①之才，知大学之要。博文强识②，躬行力究。察伦明物，极其所止。涣然心释，洞见道体。其造③于约④也，虽事变之感不一，知应以是心而不穷；虽天下之理至众，知反之吾身而自足。其致于一也，异端并立而不能移，圣人复起而不与易。其养之成也，和气充浃⑤，见于声容，然望之崇深，不可慢⑥也；遇事优为⑦，从容不迫，然诚心恳恻⑧，弗之措⑨也。其自任之重也，宁学圣人而未至，不欲以一善成名；宁以一物不被泽为己病，不欲以一时之利为己功。其自信之笃也，吾志可行，不苟洁其去就⑩；吾义所安，虽小官有所不屑。

——《二程遗书》附录

【注释】①特立：独自挺立，指超出常人。②强识：强于记忆。③造：造诣，成就。④约：简约，要领。⑤充浃：充盈通浃。⑥慢：轻慢，怠慢。⑦优为：谓任事绰有余力。⑧恳恻：诚恳痛切。⑨措：废弃，搁置。⑩去就：离去或接近，担任官职或不担任官职。

【译文】吕大临写的《明道先生哀词》中说：先生有卓然超凡的才能，知晓穷理尽性的"大学"要领。他博学文献，强于记忆，亲身实践，努力探求。他详察人伦，明辨事理，透彻掌握了万事万物各自安止之处。他的内心如冰焕然消释，明见了大道的本体。化繁为简、由博入约方面，他的造诣是：即使事物变化所感的端绪各不相同，他明白自己这颗心可以应对无穷无尽的变化；即使天下的道理非常之多，他知道反求于自身，一切道理原本具足。他治学凝定专一，异端学说林立也不能动摇他的信心，圣人再生也不能改变他的志向。他修养的成就是：和合之气充沛通透，从他的声音面容表现出来，让人瞻望到他的崇高深邃，就知道不可轻慢；他遇事绰有余力，从容不迫地处理，然而真诚之心恳切无比，事不做好决不弃置。他赋予自己重任，宁肯自己学习圣人不到位，也不愿凭一件善行成就美名；宁愿把一物没有受到恩泽当作自己的病患，也不愿把一时的有利于世作为自己的功绩。他的自信心深厚，只要自己的志向可以实行，就不故作高洁不去任职；只要自己安于所秉持的大义，即使是小官也不屑去做。

25.吕与叔撰《横渠先生行状》云：康定用兵①时，先生年十八，慨然以功名自许，上书谒范文正公②。公知其远器③，欲成就之,乃责之曰:"儒者自有名教④,何事于兵?"因劝读《中庸》。先生读其书,虽爱之,犹以为未足,于是又访诸释老之书累年,尽究其说,知无所得,反而求之六经。嘉祐初,见程伯淳、正叔于京师,共语道学之要。先生涣然自信曰:"吾道自足,何事旁求!"于是尽弃异学,淳如也。(本注:尹彦明⑤云:横渠昔在京师,坐虎皮,说《周易》,听从甚众。一夕,二程先生至,论《易》。次日,横渠撤去虎皮,曰:"吾平日为诸公说者,皆乱道。有二程近到,深明《易》道,吾所弗及,汝辈可师之。")晚自崇文⑥移疾,西归横渠,终日危坐一室,左右简编,俯而读,仰而思,有得则识之。或中夜起坐,取烛以书。其志道精思,未始须臾息,亦未尝须臾忘也。学者有问,多告以知礼成性⑦、变化气质之道,学必如圣人而后已,闻者莫不动心有进。尝谓门人曰:"吾学既得于心,则修其辞;命辞无差,然后断事;断事无失,吾乃沛然。精义入神⑧者,豫⑨而已矣。"先生气质刚毅,德盛貌严,然与人居,久而日亲。其治家接物,大要正己以感人。人未之信,反躬自治,不以语人。虽有未谕⑩,安行而无悔。故识与不识,闻风而畏,非其义也,不敢以一毫及之。

——《张子全书》卷十五

【注释】①康定用兵:指宋仁宗康定元年,宋派兵应对西夏进攻。②范文正公:范仲淹,字希文,北宋著名的思想家、政治家、文学家,谥号文正,世称范文正公。③远器:才能气度远大,能担当大事。④名教:以"正名定分"为主的儒家礼教。⑤尹彦明:尹焞,字彦明。⑥崇文:宋神宗熙宁二年,张载任崇文院校书。⑦知礼成性：通晓礼法，成就德性。⑧精义入神：精研事物的微义，达到神妙的境地。⑨豫：同"预"，预先。⑩谕：同"喻"，明白，理解。

【译文】吕大临写的《横渠先生行状》中说：仁宗康定元年派兵与西夏争战之时，张载先生是十八岁，他慷慨激昂地自己承诺以到边疆去建立功名，上书拜见范仲淹。范仲淹知道他有远大的才能气度，想要让他有所成就，就斥责他说："读书人自有儒家礼教，为什么要从事军事？"范仲淹于是劝先生读《中庸》。先生读了《中庸》，虽然喜欢，但还感到不满足，于是又涉猎访求佛、道书籍多年，研究透彻了佛道的理论，知道没有什么实际的收获，回过来又在六经上面推求大道。嘉祐初年，他在京师见到程颢、程颐，和他们一起谈论道学的要领。先生的疑惑涣然冰释，他自信地说："我们的圣贤之道自身就完备充足，为什么要在别家学说中寻求大道！"于是先生彻底抛弃了异端学说，醇正地研习儒学。（本注：尹焞说：张载从前在京师时，坐在虎皮上讲说《周易》，听讲学习的人很多。一天晚上，程颢、程颐二人到来，讲论《周易》。第二天，张载撤去虎皮，说："我平日给诸位所讲的，都是乱说。二程近日到来，深入通达《周易》之道，这是我比不上的，你们可以向他们学习。"）先生晚年因病从崇文院去职，向西回到横渠镇，整天都端坐在一个房间中，左右放的都是书籍，他低头而研读，仰头而思考，有所心得就记录下来。他有时在半夜起来端坐，点上灯烛开始写东西。他专志于圣贤之道，精研细思，从未有片刻停止，也从未有片刻遗忘。学道的人有来请教的，他大多告诉他们知晓礼法、成就德性及变化自己气质涵养的方法，要他们修学一定要达到圣人的境界才可以，听到这些话的人没有不内心触动而有所进步的。他曾经对门人说:"我治学有所心得时,就润饰完善言辞表达出来;表达的言辞准确无误,然后依此决断事务;决断事物没有闪失,我的心中就感到丰盈充沛。精研事物的微义,达到神妙的境地,就是因为在事物还未发生之时,就对它了然于胸而已。"先生气质刚毅,德行充盛,容貌严肃,然而与人相处,时间久了就很亲切。他治家与待人接物,要旨都是先端正自己再感动他人。人不相信他,他就反躬自省,修养自己,而不去人前论辩。即使有人不理解,他也安然地依理而行,没有一点后悔。所以认识他的人和不认识他的人,听到他的风范就敬畏信服,不合道义的事一丝一毫也不敢施加在他身上。

26.横渠先生曰:二程从十四五时,便锐然①欲学圣人。

—— 张载《横渠语录》

【注释】①锐然:坚定勇毅之貌。

【译文】张载先生说:程颢、程颐二人,从十四五岁时就坚决勇毅地立志学作圣人。

谦德国学文库丛书

(已出书目)

弟子规·感应篇·十善业道经	汉书
三字经·百家姓·千字文·德育启蒙	后汉书
千家诗	三国志
幼学琼林	道德经
龙文鞭影	庄子
女四书	世说新语
了凡四训	墨子
孝经·女孝经	荀子
增广贤文	韩非子
格言联璧	鬼谷子
大学·中庸	山海经
论语	孙子兵法·三十六计
孟子	素书·黄帝阴符经
周易	近思录
礼记	传习录
左传	洗冤集录
尚书	颜氏家训
诗经	列子
史记	心经·金刚经
	六祖坛经

茶经·续茶经	虞初新志
唐诗三百首	迪吉录
宋词三百首	浮生六记
元曲三百首	文心雕龙
小窗幽记	幽梦影
菜根谭	东京梦华录
围炉夜话	阅微草堂笔记
呻吟语	说苑
人间词话	竹窗随笔
古文观止	国语
黄帝内经	日知录
五种遗规	帝京景物略
一梦漫言	子不语
楚辞	水经注
说文解字	徐霞客游记
资治通鉴	聊斋志异
智囊全集	清代三大尺牍：小仓山房尺牍
酉阳杂俎	清代三大尺牍：秋水轩尺牍
商君书	清代三大尺牍：雪鸿轩尺牍
读书录	孔子家语
战国策	贤母录
吕氏春秋	张岱文集：陶庵梦忆
淮南子	张岱文集：西湖梦寻
营造法式	张岱文集：快园道古
韩诗外传	
长短经	